우연과 계획의 조우

진로상담의 새로운 담론 — | 손은령 저 |

학지사

이 저서는 2013년 정부(교육과학기술부)의 재원으로 한국연구재단의 지원을
받아 수행된 연구임(NRF-2013-S1A6A4014542).
This Work was supported by the National Research Foundation of Korea
Grant funded by the Korean government(NRF-2013-S1A6A4014542).

머리말

"우연이 운명을 결정한다."라고 사르트르는 얘기하였다. 우연은 내 삶의 경로를 바꾸어 갔고 이는 행운으로 다가왔다. 계획하지 않았던 일들을 통해 나의 진로는 생각했던 것보다 훨씬 더 좋은 방향으로 움직여 나갔다. 이는 기적이었고, 기쁨이기도 했다. 진로는 내가 만들어 가는 것인가, 아니면 정해진 진로의 흐름에 따라 내가 움직여 가는 것인가? 그것이 내겐 궁금함이었고, 그에 대한 자문자답이 이 책에 담겨 있다.

교수가 되겠다는 꿈을 꾸어 본 적도 없는 내가 지금 교수가 되어 사람들에게 교육을, 상담을 그리고 진로를 가르치고 있다. 가끔 내 살을 꼬집어서 이것이 현실인지를 확인할 때도 있다. 나는 교사가 되기를 꿈꾸면서 교육학과에 가지 않았고, 교수가 되기를 꿈꾸면서 대학원에 입학하지도 않았다. 그렇다고 해서 허송세월을 보내면서 살지도 않았다. 그때마다 주어지는 일들에 충실했고, 때론 불안해했고, 과감하게 시도하기도 하였으며, 그런 내 충동적인 행동에 대해 후회하고, 그려지지 않는 미래에 대해 암울해하며 청춘

머리말

을 보내기도 하였다. 50이 넘은 이 시점에서 그때의 나에게 한마디 건넨다면 뭐라고 할 것인가? 이 책에는 젊은 시절의 나에게 전하고 싶은 이야기들이 담겨 있다.

비록 꿈꾼 적도 없지만 우연과 계획의 조우를 통해 달라지고 있는 나를 만나는 즐거움이 자못 컸기에, 대학 교수가 된 이후에 내 삶의 이야기를 전하고 싶다는 생각을 갖게 되었다. 그 꿈은 정교수가 된 이후로 미루어졌고, 마침내 한국연구재단의 지원을 받은 출판 지원사업에 선정됨으로써 현실이 되었다. 기억의 편린들을 모아서 전하고 싶다는 오랜 바람이 바람처럼 내 마음을 흔들고 가서 결국 폭풍을 만들었고, 그 폭풍이 연구재단을 흔들어 새로운 시작을 가능케 하였다고 믿는다.

이 책『우연과 계획의 조우: 진로상담의 새로운 담론』은 학자로서의 꿈이면서 또 다른 갈망이기도 했다. 진로를 가르치는 사람으로서 현실과 괴리된 이론을 설득력 있게 가르치기 어려웠던 점은 일종의 소외감을 만들었다. 언젠가는 그리고 어떻게든 실제적인 책을 만들어 봐야겠다는 소망이 출판에 대한 희망으로, 그 희망이 출판으로 실현되기까지 장장 10년 이상의 세월이 흘렀다. 연구재단의 지원을 받았을 때는 크게 세 부분으로 내용을 구성하였었다. 진로이론을 안내하고, 그 이론이 실제와 어떻게 차이가 나는지를 드러내는 내용을 쓰는 것이 한 영역이었고, 두 번째 영역은 여성, 남성, 명사(名士), 보통 사람 그리고 나의 진로사를 점검하면서 얼마나 많은 우연과 계획의 조우가 발생하는지를 보여 주려는 것이었다. 마지막 영역에는 학교 현장에서 진로교육을 어떻게 해야 할 것인가에 대한 실천적인 지식을 담고자 하였다. 하지만 모든 계획은 어긋나기 마련이다. 처음의 바람과는 다르게 우연적인 사건들과 일상적인 잡무들에 치여 가면서 장의 구성은 달라지고 내용은 줄여졌다. 가장 많이 줄인 부분은 내 삶의 이야기들이었다. 자서전이 아니었기 때문에 그리고 장들의 비중을 맞추어야 한다는 생각 때문에 많은 내용을 담지는 못하였다.

 이 책은 총 6개의 장으로 구성되어 있다. 제1장에는 진로상담의 기본적인 역사와 이론을 소개하고, 그 이론이 현실과 갈등하고 있는 모습들을 담았다. 제2장부터 제4장까지는 여성 진로상담전문가, 중년의 남성 직업인 그리고 명사와 청년 직업인의 진로사를 들여다보면서 그들의 삶 속에 우연과 계획이 어떻게 실타래처럼 엮여서 고운 무늬를 만들어 내었는지를 살펴보았다. 제5장에서는 내 삶의 이야기를 기억의 창고에서 끄집어낸 후 먼지를 닦아 내고 그 의미들을 드러내 보고자 하였다. 제6장에서는 진로교육 현장에서 수고하는 분들을 위해서 그들이 지금 어떤 상황에 놓여 있는지, 그리고 무엇을 어떻게 할 수 있을지에 대해 조그마한 팁이라도 드리고자 노력하였다.

 그럼에도 불구하고 이 책은 처음 의도와는 달리 부족함이 많아 세상에 내놓기가 민망했다. 다른 책은 진로이론에 대해 더 많은 그리고 더 깊은 이야기를 담고 있다는 생각, 그리고 더 재미있고 풍부한 스토리를 담은 책들이 많기에 이 책이 독자들의 관심을 끌기 어려울 것이라는 생각이 들었다. 이런 나의 의심을 잠재우고, 내 이야기를 세상에 드러내는 것이 얼마나 중요한지를 알려 준 이는 남편이었다. 그는 내 인생이라는 시냇물(?)에 놓여 있는 징검다리를 확인해 보는 일이 귀중하다는 사실을 일깨워 주었다. 징검다리

5

에 놓인 돌들 중에는 쓸모없는 돌처럼 보였지만 나중에는 주춧돌이 된 것들이 많았다. 인생이라는 긴 역사가 쓰일 때 그 돌들의 용도를 감히 현재 시점에서 가늠해서는 안 된다는 준엄한 진리를 새삼 깨닫게 되는 것처럼, 이 책도 쓸모없는 그리고 쓸데없는 것처럼 보일지라도 후일 어떤 용도로 사용될지 모를 일이기에 감히 용기를 내어 글을 쓰고 책을 내 본다.

우연적인 사건들도 마찬가지이다. 개연성 없는 사건, 뜻 모를 일, 그리고 뜻밖의 일들에 걸려 중심을 잃고 비틀거렸다. 하지만 그런 흔들림 속에서 중심 잡기의 능력이 생기고 삶의 시련을 관통하는 의미를 발굴해 내는 능력이 자람으로써 내가 오롯이 나 자신으로 설 수 있었기에, 우연은 나를 위해 꼭 필요한 필연이었음을 깨닫게 되었다. 역설적이게도, 뜻밖의 일(우연)들은 내가 태어나서부터 만들어야 했던 그리고 되어야 했던 뜻 안의 일(계획)이었음을 깨닫는 중요한 계기가 되었다. 지금 시련을 겪고 있는 우리 아들을 포함한 많은 이도 나처럼 뜻밖의 일들이 결국에는 뜻 안의 일들이었음을 알게 되기를, 시련을 걸림돌로 생각하기보다는 디딤돌로 받아들이고 성장하여 결국 성취해 나갈 수 있기를 감히 고대해 본다.

이 책이 나오기까지 많은 분들의 수고가 있었다. 제2장과 제3장의 내용을 채우는 데 도움을 준 선문대학교 손진희 교수와 제자 전현영 박사, 그리고 대학원 과제를 성실하게 제출해 준 대학원생 김춘희, 이영아, 허소경, 김주연의 동의와 헌신이 없었다면 이 책은 나올 수 없었을 것이다. 내 삶의 장면 장면마다 내게 도움을 주고, 여러 가지 영감과 열정을 불러일으킨 그 많은 분들의 이름을 일일이 적을 수는 없지만 그럼에도 감사를 표하고 싶다. 출판과 관련해서 적극적으로 지원해 주신 학지사 김진환 사장님과 이 책의 시작 단계에서부터 꼼꼼하게 챙겨 주시고 세밀하게 확인해 주신 유가현 님 이하 출판사 관계자 여러분의 도움과 수고에 대해서도 머리 숙여 감사의 인사를 전하고 싶다.

2017년 9월

저자 손은령 씀

책 활용 방법

이 책은 다양한 목적을 갖고 집필되었다. 진로 결정 및 실행 과정에서 우연이 어떤 영향을 주는지에 관심을 가지는 일반인, 학교에서 진로교육을 담당해야 하는 교사 혹은 진로전담교사, 그리고 2017년부터 양성될 진로진학상담교사 부전공 연수자 등을 염두에 두고 책을 구성하였다. 그러다 보니 각각의 대상에 따라 책의 활용 방법을 달리해야 할 필요성이 대두되었기에 다소 가벼운 느낌이긴 하지만 '책 활용 방법'을 쓰게 되었다. 책 읽기 방법은 전적으로 독자의 몫이지만, 이 책이 가급적 제대로 이해되기를 원하는 저자의 입장에서 다음의 방식을 제안한다.

진로전담교사들은 각종 연수 등을 통해 진로상담의 역사와 이론 등에 대해서 개략적으로 이해하고 있을 것으로 본다. 따라서 머리말을 읽은 후 이어서 제2장부터 제5장까지 읽으면 진로 현실을 명확하게 깨달을 수 있을 것이다. 그런 후에 제1장과 제6장을 읽게 되면 교실 현장에서 어떤 시각으로 진로교육에 임해야 할지가 분명해질 것이다. 만약 진로상담 등의 경험이나 교직 경력이 짧은 경우에는 이 책의 시작부터 죽 읽어 내려가면 저자의 의도를 보다 명확하게 이해할 수 있을 것이다.

일반인이나 상담자들은 각자의 연령대를 고려하여 이 책을 읽기 바란다. 우선 머리말을 통해 책의 얼개를 읽은 후 청년들은 제4장부터, 중장년층은 성별을 고려하여 제2장이나 제3장부터, 그리고 저자의 개인사에 관심이 있는 분들은 제5장부터 읽기 바란다. 이렇게 시작하는 지점을 달리하여 제2, 3, 4, 5장을 읽은 후 시간적 여유와 흥미에 따라 나머지 장들의 읽기 여부를 판단하기 바란다.

2017년부터 전국 13개 교육대학원에서 실시되는 진로진학상담교육전공에서도 이 책은 적절하게 활용될 수 있다. 필수적으로 이수해야 하는 6학점의 교과교육론 수업에서 각 장의 연구 방법론들을 연습해 보면 좋은 경험이 될 것이라 본다. 합의적 질적 분석(제2장), 생애사 내러티브(제3장), 내용 분석(제4장), 생애사 분석(제5장), 문헌 분석(제6장) 등 다양한 방법론이 등장하므로 필요에 따라 적용해 보기를 권한다.

차례

제1장
진로상담론의
과거와 현재

인류의 역사와 함께 심리상담이 시작되고 이어져온 것에 반해 진로상담은 비교적 역사가 짧으며, 미국의 탄생을 배경으로 시작되었다고 해도 과언은 아니다. 산업혁명의 발생, 이민자들이 주축이 되어서 이룬 미합중국의 독립, 공교육을 토대로 한 학교 교육의 확대, 교사의 역할 변화, 심리측정 운동, 제1·2차 세계대전과 같은 다양한 역사적 사건을 토대로 진로상담이 출현하게 되었고, 여러 학자와 상담자들의 노력에 의해서 지금의 모습으로 변화해 왔다. 진로상담이 발전하는 과정에서 여러 가지 시도를 하게 되었고, 그 과정에서 많은 이론이 등장하였다. 이론은 현장에서의 적용과정을 거쳐 수정·보완되어 갔는데, 최근까지 그 영향력을 유지하는 이론은 크게 세 가지로 구분할 수 있다. 첫 번째는 진로상담의 전형적인 과정을 토대로 한 매칭이론이다. Parsons의 특성요인이론, Holland의 진로유형이론 등이 이에 속한다. 두 번째는 진로선택에 대한 다요인이론이다. 이 이론들은 진로선택 과정에 관여하는 여러 요인을 고려해야 한다거나, 시기에 따라 그 우선순위가 달라진다고 주장한다. 여기에는 Krumboltz의 사회학습이론이나 Gottfredson의 제한-타협이론 등이 속한다. 세 번째는 진로발달이론이다. 이 이론들은 진로선택이 일회적으로 이루어지는 것이 아니며 전 생애에 걸쳐 지속적으로 이루어진다는 점을 강조한다. 인간 발달과 진로의 선택 및 발달을 연계하려 하며, 대표적인 것이 Super의 진로발달이론이다.

이러한 구분에 기초하여 이 장의 첫 번째 절에서는 미국을 중심으로 진로상담의 역사적 배경을 간단하게 살펴보았다. 두 번째 절에서는 앞서 제시한 세 가지 유형의 진로상담이론이 주장하는 내용을 검토하였다. 이와 더불어서 우리나라의 진로 현실에서 각각의 이론들이 어떻게 활용될 수 있으며, 그 한계점이 무엇인지에 대한 고찰도 시도하였다. 세 번째 절에서는 기존 이론의 문제점을 극복하려 했던 진로이론가들의 노력을 정리하였다. 이는 크게 두 방향에서 이루어졌다. 하나는 진로선택에 대한 최근 이론들을 살펴보는 것이고, 다른 하나는 진로선택과 결정에 대한 대안적 관점들을 알아보는 것으로서 진로선택에 대한 대안이론으로 명명하였다. 이와 더불어 이론들에 대한 검토를 통해 현재의 진로교육에 주는 시사점도 찾아보려 하였다.

1 진로상담의 역사

1) 진로상담의 태동[1]

상담 전문가는 진로지도 또는 진로상담의 발달과 더불어 생겨났다고 할 수 있다. 19세기 말부터 시작된 산업화로 인해 도시로의 이주민이 급격하게 늘어났고, 그들에게 적합한 일자리가 필요하였다. 학교 교육은 확대되었으며, 노동자들을 훈련함과 동시에 그들

---

[1] 이하 진로상담의 역사는 이윤주 외 6명(2016)이 번역한 『전문상담자의 세계』 11장의 내용을 발췌 · 요약한 후 수정하였음.

의 직업적 요구에 부응하고 직업발달을 지원해야 할 필요성이 커져 갔다. 이와 함께 인간의 능력을 검사를 통해 측정하려는 시도들도 증가하였으며, 개인차에 대한 관심이 높아지면서 교육 현장에서 개인의 동기, 흥미, 발달 등에 대한 개별적인 접근이 이루어져야 한다는 주장 등이 힘을 받기 시작하였다. 산업혁명과 진보적인 교육 운동을 배경으로 하여 젊은이들의 도덕과 인성 발달을 돕고 직업환경을 조정하기 위한 직업지도 개입들도 많아지기 시작하였다(Schmidt, 2013).

미국에서는 20세기 초에 체계적인 직업지도가 시작되었다. 20세기 즈음 샌프란시스코 공예학교의 Merrill은 공예 코스를 탐색할 수 있도록 지원하는 진로지도 프로그램을 개발하였다. 교육상담과 직업상담을 제공하는 것이 주된 내용이었다. 이후 Davis는 모든 7학년생에게 직업 흥미에 관한 보고서를 쓰게 하거나 직업정보가 갖는 이점 등에 대해 교육하기도 하였는데, 이는 학생들을 대상으로 한 체계적인 지도 프로그램을 최초로 시작한 것이라고 볼 수 있다.

이 밖에도 뉴욕 시 장학사 Weaver, Reed 등은 직업지도를 학교 현장에서 시범적으로 실시하거나, 이를 확대하려 노력하였다. 이들 중 가장 돋보이는 이는 Parsons이다. 미국 생활지도의 창립자로 여겨지는 Parsons는 학교에서의 체계적인 진로지도, 전국적인 진로지도 운동, 그리고 진로발달에서 개인들을 도와주는 상담의 중요성을 꿈꾸었다. 그는 만인을 위한 교육에 관심을 두었는데, 그 연장선상에서 보스턴 직업보도국(Vocational Bureau)을 창설하였다. 진로지도 전문가를 훈련할 필요성에 따라 설립된 이 기구에서 그는 교사나 일반인들에게 진로지도를 훈련하였다. Parsons는 학교 안의 체계적인 직업지도를 상상하였고, 국가적 직업지도 운동을 기대했으며, 개인상담의 중요성을 예견했고, 협력이 경쟁보다 더 중요하고 배려가 탐욕을 대체하는 사회를 소망했다(Jones, 1994). 그의 직업지도 원칙은 광범위한 상담 분야에 크게 영향을 미쳤다.

1908년 5월 Parsons는 **특성요인이론**의 기본 틀을 제시하였는데, 그 내용은 1909년 5월에 『직업선택(Choosing a Vocation)』이라는 제목으로 출간되었다. 직업선택의 기본적인 틀은 적성, 능력, 흥미, 자산, 한계, 기타 특성들에 대한 자신의 이해, 직업의 장단점, 보상, 기회, 전망, 성공의 조건, 요구되는 지식과 같은 직업 특성의 이해, 그리고 이상의 조건들에 대한 분석을 토대로 한 합리적인 판단, 즉 매칭의 과정을 거치는 3단계 과정이다. Parsons 사후에 보스턴은 직업지도 운동의 고향으로 인식되어, 첫 번째 직업지도 회의가 열렸다. 이 회의는 1913년에 미국상담학회(American Counseling Association: ACA)의 전신인 국가직업지도학회(National Vocational Guidance Association: NVGA) 설립의 계기가 되었다.

진로지도의 중요성을 인식하게 된 Davis, Weaver, Reed는 Parsons의 주장에 부응하여 학교체제 안에서 진로지도를 전파하기 위해 노력하였다. 이로 인해 교사들은 진로상담을 자신들의 직무에 추가하였고, 이는 결과적으로 자격화되었다. 그리하여 진로상담은 학교에서 한 영역을 확보하게 되었고, 더 확대된 의미에서 서비스를 제공해야 한다는 요구를 받아 그 범위가 확장되었다. 생활지도는 전체적인 교육적 맥락 안에서 이루어져야 하므로, 지금은 학교 상담자라 불리는 '생활지도 상담자'는 적응상담, 교육과정 계획 조력, 교실관리, 직업지도 같은 학교의 다양한 기능에 관여하게 되었다(Brewer, 1932).

한편, 평가 분야에서의 발전은 진로지도 운동을 정점에 이르게 하였다. 능력과 흥미를 파악하도록 돕는 수단으로서 심리측정이 진로지도의 중요한 일부가 되었고, 개인의 적응과 정신건강을 강조하는 정신위생 운동이 중대됨에 따라 학교에서의 생활지도 활동은 또한 초기 수십 년 동안 영향력을 발휘하였다(Baker & Gerler, 2008; Gysbers & Henderson, 2012). Wundt의 심리학 실험실, Kraepelin과 Ebbinghaus의 측정도구 개발 참여, 개인차에 대한 Cattell의 관심은 측정운동의 확대를 가져왔다. 지능을 측정하려는 노력은 Binet-Simon 검사와 Standford-Binet 검사로 결실을 맺었다. 이와 더불어 제1차 세계대전의 발발로 인해 육군 알파검사와 베타검사로 알려진 집단 지능검사가 만들어지기도 하였다. 이후 특수한 능력, 즉 적성을 측정하려는 노력도 시도되었다. Hull은 1928년에 『적성검사(Aptitude Testing)』라는 책을 출간하였는데, 직업지도에서 적성검사를 활용해야 할 필요성을 언급하면서 Parsons의 매칭이론에 각종 검사를 활용해야 할 근거를 마련해 주었다. 즉, 자신에 대한 이해를 주관적으로 하기보다는 객관적인 검사를 통해서 측정하게 되면 결과적으로 그 직무에서의 성공을 예언할 수 있다는 개념을 제시함으로써 측정과 직업지도의 연결고리를 확실하게 만들어 주었다. 이와 더불어 흥미에 대한 측정 노력도 이어졌는데, 스탠퍼드 대학교의 Strong은 1927년에 『스트롱 직업흥미검사(The Strong Vocational Interest Blank)』를 출간하였다. 이는 최초의 흥미검사이며, 이를 통해 진로상담자들은 각종 측정 결과와 직업을 연결시키는 데 필요한 도구들을 확보하게 되었다.

2) 진로상담의 발전

미국 전역에 진로지도가 퍼지고 심리측정에 대한 관심이 높아짐에 따라 사람들은 학교 상담의 확대된 접근을 옹호하기 시작하였다(Erford, 2015). 1940년대에 학교 생활지도 담당자들은 Williamson의 지시적 상담접근을 많이 활용하였다. 1929년 Williamson이 출간한 『학생상담방법(How to Counsel Students)』은 Parsons가 제시한 매칭의 원리를 확대한 것으로 볼 수 있다. 그는 상담자들이 갖추어야 할 여러 능력을 제안하기도 하였다. 그 능력들에는 ① 기초적인 원리에 대한 실용적인 지식과 현대 심리학의 방법, ② 친밀해지는 데 필요한 경험과 증상에 대한 이해, ③ 공감적이고 진실하고 도움이 되는 방식으로 학생들을 다루는 능력, ④ 산업심리 분야에 관한 지식, ⑤ 수업 코스 개발 방법에 대한 정보, ⑥ 과학적 분석 방법과 탐구원리에 대한 지식 등으로 요약할 수 있다. 이렇게 전문적인 능력을 가진 상담자가 주도적으로 학생이나 내담자의 진로를 지도해 주는 방식을 제안하였기 때문에 그의 상담 방법은 지시적 상담 또는 상담자중심 상담으로 불렸다.

1940년대에 들어서면서 Rogers와 다른 학자들은 비지시적 · 관계지향적 · 인간중심적 상담을 주창하였다. 1942년에 Rogers는 『상담과 심리치료(Counseling and Psychotherapy)』를 저술하면서 내담자 중심적인 방법을 제안하였다. Rogers 학파에서는 정서와 동기 등에도 관심을 가져야 하며, 상담과정 중에 이를 다루어야 할 내용으로 제시하였다. 또한 내담자의 자기수용과 자기이해가 상담에서 우선적인 목적이 되어야 한다는 점을 강조하였다. 상담자와 내담자의 상호작용과 내담자 존중을 통해 내담자가 자신을 이해하게 되고, 자신의 선택이 가능해지며, 이를 통해 책임감을 가질 수 있다는 점을 제시하였다.

1932년, 대공황기의 중반부쯤 「Wagner O'Day 법」이 통과되어 미국 고용 서비스청이 만들어졌으며 이곳에서 실직자들을 위한 진로지도를 제공하였다. 그 즈음에 검사운동이 번져 가기 시작하였고, 미국의 노동부는 『직업명 사전(Dictionary of Occupational Title: DOT)』을 편찬하였는데, 이는 진로정보를 조직화하려는 최초의 시도 중 하나였던 것으로 보인다.

제2차 세계대전 동안에는 다시 군대에서 검사들이 필요하게 되었다. 이로 인해 1939년에 인사 및 검사부를 만들었고, 1940년에는 육군일반분류검사(army general classification test: AGCT)도 제작되었다. 이 검사는 군 상담 프로그램의 개발을 이끌었는데, 이를 활용해 모병들을 다양한 병과에 배치하게 되었고, 잠재력을 측정함으로써 인적 자원의 최대 활용 가능성을 모색하게 되었다. 전쟁이 끝나갈 무렵 군에서는 퇴역 군인 복귀를 지원하기 위한 상담 프로그램들을 개발하였는데, 이들 프로그램에는 미래의 교육과 직업 계획에 대한 내용도 포함되었다. 1944년에 설립된 퇴역군인본부가 전국적으로 진로지도 서비스의 중심부가 되었으며, 각 대학에서도 관련 기관들의 설립을 계속 추진하였다. 이러한 상담 서비스는 여러 기관과 고등교육기관에서의 진로지도 프로그램 운동을 발달시키는 전례가 되었다. 제2차 세계대전 이후 응용심리학이 발달하면서 심리학의 각종 원리와 검사 등이 진로지도 및 교육·훈련 프로그램들에 통합되었고, 지속적으로 대상에 특화된 검사도구들, 즉 남성과 여성, 연령대에 따른 집단, 소수민족, 특수 집단 등에 활용 가능한 도구의 개발로 이어졌다.

3) 진로상담의 확대

1950년대는 진로발달이론들이 팽창하기 시작하였다. Roe는 진로상담에서 분류체제를 개발하였는데, 이는 초기 아동기 경험이 이후의 진로선택에 영향을 준다는 생각을 촉진하였다. Super(1953, 1957)가 개발한 이론은 진로선택을 결정의 순간으로 보는 정적인 관점에서 진로발달을 생애 전반에 걸친 과정으로 보도록 시각을 변화시키는 데 중요한 역할을 하였다. 이러한 이론들의 출현을 통해 실제적인 진로지도에 활용될 수 있는 여러 가지 정보가 축적되어 갔고, 진로지도 프로그램의 개발과 보급에 대해서도 관심이 높아지게 되었다.

1958년에 통과된 「국가방위교육법」은 학교에서의 진로지도를 강조하는 내용으로서 일차적인 목적은 학생들의 적성과 능력을 중등학교 초기에 확인하고, 그 재능을 펼칠 수 있도록 도와주는 상담 프로그램을 제공하는 것이다. 이에 근거하여 미 연방의 재정지원을 통해 각종 검사들이 학교 현장에서 활용될 수 있는 계기가 마련되었다. 또한 각종 검사들의 출판 확대와 전문화된 검사 프로그램들의 양산으로 이를 활용한 진로지도가 활발하게 시도되었다.

1960년대와 1970년대에는 진로지도에 대한 새로운 포괄적인 모델들이 전개되었으며, 변화하는 사회 속에서 일의 의미가 어떻게 규정될 수 있고, 그 역할을 어떻게 정의해야 하는가에 대한 논의가 활성화되었다. 여성운동, 노령인구에 대한 진로지도, 특수 집단의 진로선택 등에 대해 차별적으로 접근해야 한다는 인식도 나타났다. 이 시기의 모델들은 진로지도를 포괄적으로 보았으며, ① 진로 발달에 있어서 전 생애 패턴에 초점을 두고, ② 선택을 함에 있어서 자신에 대한 개념을 고려하도록 지원하고, ③ 내담자와 상담할 때 여가와 취미활동을 검토하며, ④ 진로발달을 이전 시기의 경직되고 변경 불가능한 과정으로 보지 않고 유연하고 변화 가능한 과정으로 파악하도록 하고, ⑤ 상담자가 아닌 개인을 진로결정자로 강조하고 있다(Hershenson, 2009). 1970년대에는 Holland의 인성 이론이 출현하여 개인의 성격이 다양한 직업환경에 '매칭되는지'를 중요하게 살펴보았다.

진로지도에 있어서 인본주의적 접근과 실존주의적 접근을 강조하게 되었으며, 기존의 교육체제가 청년들의 진로준비에 부적합하다는 반성과 함께 진로교육 프로그램들에 진로인식, 진로탐색, 가치 명료화, 의사결정 기술, 진로성향, 진로준비와 같은 주제들을 포함하려는 움직임도 나타났다. 진로상담자의 역할이 전 생애에 걸친 진로준비 과정을 조력하는 전문가로 규정됨에 따라 상담자가 갖추어야 할 자격 및 능력의 표준에 대한 관심이 증대되었으며, 이 시기 동안 많은 법이 통과되었다.

상담 분야의 전문성에 대한 필요도 점점 더 강조되어 1961년에는 APGA의 첫 윤리적 행동지침이 출현하였고, 상담 프로그램의 인준기준 필요성도 대두되었다. 이에 따라 여러 학회가 열리고

여러 차례의 논의와 승인과정을 거쳐 1984년 국가진로개발협회
(National Career Development Association: NCDA)에서 진로상담자의
자격에 대한 절차를 확정하고, 현재 이를 국가공인 상담자위원회
(National Board of Cdertified Counselors: NBCC)에서 실행하고 있다.

4) 진로상담의 현황

상담자가 개인으로 하여금 자신들의 생애 역할을 정의하도록 도
울 수 있는 전 생애 과정이 진로발달이라는 인식이 1980년대 이후
확대되었으며, 상담 분야의 직업 기준과 훈련기관 인준 등을 표준
화할 필요성도 증대되었다. 이에 따라 1981년 상담관련 교육 프로그
램 인준위원회(Council for the Accreditation of Counseling and Related
Educational Programs: CACREP)가 설립되었고(CACREP, 2014), 다문
화상담에 대한 관심도 높아졌다.

컴퓨터의 발달과 더불어 1990년대에는 진로발달 모델들이 발전
되어 나갔다. 최근에는 개인이 진로에 따라 자기개념을 어떻게 점
진적으로 발전시켜 나가는지를 연구하는 사회인지적 진로이론과
구성주의자 이론을 포함하는 새로운 모델들이 추가되었으며, 진로
발달에 대한 이전 모델들의 확장도 있었다. 소수자, 다문화, 특수
집단 등에 대한 관심이 증가하면서 개별적 처치, 개별적 개입의 방
법들도 다양하게 고려되기 시작했다.

한편, 학교에서의 진로상담이 중요해지면서 국가적으로 학교상
담자 훈련 프로그램을 혁신하려는 계획을 발전시켜 갔다. 학생들
의 학업적 성취와 직업적 포부를 기르는 데 초점을 두고, 상담자를

모든 학생에 대한 옹호자 역할을 하는 교육적 지도자로 훈련시키는 데 강조점을 두게 되었다. 이에 더하여 상담자가 지도자, 옹호자, 협력자 그리고 체계적인 변화 동인이 되도록 지원하는 데 초점을 두게 되었다.

또한 진로상담 영역에서도 상담의 윤리적 문제의 중요성이 점점 강조되어 갔고, 윤리적 판단 내리기, 수퍼비전에서의 윤리, 강의에서의 윤리, 심지어 온라인상담에서의 윤리 등에 대한 관심도 증가되고 있다. 이에 따라 시대적 요구에 발맞추어 미국상담학회(ACA)의 윤리 강령도 개정되었고, 온라인상담을 위한 분리된 윤리지침을 개발하기도 하였다. 또한 여러 종류의 자격이나 면허를 가진 사람이 급격히 증가하면서 1982년에는 국가공인 상담자위원회를 설립하고 상담자를 위한 최초의 포괄적 국가 공인시험을 관리하기 시작했다(NBCC, 2014a, 2014b). 여러 관련 학회가 진로상담과 관련된 분야의 전문가들을 회원으로 하여 성장하기 시작하였고, 학교 현장에서도 진로상담과 학업상담이 비중 있게 다루어지면서 상담을 전공하기 위해서 진로상담에 대한 주요 개념과 기법들을 학습해야 할 필요성이 증대되었다. 진로와 전 생애 발달은 모든 상담전공 학생이 대학원에서 배워야 할 8개의 내용 영역 중 하나라고 상담관련 교육프로그램 인준위원회(CACREP)에서 정하였기 때문에 이제는 진로지도와 진로상담이 모든 상담자가 해야 할 일의 중요한 요소가 되었다.

2 고전적 진로상담이론

1) 매칭이론

매칭이론은 기본적으로 사람과 환경 간에 매칭이 잘 되면 만족도가 높아지고, 성과도 높다는 가정을 기반으로 하고 있다. 기존의 이론서에서는 Parsons의 특성요인이론과 Holland의 성격이론을 구분하여 설명하고 있다. 하지만 기본적으로 두 이론의 기저에 있는 철학과 직업선택의 논리는 동일하다. 따라서 이 절에서는 두 이론을 매칭이론으로 보고 그 내용을 간단하게 개괄하였다.

(1) 특성요인이론

진로지도의 선구자라 할 수 있는 Parsons는 개개인이 자신의 삶을 인간적으로 영위할 수 있도록 돕는 데 관심이 있었다. 이를 위해서는 전문가들이 개인의 특성에 대한 분석과 직업 세계에 대한 확실한 정보를 기반으로 적합한 직업선택을 하도록 도와 주어야 한다고 생각하였다.

특성요인이론은 간단한 세 가지 주요 요인을 중심으로 직업선택을 실행해야 한다는 점을 제안하고 있다. 그것은 ① 자신에 대한 명확한 이해, 즉 자신의 적성, 능력, 흥미, 포부, 환경 등의 이해, ② 다양한 직업에 대한 자격 요건, 장단점, 보수, 취업 기회, 장래 전망 등에 대한 지식, ③ 내담자 자신의 개인적 요인에 관한 자료와 직업에 관한 자료를 중심으로 진로상담을 통해 내담자가 현명한 선택을 하도록 도와주는 활동이다.

초기의 주장은 현실적인 적용을 거쳐 그 기본적인 내용이 수정되어 활용되고 있는데, 그 기본 원리는 다음과 같다(Herr, Cramer, & Niles, 2004; Niles & Harlis-Bowlsbey, 2013; Sharf, 2013).

• 개인은 측정되고 논의되며 검토될 수 있는 독특한 특성을 갖고 있다. 이러한 특성에는 적성, 욕구와 흥미, 가치, 고정관념, 기대, 심리적 적응, 위험을 감수하는 성향, 포부 등이 포함된다.
• 직업은 성공하기 위해 필요한 특성들을 개인에게 요구한다.
• 개인이 직업에 맞는 특성을 갖출 능력이 있을수록 성공과 만족감을 느낄 가능성이 커진다.
• 내담자와 상담자 간의 상호작용은 정서적 요소와 인지적 요소를 포함하는 역동적인 과정이다.
• 개인이 직업에 어울리는 특성을 갖출 능력은 성찰을 통해 나타날 수 있는 의식적인 과정이다. 그러나 이러한 매칭은 개인이 자신과 자신의 독특한 특성에 대한 지식, 잠재적인 의사결정에 영향을 줄 수 있는 사회적 요인을 통찰할 때만 효과적일 수 있다.
• 진로상담을 할 때(예를 들어, 내담자와 상담자 간의 상호작용 시) 문화적 가치는 중요하며, 직장에서 개인의 성공(개인이 어떻게 자신을 바라보며, 직장에서 다른 사람들이 어떻게 그를 보는가)에 영향을 미친다.

그런데 이 관점은 다음의 한계를 갖고 있다. 첫째, 이 관점은 심리검사를 통해 측정된 개인 특성을 신뢰하고 있다. 그러나 실제적으로 진로 및 직업 분야에서 활용되는 여러 검사도구의 예언 타당도는 높지 않기 때문에 이를 토대로 섣부르게 진로지도를 할 경우 여러 문제점이 나타날 수 있다. 둘째, 과거와는 달리 직업선택이 생애 전반에 걸쳐 여러 번 발생하게 되며, 직업 세계와 진로환경이 상당히 가변적이라는 점을 간과하고 있다. 이 관점은 개인이 자신을 잘 분석하고 직업 세계를 잘 파악하면 바로 선택이 가능한 것처럼 착시하게 만드는 결과를 초래하게 된다. 셋째, 개인이 가진 특성들이 안정적인가의 문제이다. 실제적으로 개인의 특성은 개인이 속한 삶의 맥락에 붙박여 있으며, 여러 요인에 의해 계속적으로 변화될 여지가 있다. 또한 어떤 직업에서 요구하는 개인의 특성은 단순하지 않으며, 시대의 변화에 따라 일의 세계도 복잡해졌다. 이 이론은 이를 반영하지 못한다는 문제점을 안고 있다.

특성요인이론이 출현하던 19세기 초와 지금 우리가 살고 있는 21세기는 시대적·환경적·문화적 맥락이 너무 다르다. 그 시절은 안정적이었고, 지역 간의 경계가 확실하게 그어져 있었으며, 직업의 수가 많지 않았다. 하지만 21세기는 지역의 경계가 무너지고 일의 경계도 모호해졌으며 직업의 생성과 퇴락이 활발하게 이루어지고 있는 역동적인 시대이다. 10년 전에 유망했던 산업이 10년 후에는 가장 불투명한 산업으로 바뀌는 시대이기 때문에 매칭이론으로 개개인의 진로를 이해하고 그 선택을 도우려 해서는 역효과가 발생할 가능성이 높다. 그럼에도 불구하고 현재 우리나라의 학교 현장과 진로상담 분야에서는 여전히 특성요인이론의 관점이 지배적이며, 경직된 사고방식으로 진로선택을 이해하려 하기 때문에 이론과 현실 간의 충돌이 발생하고 있다.

(2) 직업성격이론

Holland는 진로선택을 통해 자신의 성격이 드러난다고 가정한다. 직업성격이론은 성격이론과 특성요인이론을 종합한 것으로 볼 수 있다. 그는 유전적이고 환경적인 영향으로 인해 사람들이 직업을 선택할 때 일종의 경향성을 보인다고 생각하고 이를 찾고자 하였으며, 직업적 성격과 개인의 성격이 잘 매칭될 때 만족도도 높아지고 직업적 수행 능력도 향상된다고 가정하였다. Holland의 이론을 일종의 매칭이론으로 보아야 할 근거가 여기에 있다.

Holland는 군대에 복무하면서 군인들의 직업 특성을 몇 개의 유형으로 분류할 수 있다는 생각을 굳혔으며, 연구를 통해 흥미가 서로 다른 대학생들은 서로 다른 성격 특성을 가진다고 확신하게 되었다. 그의 생각은 여러 번의 개정을 거치면서 이론으로 체계화되었고 유형을 측정할 수 있는 각종 검사도구들로 구체화되었다.

이 이론에 따르면 대부분의 사람은 여섯 가지 성격 유형 중의 하나로 분류될 수 있으며, 환경도 여섯 가지 유형으로 구분된다. 그리고 사람들은 자신의 기술과 능력을 발휘하고 태도와 가치를 표현하며 이런 특징들에 부합되는 역할을 수행할 수 있는 환경을 찾는데, 개인이 자신의 독특한 성격 양식을 파악할 수 있다면 자신의 성격에 가장 잘 맞는 직업도 찾을 수 있으며 결과적으로 진로에 만족하게 된다.

여섯 가지 유형에 실재형, 탐구형, 예술형, 사회형, 기업형 그리고 관습형이라는 일반적인 성격 양식을 반영하는 명칭을 부여한

Holland는 개인의 성격 유형과 능력 수준에 걸맞는 수많은 직업이 있다고 믿었다. 개인은 지배적인 한 가지 유형을 갖기도 하지만 두 개 또는 그 이상의 유형을 갖기도 한다. 그는 상위 세 가지 유형을 나열함으로써 개인의 직업 코드를 찾을 수 있다고 보았다. 여섯 가지 성격 유형은 육각형으로 보일 수 있으며, 인접한 유형이 인접하지 않은 유형보다 공통 요소들을 더 많이 갖고 있다는 주장을 뒷받침하는 연구를 실행하기도 하였다([그림 1-1] 참조).

Holland는 직업이 유형에 따라 분류될 수 있다고 주장하였다. 즉, 개인 코드와 동일한 코드를 갖고 있는 직업을 갖게 된다면 궁극적으로 진로에 만족하는 사람이 될 가능성이 높아진다고 보았다. 이에 대한 여러 연구는 매칭과 직무만족의 높은 상관을 보여 주고는 있지만, 한 개의 코드에 한 가지 직업만 있는 것은 아니기

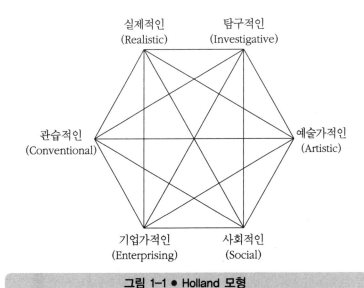

그림 1-1 ● Holland 모형

때문에 여러 선택지 중 어떤 것을 선택할 것인지에 대한 것은 개인의 몫으로 남는다.

이 진로상담자들은 Holland 이론을 광범위하게 활용하였으며, 개인의 코드를 결정하는 데 쓰이는 수많은 평가도구들도 개발되었다. 이에 더하여 직무만족을 달성하기 위한 상담에도 그의 이론이 많이 활용되었다. 하지만 Holland 이론은 매칭이론이 갖고 있는 다음과 같은 한계를 고스란히 드러내고 있다.

첫째, 지나치게 심리적으로 편파되어 있다. 직업선택은 단순히 개인의 심리적 특성에 대한 확인만으로 이루어지는 것이 아니기 때문에 심리적 환원주의의 오류를 범할 수 있다. 수많은 환경적·맥락적 요인과의 상호작용 과정을 통해 개인의 직업선택이 이루어진다는 명확한 사실을 도외시한 채, 이 이론은 개인의 성격 특성을 구분해 내는 데 너무 많은 노력을 기울이고 있다.

둘째, 그가 제시한 환경의 여섯 가지 유형 또한 경계가 모호하며, 유형 간의 구분도 명확하지 않다. 이를 보완하기 위해 한 개의 코드에서 두 개의 코드 그리고 최근에는 세 개 코드의 조합으로 발달하게 되었고, 그러다 보니 그 매뉴얼의 해독이 어려워 실제 활용 가능성이 낮아지고 있다.

셋째, Holland 이론은 시대적인 변화를 수용하지 못하고 있다. 직업 코드와 성격 코드에서의 성적 편파성도 여전히 남아 있으며, 문화적 민감도가 낮은 도구라는 한계를 넘어서지 못하고 있다.

넷째, 현재의 직업세계에서는 다양한 유형의 개인들이 모여 만드는 시너지 효과를 중요시한다. 하지만 Holland 이론은 하나의 직무가 갖고 있는 수많은 특성을 포괄하기보다는 유형론의 틀에

갖혀서 특정 특성만을 부각한다는 치명적인 문제를 안고 있다. 그럼에도 불구하고 우리나라의 진로교육 현장에서는 Holland 이론을 기반으로 한 각종 검사도구들이 온라인과 오프라인에서 여전히 광범위하게 활용되고 있으며 이를 토대로 진로상담을 하고 있으니 안타까운 현실이다.

2) 진로선택 다요인 관여이론

이 책에서는 진로선택이 복합적인 활동이기 때문에 그 과정에서 여러 요인을 고루 고려해야 하고, 발달 단계에 따라 고려되는 요인들의 우선순위가 달라진다는 이론을 진로선택 디요인 관어이론으로 분류하였다. Krumboltz의 사회학습이론이나, Gottfredson의 제한-타협이론 등이 이에 해당한다. 이 이론들은 학습에 의해서건 발달과정에 의해서건 여러 요인이 진로선택에 관여될 수 있다는 관점을 제시하기 때문에, 진로교육에서 무엇을 고려해야 하는지에 대한 시사점을 제공하며 진로교육의 방향성을 정립하는 데도 도움을 준다.

(1) 사회학습이론

사회학습이론은 학습이론을 진로문제에 적용한 것이라 할 수 있다. 즉, 개인이 학습의 결과 진로를 선택하게 된다고 보는 것이다. Mitchell과 Krumboltz(1996)는 진로선택에 영향을 주는 네 가지 요인—선천적으로 타고난 능력, 환경적 상황과 여러 가지 일, 학습경험, 당면한 여러 문제를 다루는 기술—이 상호작용을 하면서 개인이 진로 선택과 결정을 하도록 영향을 준다고 하였다. 이 요인들은 대부분 개인이 통제할 수 있기보다는 주어지거나 어떤 환경에 놓이는가에 따라 결정된다.

첫 번째 요인인 선천적으로 타고난 능력은 일종의 유전의 소산이다. 태생적으로 갖게 된 개인의 외모, 기질, 신체적 능력 등이 포함된다. 두 번째 요인은 환경적 상황과 여러 가지 일이다. 직업의 생로병사, 국가 정책의 변화, 사회경제적 상황의 유동성, 자연환경의 변화, 기술의 개발과 발전, 가족관계 및 교육체제의 변동, 새로운 인구의 유입과 이로 인한 문화 차이 등이 개인의 삶에 영향을 준다. 세 번째 요인은 학습 경험이다. 특정 직업에 대해 아무 느낌이 없다가 그 직업을 가진 사람의 행동에 호불호를 경험하게 된 이후에 흥미가 강해지거나 흥미가 약해지는 것은 고전적 조건화에 의한 학습에 해당한다. 어떤 행동 이후에 주어진 보상이 긍정적이면 그 일에 대한 선호도가 높아지게 되는 것이다. 예를 들어, 과학 시간에 해부실험을 했고 그 실험에 대해 선생님으로부터 칭찬을 받게 된다면, 이 학생이 생물 과목을 열심히 하거나 생물 관련 학과에 진학하게 될 가능성은 높아지게 된다. 이는 도구적 조건화에 의한 학습에 해당한다. 따라서 개인의 진로선택은 개인의 학습사와 상당히 높은 관련성을 지니게 되며, 이 또한 선택의 여지는 높지 않음을 알 수 있다. 네 번째 요인은 당면한 여러 가지 문제를 다루는 기술이다. 이는 자신에게 맞는 진로를 선택하기 위해 활용되는 기술로서, 앞서의 요인들을 기반으로 하여 갖추게 되는 기술이다. 이에는 업무 수행에 대한 기대, 업무 습관, 인지적 과정, 정서적 반응 등이 속한다.

사회학습이론에서는 네 가지 요인이 상호 영향을 주고받으면서 개인이 자기 자신에게 그리고 세상에 대해 일종의 일반화를 한다고 주장한다. '자기관찰 일반화'는 자신에 대한 관찰 결과 갖게 되는 것으로서 자신의 태도, 업무 습관, 가치관, 흥미, 능력에 대한 일반화를 지칭한다. '세계관 일반화' 또는 '환경에 대한 일반화'는 삶에 대해, 세상에 대해 갖고 있는 일종의 신념이라 할 수 있다. 이러한 일반화는 주관적인 것이기 때문에 늘 오류의 가능성을 갖고 있지만 내면화된 것이라서 잘 드러나지 않는다. 따라서 개인의 학습사를 통해 제한해 왔던 사고의 틀을 확장할 수 있는 기법들을 활용하여 사고의 범위를 넓히고, 보다 유연하고 능동적으로 자신의 진로를 선택할 수 있도록 촉진해야 하며, 이것이 상담의 목표가 되어야 한다. 사회학습이론은 기본적으로 인지와 행동의 연계를 강조한다. 행동 이전에 사고가 발생하므로, 사고의 전환을 통해 행동의 변화를 도모하는 것이 필요하다. 따라서 진로와 관련된 생각이나 신념들을 점검할 필요가 있다. 이에 따라 진로사고검사(Simpson & Peterson, 1996) 또는 진로신념검사(Krumboltz, 1994) 등이 개발되었다. 이들 검사는 국내에서 번안되었지만 실제 상담 장면에서 잘 활용하고 있지는 않다. 여러 가지 측면(도구의 타당화 문제, 연구자들의 관심 부족, 실제 현장에서의 낮은 활용도 등)에서 그 이유를 찾을 수 있지만, 기본적으로는 외국과 우리나라 간의 문화적 차이에 기인한다고 할 수 있다. 따라서 이를 보완한 보다 체계적인 도구의 개발과 활용이 요구되는 상황이다. Krumboltz 등은 자신들이 제안한 약간은 경직된 이론(사회학습이론)이 실제 직업 세계에서의 진로선택과 모순(?)될 수 있다는 점을 인지하고, 진로선택에서의 우

연성과 계획성에 대해 관심을 가져야 한다는 계획된 우연이론을
전개하였다. 그렇기 때문에 과연 진로선택에서 학습이 차지하는
부분이 어느 정도인가에 대한 의심은 남아 있다고 할 수 있다.

(2) 제한-타협이론

Gottfredson은 진로선택에 있어서 인간의 발달 단계에 따른 타
협과정과 그 과정에서 이루어지는 선택지의 제한과정에 초점을 두
고 자신의 진로이론을 전개하였다. 그는 진로선택이 다소 복잡한
여러 요인 간의 경합과 포기 과정을 통해 이루어진다는 점을 가정
하고 있다. Parsons나 Holland의 이론에서처럼 단순한 심리적 유
형들에 대한 고려가 진로선택에서 유일한 관심사가 될 수만은 없
으며, 발달 단계와 개인을 둘러싼 외부적 조건들 간의 끊임없는 타
협과정이 요구되는 다소 복잡한 선택과정이 필요하다는 점을 제시
하고 있다.

제한-타협이론이라 불리는 그의 이론은 제한과 타협이라는 두
가지 면으로 구분되며, 이 둘은 선택과정에서 상호 유기적으로 다
시 연결된다. 발달 단계에 따른 진로 대안의 제한과정을 살펴보면
다음과 같다. 청소년 시기의 발달과정은 총 4개의 단계로 구분되
며 각 단계별로 일종의 발달 과업 등이 있고, 이를 성취하면서 상
위 단계로 옮겨가게 된다. 첫 번째는 서열획득의 단계인데 힘과 크
기에 대한 개념이 생기게 되며, 이는 고스란히 직업에 대한 인식에
도 적용된다. 학령기 초기에 접어들면 자아에 대한 생각이 명료해
지고 자신의 성역할에 대한 동일시 과정을 거치면서 성별로 직업을
구분하려는 시기에 도달한다. 성역할에 따라 직업을 선택하는 범

위를 제한하기 시작하며, 성역할 고정관념을 습득하게 된다. 이후 아이들은 점차적으로 사회에서 평가되는 직업의 가치를 알게 되며, 직업을 갖기 위한 경쟁에서는 능력이 중요하다는 점을 알게 된다. 즉, 자신의 능력에 따라 가능한 직업의 범위를 줄여 나가게 되는데, 이는 사회적 가치획득의 단계로 명명되었다. 마지막 단계에 오면 자신의 직업적 정체감이 형성되기 시작한다. 자기 능력에 대한 평가와 그에 걸맞는 직업 대안의 축소 및 제한 과정이 뒤따르게 된다. 자신에게 맞는 직업에 대해 포부를 형성하는 시기이며, 자신에게 적합한 직업은 무엇이며 자신의 흥미에 맞고 주변 사람들의 기대에 부응하는 직업은 무엇인지를 고민하는 과정을 거치기 때문에 내적 고유자아 확립 단계로 지칭되었다. 여러 선택지 중에 자신의 진로 열망 또는 대안이라 할 수 있는 진로 포부들을 제한시켜 가기 때문에 이 이론에 제한이라는 개념이 포함되었다.

가능한 진로 대안 중 현실적인 상황에 대한 인식을 토대로 한 일종의 포기도 필요한데, 이는 일종의 타협이라 할 수 있다. 이 과정에도 순서가 있다. 이 이론에서는 흥미를 가장 쉽게 포기하고 그 다음이 사회적 지위이며 가장 힘들게 포기하는 부분이 성역할이라고 주장하였으나, 여러 연구 결과는 이를 뒷받침하지 못하고 있다. 타협해야 하는 부분이 과연 이 세 가지에 한정되는가에 대해서도 이견이 많다. 중요한 것은 오히려 타협 이후의 적응과정이다. Gottfredson은 최상의 선택이 어려워 차선의 선택으로 타협하게 되면, 이후의 진로만족은 그 선택에 대한 심리적 수용과정과 관련된다고 보았다. 이는 일종의 적응과정이며 조정과정이기 때문에 진로 적응을 잘하는 개인은 선택한 직업에 대해 자신의 기대를 적절히 조절하는 능력을 갖춘 사람일 것이다.

　제한-타협이론이 직업 세계에서 보여 주는 개인의 선택과정과 얼마나 일치하는지에 대한 국내 연구는 아직 답보 상태에 있다. 실제적으로 진로 포부가 발달 단계를 거치면서 축소되는지에 대한 증거도 확보되지 않았다. 타협의 순서에 대한 연구 결과들도 실제 타협에 대한 연구라기보다는 예상되는 타협 과정을 위주로 진행되었기 때문에 실상을 반영한다고 보기 힘들다. 이는 외국의 진로교육 및 직업 세계에 대한 관점과 우리나라의 진로교육과 직업 가치관 간에 차이가 있어 나타난 현상으로 이해될 수 있지만, Gottfredson이 가정한 진로선택 과정이 보다 복잡한 인지과정을 거쳐 나타난다는 것을 반증하는 것으로도 읽힌다. 다시 말해, 과연 우리 사회에서 외적 가치의 표현이라고 할 수 있는 사회적 지위 포기가 그렇게 쉽게 가능할 것인가를 연구해 볼 필요가 있다.

　집단주의적이고 타인의 시선에 대해 지나치게 민감한 우리 문화에서 흥미에 대한 포기는 쉬워도 사회적 지위나 평판에 대한 포기과정이 순조롭게 이뤄지기는 어렵다. 이 점이 제한-타협이론이 해결해야 할 난제인 것이다. 또한 타협과정이 논리적이고 합리적인 취사선택을 통해 이루어지는가에 대한 부분도 다시 한 번 생각해 봐야 할 부분이다. 뒷장에서 다시 거론하겠지만, 개인의 취사선택은 사실 논리적인 선택이라기보다는 직관적이고, 다소간 감정적인 면이 많이 작용한다는 것이 정설이다. 제한-타협이론은 인간의 합리성을 지나치게 신뢰하여 인지적인 접근 방식으로 진로선택 과정을 바라보기 때문에 이러한 즉흥성과 정서적인 영향 등을 포용할 여지를 갖고 있지 않다. 이 부분이 새로운 관점에서

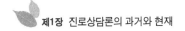

진로선택을 바라봐야 한다는 논리가 설 자리이기도 하다.

3) 전생애 발달이론

Super는 기존의 발달이론들이 진로발달 과정의 다양하고 복합적인 측면들을 포괄하지 못하였다고 지적하면서 전생애, 생애 역할, 자아개념을 중심 개념으로 하는 전생애 발달이론을 제시하였다. 그가 제안한 열네 가지 가정은 다음과 같다.

- 각 개인은 능력, 성격, 필요, 가치, 흥미, 특질, 자아개념이 서로 다르다.
- 사람들은 각기 이러한 특징들의 조합을 통해 다양한 직업에 어울리는 자격을 갖게 된다.
- 각 직업은 특정한 능력과 성격 특성을 요구한다.
- 직업 선호, 역량, 여건, 자아개념 등은 시간의 흐름과 경험의 정도에 따라 변한다.
- 자아개념의 변화과정은 성장, 탐색, 확립, 유지, 쇠퇴 등 일련의 대순환 생애 단계를 거친다.
- 진로 유형의 특성은 부모의 사회경제적 수준, 지적 능력, 교육, 기술, 성격 특성, 진로성숙도, 기회 등에 의해 결정된다.
- 특정 생애진로 단계의 맥락에서 환경의 요구에 대처하는 능력은 개인이 그러한 요구에 대처하는 준비도에 달려 있다.
- 진로성숙도는 가설적 구인이며, 단일한 특질이 아니다.
- 생애 단계를 통한 진로발달은 능력과 흥미를 성숙시킴으로써

그리고 현실 검증과 자아개념의 발달을 촉진함으로써 지도될
수 있다.

• 진로발달 과정은 직업적 자아개념의 발달과 실행 과정이다.
• 개인과 사회적 요인, 자아개념과 현실 간의 통합과 타협의 과
정은 역할 수행과 피드백을 통한 학습의 과정이다.
• 직업만족과 생애만족은 개인의 능력, 필요, 가치, 흥미, 성격
특성, 자아개념에 따라 다르다.
• 직업만족도는 자아개념을 실행할 수 있는 정도에 비례한다.
• 직업은 대부분의 남녀에게 삶의 중심이지만 어떤 사람들에게
는 여가활동과 집안일 등이 중심이 될 수 있다.

Super의 이론은 자아개념이 지속적으로 진로발달과 더불어서
발달한다는 점을 보여 준다. 즉, 자아개념은 다양한 개인적 요인과
환경적 요인의 영향을 받아 형성되며, 또한 성장과 쇠퇴라는 변화
를 겪게 된다고 할 수 있다. 그는 진로발달을 다섯 단계 과정으로
보았는데, 각 단계는 독특한 발달 과업에 따라 구분되는 하위 단계
를 갖고 있다(Super, 1990; Super, Savickas, & Super, 1996; 〈표 1-1〉
참조).

성장기(출생부터 14세까지) 동안 아동은 자신을 타인과 동일시하
고, 흥미와 능력을 인식하게 되며, 진로 자아개념을 발전시키기 시
작한다. 이 시기는 다시 환상기, 흥미기, 능력기 등의 하위 단계로
나뉜다. 탐색기(14~25세)에는 시험적으로 자신의 직업적 환상들
을 일, 학교 그리고 여가활동을 통해 테스트하기 시작한다. 이 단
계의 후반기에 개인은 직업이나 이후의 전문적인 훈련을 선택함으

| 표 1-1 | Super의 전생애 발달 과업의 순환 및 재순환

생애 단계	청소년기 (14~24세)	성인 초기 (25~45세)	성인중기 (46~65세)	성인후기 (66세 이상)
쇠퇴기	취미시간 줄이기	운동참여 줄이기	가장 중요한 것에 초점 맞추기	작업시간 줄이기
유지기	현재 직업선택 확증하기	직업지위 안정화하기	경쟁에서 자기 지위 확보하기	자신이 즐기는 활동 유지하기
확립기	선택분야 시작하기	알맞은 지위에 안착하기	새로운 기술 개발하기	과거에 하고 싶었던 것 하기
탐색기	기회에 대해 추가 학습하기	원하는 기회 탐색하기	새로운 과업 찾기	은퇴할 좋은 곳 찾기
성장기	현실적 자아개념 개발하기	타인과 관계 맺기 학습	자신의 한계 수용	비활동 역할을 개발하고 가치 부여하기

출처: Super(1990).

로써 직업적인 선호도를 견고화하기 시작한다. 이 시기는 다시 결정화기, 구체화기, 실행기라는 하위 발달 과업 단계로 나뉜다. 확립기(25~45세)에는 진로선택이 안정되며 선택된 분야에 진출하게 된다. 이 시기는 정착, 공고화, 발전의 발달 과업을 수행하는 시기라 할 수 있다. 유지기(45~60세)에는 선택된 현재의 지위를 보존하고 부진함을 피한다. 이 시기의 발달 과업은 유지, 갱신, 혁신이다. 쇠퇴기(60세 이상, 때로는 철수 단계)에는 사람들이 선택한 분야에서 철수하기 시작하며, 점차적으로 은퇴, 여가 그리고 취미활동에 초점을 맞추기 시작한다. 이 시기에는 감속, 은퇴 준비, 은퇴생활이라는 진로발달 과업을 수행해야 한다.

Super는 초기 모형에서 성장기-탐색기-확립기-유지기-쇠퇴기라는 5단계의 대순환 모형을 가정하였지만, 후기에는 어느 단계에서도 발전과 쇠퇴가 가능하며 발달 과업의 성취가 특정 연령대에 한정되는 것도 아니라고 보았다. 발달의 불안정성이 정상이라고 본 것이다. 오히려 중년기에 경험하게 되는 진로위기는 정상적인 현상이며, 사회 변화에 개인이 보다 빨리 적응하도록 촉진한다는 측면에서 긍정적으로 이해될 수 있다.

그는 이러한 전생애적 발달이론과 함께 우리가 수행해야 하는 여러 역할에 대해서도 관심을 가졌다. 개인은 삶의 다양한 역할을 담당하데 이러한 역할이 생활양식을 구성하는데, 전체적인 역할 구조가 진로 양식을 구성한다고 이해하였다(Super, 1980). 이런 역할들(자녀, 학생, 여가인, 시민, 근로자, 배우자, 주부, 부모, 은퇴자)의 우선순위는 발달의 시점에 따라 그리고 그 역할이 수행되는 장면(개인극장; 가정, 학교, 직장, 지역사회)에 따라 달라지므로, 생애 역할들이 조화를 이루면서 자신의 직업 가치와 일관되도록 만들 필요가 있고, 그때 비로소 행복감을 경험하게 된다.

Super의 발달적 접근은 전생애적 관점에서 그리고 진로 행동이 발생하는 여러 공간적인 측면을 포괄하여 이론이 전개되었다는 측면에서는 많은 장점을 갖고 있다. 하지만 실제 상담 현장에서는 동양과 서양 간의 문화 차이로 인해 간극이 발생한다. 예를 들어, 서양에서는 진로성숙의 개념이 독립의 과정과 연관되지만, 동양 문화에서는 상호 의존을 중요시하기 때문에 도구의 타당도가 저하되어 그 활용도도 낮아지게 되었다. 또한 발달은 맥락적이며 상호 연결되어 있고 역동적인 상호작용임을 고려해 볼 때, Super의 이론은 한 개인의 전체성이 기능하는 방식과 각 변인들의 관계가 모든 사람에게 동일하게 적용된다는 일반화의 오류를 해결하지 못한다는 문제점을 안고 있다.

 대안적 진로상담이론

  사회의 변화가 빨라지고 직업 세계가 달라지면서 고전적인 진로상담이론들이 갖는 문제점이 점차 부각되기 시작하고 그에 따라 새로운 진로상담이론들이 생겨났다. 전통적 진로상담이론을 수정하려는 노력은 두 가지 방향으로 구분될 수 있다. 하나의 방향은 개인 심리적 요인 외에 환경적·개인적 요인들을 첨가하여 그 변인 간의 관계를 심도 깊게 고민하려는 움직임이었고, 다른 하나의 방향은 진로선택 및 결정 과정을 새로운 시각으로 이해하고 이를 의미화하려는 움직임이었다. 첫 번째 방향의 노력에는 사회인지적 진로이론, 인지적 정보처리이론 등이 포함된다. 두 번째 방향의 노력에는 구성주의적 접근과 진로무질서이론 등이 포함된다. 이 책에서는 첫 번째 방향의 노력을 진로선택에 대한 최근 이론으로, 두 번째 방향의 노력을 진로선택에 대한 대안이론으로 명명하고, 그 면면을 살펴보도록 한다.

1) 진로선택에 대한 최근 이론

(1) 사회인지적 진로이론

사회인지적 진로이론(Lent, Brown, & Hackett, 1996)은 인지적 사회학습이론(Bandura, 1986), 사회학습이론(Krumboltz, 1979), 자기효능감이론(Hackett & Betz, 1981) 등에서 차용한 여러 개념을 수용하고 통합하면서 개념화되었다. 초기에는 여성의 진로선택이 갖는 특이성을 설명하려는 노력에서 출발했다. 여성들이 자신의 능력에 비해 좁은 범위의 진로 대안 혹은 낮은 수준의 진로를 선택하는 이유를 찾으려는 시도는 Bandura의 자기효능감 개념에서 그 근거를 확인하였다. Betz(1992)는 이 개념을 진로 영역에 적용해서 진로 자기효능감이란 개념을 제안하였다. Bandura의 관점에 따르면, 어떤 과제에서의 수행 능력에 대한 주관적 믿음인 자기효능감이 과제 시도와 과제 수행 방식에 영향을 주게 된다고 가정할 수 있다. 여성들은 과거에 학교 또는 사회로부터 강화 기회가 제한되고 역할 모델이 부재하였으며 격려받지 못하였기 때문에 높은 자기효능감을 갖지 못하게 되고, 이로 인해 진로선택에 어려움을 겪는다고 할 수 있다.

사회인지적 진로이론가들은 개인의 학습 경험을 형성하고 진로행동에 단계적으로 영향을 주는 여러 매개변인, 즉 자기효능감, 결과기대, 목표 등이 어떻게 상호관계를 맺으면서 진로발달, 진로선택, 진로수행으로 연결되는지를 설명하고자 하였다. 결과기대는 특정 과업을 수행한 이후에 주어질 것으로 예상되는 상황에 대한 평가를 의미한다(Bandura, 1986). 다시 말해, 자신이 어떤 일을 수행

했을 때 자신과 타인에게 나타날 일들에 대한 믿음이라 할 수 있다. 결과기대는 물리적 보상 외에도 사회적 평가, 자신에 대한 평가 등의 측면을 포함하는데, 자신이 중시하는 측면에서의 결과기대가 개인의 행동 수행을 이끄는 중요한 동기가 된다. 목표는 당장의 성과가 보이지 않더라도 장기간 개인 행동을 유지시키고 그 행동들을 통해 원하는 것을 얻도록 조직화한다.

앞서 제시한 것처럼 자기효능감은 수행 능력에 대한 주관적인 믿음이다. 이러한 요인들은 객관적인 특성과 함께 주관적인 양상을 나타낸다. 다시 말해, 사람들은 객관적인 요인과 지각된 환경적 요인(Johnson, 2013; Lent, Brown, & Hackett, 2002)에 영향을 받는다. 예를 들어, 경제적 노력, 교육적 경험, 사회적 요인(예: 성, 문화, 장애 수준 등) 모두가 사람들이 택할 수 있는 선택의 종류에 영향을 줄 수 있다. 환경요인에 대한 개인의 지각도 진로결정에 영향을 줄 수 있다. 예를 들어, 차별은 특정한 직업을 얻을 수 있는 개인의 능력에 타당하게 영향을 줄 것이다. 그러나 지각된 차별(현재 존재하는 차별과는 달리)이 어떤 사람에게는 직업을 얻지 못하게 하지만, 같은 소수 집단 출신의 다른 사람한테는 영향을 주지 않을 수도 있다. 사회인지적 진로이론은 어떻게 객관적이고 지각된 요인이 개인의 자기효능감을 형성하는지를 검토한다. 동일한 객관적 요인에 직면한 두 사람의 아주 다른 반응은 현상학적 관점(내담자의 독특한 세계관 이해)이 사회인지적 진로이론에서 매우 중요한 역할을 한다고 주장한다(Lent et al., 2002).

이러한 인지적 요인들 외에도, 이 이론은 개인의 진로발달을 강화, 약화 또는 무효화하기도 하는 수많은 개인적 환경적 영향력

(예: 사회 구조적 장벽, 지지원, 문화, 장애의 정도)을 수용하고 있다 (Lent, 2005). 환경요인은 크게 배경맥락 요인과 근접맥락 요인으로 구분된다. 배경맥락 요인은 개인의 진로발달 과정에서 가족, 사회, 문화의 영향을 받아 내면화한 환경들이며 근접맥락 요인은 진로선택 시점에서 직접적으로 영향을 주는 환경들로서 그 시점의 가족 상황(재정적 지원이나 정서적 지원)이나 진로정책 등이다. 이러한 환경 요인들은 객관적인 측면도 있지만 상당 부분 주관적으로 지각하는 것이기 때문에 상담과정을 거쳐 수정될 수 있다는 점이 중요하다.

이 이론에서 제시된 요인들의 상호관계를 모형화하면 [그림 1-2]와 같다. 요인들간에는 상호 연결이 되어 있다. 흥미는 자기효능감과 결과기대에 의해 영향을 받으며, 선택모형에 있어서는 이러한 개인 요인 외에 배경맥락 요인이 흥미를 포함하여 목표의

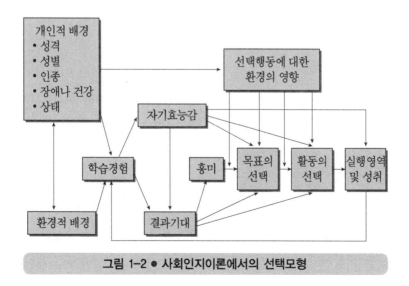

그림 1-2 ● 사회인지이론에서의 선택모형

선택, 활동의 선택, 실행영역의 성취 모두에 직간접적으로 영향을 준다. 또한 개인의 수행 수준과 지속성은 자기효능감, 결과기대, 목표라는 요인에 의해 영향을 받는다.

사회인지적 진로이론은 지각된 환경요인이라는 개념을 도입함으로써 내담자의 환경에 영향을 주는 동시에 내담자의 신념체계를 인식해야 하는 상담자의 역할을 강조하는 한편 사회문화 전반에 대해 민감성을 가져야 한다는 사실을 일깨워 준다. 교사들이 학생 개개인에게 갖고 있는 신념들과 사회 전반에 퍼져 있는 의식 및 가치관 등은 여러 가지 의사소통 방식을 통해서 학생에게 전달될 수 있다. 학생에 대해 갖고 있는 편견과 선입관을 인식함과 동시에 사회 전반에 뿌리내리고 있는 가치관과 세계관 등을 객관적으로 바라보려는 노력을 병행하지 않고서는 학생 개개인의 적극적인 진로선택과 실행 과정을 도와주기 어렵다는 사실을 인식해야 한다. 정부에서 야심차게 자유학기제 등을 통해 학교 현장에서의 진로교육을 강화하고 있으나, 이를 실행하고 실천하는 교사, 직업 체험기관의 당사자들, 사회 전반의 분위기 등이 개인의 행동을 제약하고 한계를 만들 수 있다는 점을 인식하고 방해물을 제거하고 지지원을 발굴해 내려 적극적으로 노력하지 않는다면 이러한 노력은 무용지물이 될 가능성이 크다. 학교상담자들 외에 기관이나 대학 장면에서 활동하는 상담자들도 젊은 청년과 성인들이 자신을 바라보는 방식에 영향을 줄 수 있으며, 일의 세계를 보다 넓은 시각으로 이해하도록 영향을 줄 수 있다. 이에 더하여 내담자들이 직면해야만 하는 사회적 장벽(예: 차별)을 부수도록 도와줌으로써 사회적 변화를 지원할 수도 있다. 사회인지적 진로이론은 잠재적으로 개인이 자신에 대해 갖고 있는 많은 고정관념과 신념, 그리고 일의 세계에 대해 갖고 있는 신념을 깨야 함을 알려 준다.

(2) 인지적 정보처리이론

인지적 정보처리이론은 Peterson, Sampson과 Reardon(1991)이 진로결정에 대한 의사결정 과정에서 정보가 활용되는 과정을 이론화한 것이다. 기본적으로 제시된 열 가지 가정은 진로개입에 활용되는 중요한 기술들은 학습의 기회가 되며, 그 과정에서 개인의 문제해결, 정보처리 능력을 발전시킬 수 있다는 주장을 담고 있다. 개인은 이러한 인지적 처리과정을 거침으로써 현실에서 드러난 문제들을 해결할 수 있고 향후에 발생할 수 있는 문제들에 대처할 전략 개발할 수 있다(Peterson et al., 1991). 이 이론에서 제시된 열 가지 가정은 다음과 같다.

- 진로선택은 인지와 정서의 상호작용 결과이다.
- 진로 의사결정은 일종의 문제해결 활동이며, 개인은 교과에서 제시된 문제를 해결하는 것과 같은 방식으로 진로문제도 해결할 수 있다. 이 둘 간의 차이는 원인의 복잡성, 애매성, 해결책의 정확성 여부에 달려 있다.
- 진로문제를 해결하는 능력은 지식뿐 아니라 인지적 조작의 가용성에 달려 있다.
- 진로문제의 해결은 고도의 기억력을 요하는 과제이다. 자기이해와 직업 세계에 대한 정보는 복잡하며, 이 두 가지를 동시에 고려해서 관계를 파악해야 하기 때문에 쉽지 않다.

- 진로문제를 더 잘 해결하고자 하는 욕구는 곧 자신과 직업 세계에 대한 이해도를 높이게 되며 이를 통해 직업선택에 만족을 얻고자 하는 것이다.
- 진로발달은 자신과 직업에 대한 정보를 갖고 일련의 구조화된 기억 구조를 형성함으로써 발생한다. 이는 지속적으로 변하기 때문에 새롭게 발전하고 통합되어야 한다.
- 진로정체성은 자기에 대한 이해 정도에 달려 있다.
- 진로성숙도는 자신의 진로문제를 해결하는 개인의 능력과 관련된다. 이는 개인과 직업에 대한 정보를 활용해서 통합적이고 독립적으로 문제를 해결해 가는 능력이다.
- 진로상담의 궁극적 목적은 정보처리 기술을 향상시키는 것이다. 즉, 내담자의 정보처리 능력을 향상시키기 위해서 인지적 기법과 기억 구조를 활성화하는 학습 조건을 이용하는 것이다.
- 진로상담의 궁극적 목표는 내담자가 진로문제를 잘 해결하고 의사결정을 잘할 수 있도록 하는 것이다.

이 이론에서 제시된 정보처리 과정은 정보가 기억되고 그 정보가 인지적으로 변환되는 인지과정이다. 의사소통(Communication) → 분석(Analysis) → 통합(Synthesis) → 평가(Valuing) → 실행(Execution)의 단계(CASVE)를 거치면서 진로문제의 해결이 가능해진다. 인지적 정보처리이론에서 보면 상담자는 대화를 통해 내담자의 욕구를 확인하고, 그 욕구들을 분류하면서 합리적으로 진로선택을 하고 이를 수행해 나가도록 돕는 역할을 한다. 또한 상담자가 진로선택 과정을 정보처리 과정처럼 이해하고 접근해야 할 필요성을 보여 준다고 할 수 있다.

하지만 인지적 정보처리이론은 그 적용에 있어서 몇 가지 한계를 안고 있다. 첫 번째는 정서의 영향력에 대한 고려가 미흡하다는 점이다. 인지적 정보처리 이론가들이 진로선택은 인지와 정서의 상호작용이라는 점을 첫 번째 가정에서 분명히 제시하였지만 그 이후의 가정들에는 그에 대한 고려가 없다. 직업 세계 및 자신에 대한 정보들은 거의 무제한에 가까우며, 그중 어떤 것을 취사선택할 것인가의 문제는 합리성을 기반으로 하기보다는 직관 또는 정서적인 선택에 가까운 경우가 많다. 우리가 일상생활에서 어떤 선택을 할 때 과연 모든 것의 득실을 따져본 후에 객관적으로 선택하는지를 떠올려 보면 이 이론이 갖는 한계점이 와닿을 것이다. 현실에서는 개별적인 정보들 간의 관계를 고려하기보다는 맥락을 토대로 하여 선택하는 측면이 있으며, 맥락에 대한 평가는 주관성을 상당 부분 안고 있다. 현재의 진로교육이 갖고 있는 맹점도 이 이론의 한계점과 맞닿아 있다. 우리는 계획에 따른 선형적 결과 도출이 가능한 세계에 살고 있지 않다. 오히려 수많은 우연적 선택이 만들어 낸 그림들 속에서 우리가 아름다움 또는 현명함을 찾아낼 수 있는가의 문제가 더 중요할 수 있다. 이러한 점을 진로상담자들이 인식하지 못하고, 선형적 인과관계의 패러다임에 젖어 있게 되면 경직된 사고방식으로 인해 초래되는 실수들이 때로는 실패로, 또 다른 경우에는 성공으로 결과 지을 가능성을 놓치게 될 것이다.

두 번째 한계점은 많은 정보가 좋은 결정을 이끄는가 그리고 그 정보들을 객관적으로 기억할 수 있는가의 문제와 연결된다. 다다익선이라는 말이 있기는 하다. 하지만 현명한 결정을 이끌어 내기에 충분한 정보량은 어느 정도인가에 대해 개개인이 요구하는 기대치가 다를 수 있으며, 정보에 기반을 둔 선택이 합리적인 선택이 될 가능성이 반드시 높은 것은 아니다. 기억은 상당 부분 왜곡되고 삭제되기 때문에 선별적으로 기억되는 정보들만 남으며, 그에 기반을 둔 선택이 좋은 결정과 연계되는지에 대해서도 의문이 제기될 수 있다.

세 번째 한계는 진로정보의 문제와 다시 연결된다. 우리가 사는 세상은 닫힌 체제가 아니라 열린 체제이기 때문에 순간의 안정성은 있어도 영원한 안정성은 있을 수 없다. 따라서 어떤 시점에서의 정보가 영원불변의 정보가 될 수 없으며, 그 정보의 가치도 시간성과 함께 경중이 달라질 수밖에 없다. 또한 우리는 개인이 가진 가치평가 기준에 따라 정보의 힘에 차이가 난다는 사실도 알고 있다. 이 경우 인지적 정보처리이론은 어떤 방식으로 개인의 진로선택에 도움을 줄 수 있는지가 명확하게 드러나지 않는다는 문제점이 제기된다.

2) 진로선택에 대한 대안이론

최근의 진로이론들은 개인이 맺고 있는 여러 종류의 관계와 담론들이 '진로'에 대한 내담자의 의식에 어떻게 영향을 주는지를 주목한다. 구성주의적 관점에서는 우리를 둘러싼 세상과 상호작용하는 과정에서 사람들이 자신의 직업선택과 진로경로에 관련해 자신을 이해하는 관점을 형성해 간다고 본다(Shultheiss, 2007). 이러한 관점은 개인 '내부'에서 변화가 발생하는 것이 아니라 사람과의 상

호작용에 의해 변화가 나타나며, 개인은 이러한 상호작용적 영향
원들을 이해할 수 있고 편견, 인종주의, 차별 그리고 기타 사항들
이 자신의 발달과 의미 형성 체제에 어떻게 영향을 주는지를 이해
할 수 있다고 가정한다.

이에 더하여 대안적 관점들은 기존의 진로상담 이론가들이 가정
하였던 직선적이고 폐쇄적인 세계관에서 벗어나 무질서한 세계를
가정한 선택의 가능성, 선택의 결과에 대한 미결정성 등에 관심을
가져야 한다고 제안한다. 예를 들어, 어떤 시점에서는 올바른 선택
으로 보였던 것이 이후의 시점에서는 부적절한 선택으로 평가되기
도 하며, 우연, 영성, 정서, 직관 등을 토대로 한 선택이 합리적인
선택보다 개인의 수용과 적응을 더 촉진하는 결과를 만들 수도 있
다는 사실을 받아들이라고 제안한다. Husserl의 제안처럼 '판단 중
지'가 진로 선택 및 발달 과정에서 지켜야 할 금과옥조가 될 수 있
음을 보여 준다고도 할 수 있다. 이러한 관점은 고전적이고 전통적
인 관점에서 보면 일종의 일탈이며, 불규칙성을 동반한다. 하지만
작금에 이르러 우리가 목도하는 진로 현실은 합리적인 판단의 가
능성은 낮추고, 비현실적 · 즉흥적 판단의 가능성은 높여 놓고 있
기 때문에 이러한 새로운 관점들이 들어설 여지는 커지고 있다. 이
절에서는 이러한 대안 이론들 중 구성주의적 진로이론과 무질서
진로이론에 대해서만 점검하고, 나머지 이론은 이후 장들에서 필
요한 경우에 다루었다.

(1) 구성주의적 진로이론

구성주의적 진로이론은 Super의 이론을 현대적 의미에서 확장하

고 재해석한 것이라 할 수 있다. 진로 의사결정은 내담자들이 자신의 진로과정을 어떻게 '구성하는가' 또는 어떻게 그에 의미를 부여하는가와 관련된다(Gysbers, Heppner, & Johnston, 2009; Hutchison & Niles, 2009; Schultheiss, 2007). 진로와 관련해서 자신을 알아 가는 것은 계속적이고 능동적인 과정인데, 이는 개인이 다른 사람들과 상호작용하고 자신의 새로운 면들을 알아 감에 따라 변화할 수 있다. 또한 실재란 고정되어 있지 않으며 개인에게 '맞는' 단 하나의 진로란 존재하지 않는다(Sharf, 2013). 개인이 환경에 붙박여 있는 것은 사실이지만, 환경과의 끊임없는 상호작용을 통해 변화해가는 가소성에 대해서도 인식해야 한다. 구성주의적 진로이론가들의 주장은 일종의 가정으로 제시되고 있는데, 그 내용은 다음과 같다.

- 사회는 사회적 역할을 통해 개인의 삶의 과정을 구성한다.
- 직업은 핵심적인 역할을 부여하고 성격 조직의 중심이 된다.
- 개인의 진로 유형(직업 지위, 직업의 순서, 지속 기간, 변경 빈도 등)은 부모의 사회경제적 지위와 교육 수준, 능력, 성격, 자아개념, 기회에 대한 적응 능력에 달려 있다.
- 능력, 성격, 자아개념 등 직업 관련 특성에는 개인차가 존재한다.
- 각 직업이 요구하는 직업 관련 특성도 서로 다르다.
- 사람들은 다양한 직업을 가질 자질을 가지고 있다.
- 일에서의 역할과 자신의 직업 관련 특성이 부합하는 정도가 직업적 성공을 좌우한다.

- 만족감은 직업적 자아개념의 실현 가능성에 비례한다.
- 진로구성 과정이란 직업적 자아개념의 발달 및 실현의 과정이다.
- 자아개념과 직업적 선호는 계속 변한다.
- 진로는 성장, 탐색, 확립, 유지, 쇠퇴의 과정을 순환한다.
- 전환기에는 성장, 탐색, 확립, 유지, 쇠퇴의 5단계가 반복된다.
- 진로성숙도란 발달 과업의 수행 정도로 정의할 수 있다.
- 진로적응도란 발달 과업을 수행할 수 있는 준비도와 자원(태도, 신념, 능력)이다.
- 진로구성은 진로발달 과업에 의해 시작되고 발달 과업에 대한 반응으로 완성된다.
- 발달 과업은 대화, 적응력 훈련, 자아개념을 명료화하는 활동으로 촉진할 수 있다.

구성주의적 진로이론에서는 개인이 자신의 진로 관련 행동과 직업적 경험들을 이야기하면서 의미를 부여하게 되고, 자신의 이야기로 각색하면서 진로를 스스로 구성해 간다고 보고 있다. 따라서 이야기의 힘을 활용하여 자신의 정체감을 일 역할로 이야기하면서 번역할 때, 사람들이 진로에 있어서 무엇을, 어떻게 그리고 왜 구성하고 있는지가 드러난다(Del Corso & Rehfuss, 2011).

구성주의적 상담에서 내담자의 의미 구성 체제를 해체하려 노력할 때 종종 의지하는 한 가지 방법은 이야기 또는 생애사이다(Bujold, 2002; Del Corso & Rehfuss, 2011). 상담자는 내담자의 이야기를 들음으로써 내담자가 어디에서 왔으며, 지금 어디에 있고, 미래에 대해 어떻게 생각하는지를 알 수 있게 된다. 기존의 담론에서 만들어진 내담자 이야기들은 파괴적일 수 있으며, 새로운 이야기가 상담자와 내담자 간의 대화를 통해 구성될 수 있다. 그들은 또한 힘을 가진 사람들(보통 다수자)에 의해 전파된 사회 속의 이야기들이 사회 현실의 일부가 되어서 종종 소수자와 여성을 억압한다고 주장한다. 개인의 독특한 의미화 또는 개인이 세상에 대해 '알게' 되는 방식들은 개인이 세상을 경험할수록 변하게 된다. 내담자와 만나서 그들의 이야기를 들으면서, 상담자들은 내담자의 독특한 의미화 체계를 이해하고 진로와 관련해서 내담자가 행한 결정의 새로운 가능성을 발전시키도록 대화해 나갈 수 있다. 내담자와 만날 때 상담자들은 종종 개인을 이끈 이야기들과 분명하게 인식하고 있지 않을 수도 있는 내담자 삶의 다른 이야기들을 이해하려 노력하면서 질문을 던지고 공손한 호기심을 보여야 할 것이다.

이런 접근을 적용할 때 상담자가 가져야 할 기본적인 자세 몇 가지는 다음과 같다.

- 내담자의 이야기 또는 생애사를 들을 때 내담자의 생애 자체를 이해하려 노력하라.
- 대화를 통해 내담자의 삶을 이끌고 특정한 진로 관련 결정을 내리게 한 지배적인 이야기를 이해하도록 도우라.
- 내담자가 자신의 삶에 방해가 되는 진로 관련 지배적인 이야기들을 확인하도록 도우라.
- 부정적인 진로 관련 지배적인 이야기들을 내담자가 해체하고 종종 더 좋은 진로선택을 할 수 있는 새롭고 긍정적인 이야기

를 개발하도록 도우라.

- 사회에는 언어를 통해 만들어진 장벽들이 있으며, 그 장벽들은 다수의 사람, 특히 억압받는 집단에 영향을 주고, 세상과 일의 세계에서 그 집단의 사람들이 행한 선택을 이해하는 방식에 영향을 준다는 점을 이해하라.
- 지배적인 사회적 언어와 다수자가 만들고 소수자와 여성에게 차별적으로 영향을 주는 장벽들을 바꾸는 데 초점을 두라.

만약 내담자가 세상을 바라보는 독특한 방식을 이해하고 지배적인 이야기들을 파악하며 자신의 선택을 확장시킬 수 있는 새로운 이야기들을 개발하도록 상담자가 도울 수 있다면, 구성주의적 진로이론은 내담자를 성장시킬 수 있는 새롭고 흥미로운 접근이다.

이러한 관점을 취하게 되면 상담자들은 점차 내담자들과 새로운 이야기를 해야만 한다. 그리고 어떻게 내담자들의 이야기 또는 스토리가 자신을 둘러싼 이러한 영향원들에 의해 형성되었는지를 이해하도록 도와야만 한다. 진로상담의 경우, 이는 내담자가 자신과 일의 세계를 이해할 때 특정한 신념체계들이 자신과 일의 체계에 어떻게 붙박여 있는지를 이해하도록 돕는 것을 의미한다. 진로상담자는 내담자의 이야기를 듣는 것과 함께 자신의 이야기를 구성하도록 도와주는 격려자가 되어야 하며, 사회적 억압에 저항할 수 있도록 힘을 길러주는 강화자가 되어야 한다. 이런 점에서 구성주의적 진로상담자들은 **옹호**에 대한 신념을 지녀야 하며 불평등, 부정의에 대해 민감해야 한다. 심리에 초점을 맞추어 개인의 변화를 요구하기보다는 개인이 지닌 변화의 가능성과 힘을 일깨워 주고 이를 개인적으로 그리고 집단적으로 사용할 수 있도록 방향을 제시할 필요가 있다.

(2) 진로무질서이론

진로무질서이론은 기본적으로 우리가 사는 세상은 불규칙하며 질서를 찾기 힘들다는 전제에서 출발한다. 따라서 진로이론도 그런 세상을 반영하여 구성되어야 함을 주장한다. 무질서한 세상이라는 렌즈로 진로이론을 구성하게 된다면, 개인은 복잡한 세상을 살아가야 하는 역동적인 체제이며 개인을 둘러싼 세상 또한 다층적인 체제이기 때문에 역동적으로 상호작용하면서 무언가를 예측할 수 없이 만들어 나가고 있다는 점을 반영해야 한다.

현실은 열린 체제라는 점을 고려하면 진로이론은 체제의 복잡성, 변화의 가능성, 우연적 영향의 중요성, 인간의 의미 구성 가능성 등을 중요하게 고려할 필요가 있다(Pryor & Bright, 2003). 우연과 변화가 우리 삶을 특징짓는다는 전제하에 가능성을 중시해야 하며, 여러 특징들, 즉 개인적 책임감 수용, 선택지 구성, 행동을 실행하는 데 두려움을 갖지 않음, 긍정적인 행동의 유지, 낙관주의와 흥미를 지닌 채 미래 바라보기, 새롭고 계몽적인 지식 추구하기, 상황에 대해 동시에 여러 가지로 묘사하기, 불확실성을 인식하고 환영하기, 불완전한 지식으로 실행하기, 항상 그럴 수 있음을 인정하기, 호기심 따르기, 위험 감수하기, 실패로부터 학습하기, 열정 추구하기, 직관에 귀 기울이기 등을 고려해야 한다. 진로무질서이론은 삶에 있어서 정답은 없으며, 어차피 무질서 속에서 잠시의 질서가 만들어지고 또다시 무질서함으로 움직여 가기 때문에 어느 시점에서 정답으로 보일지라도 영원히 그 상태가 유지될 수는 없음을 고려해야 한다고 주장한다.

진로무질서이론에서는 체제의 기능을 유인(attractors)으로 묘사한다. 유인이란 체제의 피드백 메커니즘, 목표 상태, 경계, 평형과 불평형 간의 조화 등 체제를 특징짓는 일종의 궤적으로 이해될 수 있다. 유인들은 네 가지로 구분되는데 진로 측면에서는 일반적인 행동 패턴으로 드러나며 다음의 특징을 지닌다(Pryor & Bright, 2007).

- 목표 유인(point attractor): 체제가 특정 지점을 향해서 움직여 가는 것을 의미하며, 목표지향형(goal driven)으로 이해될 수 있다. 어느 한 시점에 초점을 맞추고 복잡성과 변화에 대한 다른 모든 정보들을 무시하기 때문에 융통성이 없어지고 기회를 인식하지 못할 수 있다.
- 진동 유인(pendulum attractor): 두 개의 지점, 장소 또는 성과 사이를 규칙적으로 이동하는 것을 의미하며, 역할지향형(role driver)으로 이해될 수 있다. 둘 중 하나라는 경직된 사고를 보이기 때문에 중요한 정보나 가능성 있는 대안들을 과소평가할 수 있다.
- 패턴 유인(torus attractor): 복잡하지만 예측 가능한 방식으로 움직여 가는 것을 의미하며, 시간의 흐름에 따라 일종의 패턴이나 규칙, 원칙, 절차를 만들어 가면서 변화에 대응하는 규칙지향형(routine driver)으로 이해될 수 있다. 따라서 예외가 발생하는 상황에 즉각 대응하지 못하며, 이를 위협으로 받아들인다.

• 우연 유인(strange attractor): 예측 불가능한 방식으로 복잡하게 움직여 가지만 나름의 질서를 조직해 가기도 하는 변화지향형 (change driver)으로 이해될 수 있다. 우연의 가능성, 미래의 불확실성을 받아들이고, 지속적인 개선, 피드백, 새로운 아이디어 등을 열린 자세로 받아들이면서 변화를 다룬다.

이 네 가지 유인은 나름의 특징을 지니고 있으며, 진로 행동상의 특성을 갖고 있다. 목표, 진동, 패턴 유인들에 끌리는 사람들은 안정된 체제에서는 편안하게 성과를 내면서 자신의 진로경로를 밟아나갈 수 있었다. 때로는 한 가지 목표에 매진하면서, 가끔은 이 직장에서 저 직장으로 움직여 가면서, 일종의 규칙을 만들어 낼 수 있었다. 하지만 우리가 살아가야 하는 현재는 예측 가능한 것과 예측 불가능한 것들이 복잡하게 얽혀 있는 실재하는 세계이다. 따라서 논리성과 함께 우연적 요소가 개입할 여지를 충분히 인정하고 가능한 범위 안에서 적응하고, 도전하며, 시도하고, 실패하는 일들을 자연스럽게 받아들여야 한다. 그런 점에서 우연 유인의 존재를 인정하고 변화를 수용할 수 있어야 한다. 다시 말해서, 진로무질서이론은 닫힌 세계와 열린 세계를 가정한 사고방식을 동시에 적용하는 메타인지 역량과 행동 능력을 발휘해야 한다는 것을 보여 준다.

진로무질서이론의 주장들은 상담 현장과 연구에 몇 가지 중요한 시사점들을 제공하고 있다. 첫째, 진로상담에 있어서 계획성을 강조하거나 합리성에 얽매이지 말 것을 권고한다. 목표설정에 매달리거나 정보수집에 치중하는 것은 근본적으로 닫힌 체제를 가정하였을 때의 진로 행동이다. 열린 체제 안에서는 수많은 우연 유인의 영향을 받을 수밖에 없기 때문에 통제할 수 없는 것에 대해 통제하려고 애쓰기보다는 보다 적극적으로 우연을 인식하고 이를 활용할 수 있는 행동양식을 개발하는 데 노력을 기울여야 함을 시사한다.

둘째, 작은 변화가 큰 결과를 만든다는 사실을 강조하는 진로무질서이론의 주장들은 작지만 새로운 시도를 통해서 개인의 변혁이 가능하고 단계의 이동이 가능하다는 사실을 알려 준다. 따라서 주저함보다는 위험을 감수하는 적극적인 행동이 필요하다는 점을 일깨워 주며, 우리를 움직이게 만드는 동력은 합리적인 분석이나 예측을 통한 선택이 아니라 의미, 목적, 자신의 가치관과 같은 주관적 요인임을 보여 준다.

셋째, 계획되지 않은 사건들의 영향을 도외시할 것이 아니라 이를 적극 인정해야 하며, 이러한 우연적 사건들에 의해 인생의 커다란 변화가 가능하다는 사실을 내담자에게 교육할 것을 주문한다. 진로상의 불안정성이나 비예측성을 강조함으로써 내담자들에게 삶에 대한 불안이나 미래에 대한 두려움을 갖게 하려는 것이 아니라, 역설적으로 실존적 의미에서 한계를 인식하는 것이 한계 내에서의 도전이라는 적극성을 유발할 수 있다고 본다. 따라서 진로교육을 통해서 내담자들이 보다 적극적으로 인생의 여러 사태를 받아들이고, 현명한 판단을 통해 창의적으로 진로상의 어려움을 극복해 나갈 수 있다는 깨달음을 얻을 수 있게 돕고자 한다. 이러한 통찰은 일종의 '진로 지혜'이며, 우리 삶의 불완전성을 받아들여 개인이 적극적으로 자신의 한계에 도전하고자 시도할 때 나타난다고 제시하고 있다.

제2장
40대 여성 직업인의 진로사

우리는 제1장에서 진로상담이론이 어떻게 출발하게 되었으며, 시대적 변화와 개인적 요구에 부응하여 새로운 이론들을 어떻게 만들어 내고 그것을 적용해 왔는지를 간단하게 살펴보았다. 이 책의 제목에서 밝힌 바와 같이 진로 현장에서는 계획성과 우연성이 혼재하며, 이들 간의 우연한 조우에 의해서 다양한 진로경로가 만들어진다. 하지만 실제적인 사실과는 달리 교육 현장에서는 계획에 근거한 그리고 인과성에 바탕을 둔 결정론적 시각에서 진로교육을 실시하고 있다. 이로 인해서 계획성을 가정하고 준비해 왔던 사람들이 직업 세계에 진입하게 되었을 때는 그에 대한 대비가 되어 있지 않아 여러 어려움을 겪어야 했다.

이 장에서는 진로경로를 밟아 간 여성들의 삶의 면면을 살펴봄으로써 진로이론들에서 주장한 내용들이 어떻게 구현되었으며 새롭게 발견되는 사실은 무엇인지, 그리고 진로이론에서 추가되거나 진로상담 장면에서 유의해야 하는 사항들은 어떤 것이 있는지를 확인하고자 하였다. 이 장의 내용들은 저자가 이미 학술지에 게재하였던 두 편의 연구물을 정리한 것으로, 보다 자세한 내용은 학술지를 참고하기 바란다.[1]

---

1) 손은령(2012). 직업 성취과정에 미치는 우연 혹은 기회의 영향-40대 여성 진로상담 전문가를 중심으로. 상담학연구, 13(2), 437-453.
손은령, 손진희(2012). 여성 진로상담 전문가들의 직업성취 영향 요인 및 의미화. 아시아여성연구, 51(2), 143-180.

1 연구의 배경

여성의 대학 진학률이 80.5%로 남성의 77.6%에 비해 2.9%(한국교육개발원, 2011)나 높아진 현실 속에서 여성들의 경제활동에 대한 의지도 높아지고 있다. 하지만 경제활동 참가율 통계에서는 전체 여성의 52.6%만 경제활동에 참가하고 있는 것으로 나타나 OECD 평균인 61.8%(통계청, 2011)에 한참 미치지 못하고 있다. 더구나 어렵게 직장에 취업한 여성들의 경우에도 직장 내 승진이나 보수 면에서 각종 차별을 경험하고 있는 것으로 나타났다. 성별 고용평등지표는 58.7%로 전년도보다 소폭 상승하였지만, 이를 '여성경제기회 지수'로 환산해 보면 100점 만점에 65.2점이었다. 이는 우리나라 여성들이 처한 현실이 녹록지 않음을 단적으로 보여 준다 할 것이다.

불평등, 열악한 직장환경을 견뎌야 하는 여성 직장인들을 더욱 고통스럽게 하는 것은 '육아 부담'이다. 여성들의 경제활동과 직장생활을 지원하기 위해 여성가족부가 별도로 설치되었지만, 여성 직장인들은 결혼과 동시에 가정과 직장 생활의 양립이라는 넘기 힘든 산을 넘어야 하며, 출산 이후에는 육아라는 삼중고에 시달리게 된다. 전업주부의 가사노동 시간과 취업 여성의 가사노동 시간의 차이가 없다는 조사 결과는 여성 직업인의 삶이 얼마나 고단한지를 고스란히 보여 주는 좋은 자료이다. 이러한 어려움들은 여성 취업과 경력 유지에 장애물로 작용하고 있으며, 경력 단절을 이끄는 주요한 요인이 된다. 여성의 직업경로를 단적으로 보여 주는 M자형

곡선은 우리나라 여성들이 가정생활과 직장생활을 영위하면서 직업을 유지해 가는 것이 얼마나 험난한 가시밭길인지를 보여 주는 중요한 지표라 할 수 있다.

매스컴이나 정부 그리고 여성계가 21세기 성장 동력으로서 여성이 가지는 역할이 지대함을 한목소리로 얘기하고는 있지만, 이를 통해서 여성의 직업 능력이 향상되고 경제활동 참가율이 높아지는 것은 아니다. 여성의 지위를 제도적으로 향상시키고 여러 가지 장애요소를 없애는 데 노력해야 하는 것은 당위라 할 수 있다. 하지만 여성 자신도 스스로를 옥죄고 있는 여러 가지 굴레와 터부를 벗어나려고 노력해야 하며, 제도적이고 사회적인 접근과는 별도로 미시적이고 개인 심리적인 접근들도 요구된다. 여성의 진로 장벽 중에는 실재하지는 않지만 개인적으로 또는 심리적으로 만들어 놓은 많은 걸림돌이 있으며(손은령, 2001), 여성 스스로 이들과 맞서서 극복하려 노력해야만 직업적 성취과정이 보다 순조로울 수 있다.

직업 세계는 어쩌면 남성 세계의 축소판이라고도 할 수 있으며, 남성의 문화가 주류 문화로 자리 잡은 영역이다. 남성의 세계에 진입한 여성들은 자기들의 언어가 아닌 남성의 언어로 얘기하고, 남성의 문화를 이해함과 동시에 그들의 생활방식을 모방해야 할 필요가 있다. 예를 들어, 남성 직장인들은 연고주의를 토대로 한 각종 모임이나 단체 활동을 통해 끈끈한 유대감으로 일종의 사회적 관계망을 형성하여 자신들만의 리그를 구축하고 있으나, 여성 직장인들은 독자적으로 자신들의 영역을 구축하고자 노력하다가 결실을 이루지 못하고 자포자기하는 경우가 많다. 대졸 여성들은 직업 세계로의 이행과정에 필요한 각종 정보를 얻을 수 있는 기회가 차단되어 있기 때문에 입직과정에 어려움이 있으며, 실제 입직 이후에도 직업적 성취를 이루어 가는 과정에서 요구되는 사회적 네트워크에서 배제되어 있다. 이러한 사회적 네트워크의 부족이 대졸 여성의 직업 세계 이행을 저해하고 있기 때문에(곽윤숙, 2006) 이러한 관계망을 형성할 수 있도록 도와줄 필요가 있다.

사회적 관계망은 단순히 정보 제공의 풀로서 기능하는 것만은 아니다. 관계망 속에서 여성들은 지지원을 찾을 수 있으며, 역할 모델을 구할 수 있기 때문에 힘차게 직장생활을 견디어 갈 수 있는 에너지를 얻게 된다. 남성들은 학교 교육과정을 통해 다양한 위인을 만나고, 성공한 선배들의 모습 속에서 자기발전의 동력을 구할 수 있다. 이에 반해 여성들은 학교 교육과정에서 역할 모델이 될 만한 여성을 만나기 힘들며, 실제 사회생활 과정에서도 그럴 기회가 상당히 부족하다. 따라서 21세기 인적 자원으로서 여성의 역할을 배가하고 직업적 성취과정을 독려하기 위해서는 구조적인 제약과 제도상의 문제를 해결하는 하드웨어적인 노력과 함께 앞서간 선배들의 삶을 들여다볼 필요가 있다. 이를 통해 여성 직장인들은 과거를 통해 현재에 대처하고, 다시 미래로 전진할 수 있는 능력을 육성할 수 있는 소프트웨어적인 정보들을 풍부하게 제공받을 수 있을 것이다.

하지만 기존의 여성 진로 관련 연구물을 통해서는 이러한 정보들을 구하기 힘들다. 최근 여성의 진로 관련 연구물들이 증가하고는 있으나, 주로 이론적 논의나 당위성 또는 각종 정책 제안을 중심으로 한 연구들이 많으며(곽윤숙, 2006), 그 대상도 취업 이전의 대학생을 위주로 하고 있다(김양희, 유성경, 2009; 김영실, 임성문, 2011; 하정, 2007). 이러한 연구들은 여성 취업을 확대하기 위해서는 각종 지원책들을 늘리고, 기회를 확장하며, 개인 차원에서의 준비도를 높이고, 불평등한 직업 세계에 대한 현실적인 인식을 토대로 입직을 준비해야 한다는 당위적 권고를 주로 하고 있다.

물론 소수이긴 하지만 직장생활을 하고 있는 여성을 대상으로한 연구들도 몇 편 출간되었다. 최윤정과 김계현(2010)은 대졸 기혼 직장여성의 개인 특성, 환경적 지지 및 일-가족 다중역할 갈등 완화 간의 관계를 분석하였으며, 다중역할 현실성에 따라서 집단을 분류한 후 일-가족 갈등의 차이를 분석한 연구도 있다(최윤정, 2011). 일과 가족의 갈등문제 외에 성역할 발달 및 갈등과정을 탐색한 연구(곽삼근, 조혜선, 윤혜경, 2005)나, 종단 자료를 통해 여성 직업인의 직업 만족을 살펴본 연구도 있다(김희수, 김옥희, 2009). 하지만 대개의 연구가 양적 연구 방법을 취하였기 때문에 여성 직업인들이 실제 직업적 성취를 이루는 과정에서 어떤 자원들을 활용하고 어떤 어려움이 있었는지를 구체적으로 확인하기는 힘들다.

여성 직업인이 주관적으로 경험한 직업 성취과정을 구체적으로 이해하기 위해서는 심층면접을 통한 질적 연구 방법이 효과적일 수 있다. 질적 연구는 전통적인 양적 연구에서는 드러나기 힘들고 다루어지기 어려운 개개인의 살아 있는 경험을 날것으로 반영하고자 하는 탐색적 연구에서 주로 사용된다. 연구문제의 특성을 고려했을 때 탐색적인 연구가 필요한 경우, 주제에 대한 구체적인 시각을 제시할 필요가 있거나 자연스러운 상황에서 연구 대상자들을 연구할 경우 질적 연구 방법을 고려하라는 Cresswell(2012)의 권유를 고려해 볼 때, 본 연구는 질적 연구 방법을 선택하는 것이 보다 의미 있는 결과를 보여 줄 것으로 생각된다.

한편, 진로상담에서의 주요 담론들은 개인적 요인과 사회적 요인 간의 매칭에 의한 선택이 가능한 것으로 보는 관점이 팽배하고 있다. 다시 말해서, 개인의 계획적 준비와 직업에서의 요구 조건이 잘 맞아떨어지면 진로선택이 순조로워지며 이를 통해 개인은 직업에서의 만족감이 높아질 것이라는 정적인 세계관을 반영한 이론들을 토대로 진로상담을 진행하고 있다. 하지만 실제 직업 세계에서의 진로선택은 수많은 우연과 실수, 그리고 그 실수를 기반으로 한 선택이 낳은 좋은 결과라는 다소 기이하지만 개연성은 더 높은 틀 안에서 진로 행동을 이해할 수도 있다. 직업적 성취과정에서 계획성과 우연성이 상존해 있고, 그러한 교차점에서 개인의 진로선택과 진로결정이 이루어져 왔다면 이에 대한 실증적 연구 또한 필요하며, 그러한 연구들이 현실을 보다 잘 드러내 준다고 할 수 있다.

지금까지는 진로와 관련된 갈등 상황 또는 선택 상황에서 합리성을 토대로 한 문제해결 기법을 적용하는 것이 최상책으로 받아들여져 왔다. 직관이나 우연에 의한 선택은 일종의 오류로 인식되었으며(Williams et al., 1998) 치밀하고 이성적인 분석과 조합을 통한 선택이 최선이라 여겨져 왔기 때문에, 이러한 소수의 주장이 타당한 이론으로 정립되기 위해서는 다수의 실증적 사례가 수집되어야 하며 경험적 타당화 과정을 거쳐야 한다. 하지만 진로 선택 혹은 결정 과정에 미치는 우연 혹은 기회의 영향을 실증적으로 검토한 연구들은 상당히 적다(Betsworth & Hanson, 1996; Bornat, Henry, & Raghuram, 2011; Bright, Pryor, & Harpahm, 2005; Budescu & Bruderman, 1995; Hart, Rayner, & Christensen, 1971; Hirschi, 2010; Rojewski, 1999; Salomone & Slaney, 1981; Scott & Hatalla, 1990; William et al., 1998). Williams 등(1998)의 연구를 보면 유명한 여성 상담심리학자들은 우연적인 사건들때문에 직업경로가 바뀌었다고 말하였다. 중년기 성인 237명을 대상으로 한 Betworth와 Hansen(1996)의 연구에서는 남성의 63%, 여성의 58%, 즉 약 2/3의 피험자가 우연의 영향을 보고하였다. Scott과 Hatalla(1990)의 연구에서도 대학교육을 받은 94명의 여성 피험자 중(46~62세) 63% 이상이 예상하지 못한 개인적 사건으로 인해 직업경로가 달라졌다고 보고하고 있다. 좀 오래되었긴 하지만 Baumgardner(1977)는 대학을 갓 졸업한 학생들의 진로결정을 연구하였는데, 72%의 피험자가 부분적으로 또는 전적으로 예상하지 못한 사건들의 영향을 받았다고 진술한 바 있다. 흥미롭게도, 거의 30년 이후에 이루어진 Bright 등(2005)의 연구도 비슷한 수치를 보이고 있다. 이들은 772명의 고등학생과 대학생을 대상으로 진로결정에 영향을 준 요인들을 연구하였는데, 69.1%의 학생이 우연의 영향을 보고하였다.

최근 Hirschi(2010)의 연구를 보면 연구 대상자의 64.7%가 학교에서 직장으로의 이행기에 우연의 영향을 경험하였고, 그 영향력이 상당했다고 인식하는 비율도 15.9%에 이르렀다. 이들은 타인의 격려와 적재/적시(right place/right time)를 가장 빈번한 우연적 요소로 제시하였다. Bornat 등(2011)의 연구는 영국으로 건너온 이민자 의사 집단이 노인병학 전문의가 되는 과정에서 우연 혹은 기회가 상당히 중요한 영향원이었음을 밝히고 있으며, 직업적으로 성공한 여성 장애인을 연구한 Noohan 등(2004)의 질적 연구에서도 사회정치적 맥락에서 전반적인 사회 변화가 중요한 성공의 요인으로 거론되고 있다.

이상의 연구들에서 주목할 만한 것은 진로 선택 및 결정 과정에서 우연의 영향은 어디에서나 발견되고 있으며, 중요한 요소로 작용할 가능성이 있다는 것이다. 이러한 사실에 기초하여, 본 연구에서는 40대 여성 진로상담 전문가들을 대상으로 하여 여성 직업인들이 진로를 선택하고 결정한 이후 한 분야에서 직업적 성취를 이루어 가는 과정에서 내직이고 특수한 요인과 외적이고 상황적인 요인들이 어떻게 영향을 주었다고 지각하고 있는지, 그리고 그러한 선택과 적응 과정에서 어떠한 우연적 요인들이 영향을 주었다고 인식하고 있는지를 심층면담을 통해 밝히고자 하였다.

본 연구에서의 대상 선정은 다음의 세 가지 사항을 고려하였다. 첫째, 여성의 직업 성취과정을 추적하기 위해서는 비교적 장기간 직장생활을 유지해 온 대상군을 선정할 필요가 있었다. 50세를 전후로 하여 퇴직이 이루어지는 현실을 고려해 볼 때 50대까지 그 연령대를 높이기보다는 비교적 활발하게 직장생활에 임하는 연령대인 40대 여성 직장인의 진로사를 들여다보는 것이 타당한 것으로 판단하였다. 이에 따라 본 연구는 평균적으로 15년 이상 직장생활을 경험한 여성 직업인을 대상으로 정하였다. 둘째, 여성 직업인 중에는 미혼인 상태에서 열정적으로 직업적 성취를 이루어 가는 경우도 있으나, 일과 가정의 병립이 어려운 점을 고려하고 역할 모

델로서의 역할을 고려할 때 기혼의 여성 직장인을 대상으로 선정
하였다. 셋째, 여러 직종에서 여성들이 활발하게 직장생활을 하고
는 있으나, 본 연구는 중년기 여성 직업인의 삶을 들여다보려는 시
도이기 때문에 연구자와 라포가 형성되기 쉬운 대상 직업군인 진
로상담 전문가들을 면담하기로 결정하였다. 진로상담 전문가는 비
교적 최근에 만들어진 직종이기 때문에 이러한 분야에서 15년 이
상 근무한 분들은 직업적 전문성을 획득하려고 노력하는 한편 여
성의 사회활동에 대한 제약을 극복하려 애써 온 경험을 갖고 있을
것으로 생각하였다. 또한 진로상담 전문가는 일종의 신생 직업이
기 때문에 진로상담 분야에서 최소 15년 이상 근무한 분들은 전문
성을 획득하기 위해 상당히 애서 왔을 가능성이 높으며, 이러한 상
황적인 특수성으로 인하여 진로상담 전문가로서의 위치를 확보한
40대 여성의 삶에는 계획성이라는 씨실과 우연이라는 날실이 교차
하여 직조된 진로사가 만들어졌을 가능성이 높다는 점을 고려하였
다. 이와 더불어 이들은 현재 진로상담과 관련된 업무를 하고 있기
때문에 그들의 진로경험이 갖는 개인적 의미와 전문적 해석을 심
층면담 과정에서 풍부하게 제공해 줄 수 있을 것으로 생각하였다.

　연구 참여자들에게 제시된 연구문제는 다음과 같다. 첫째, 어떤
맥락에서 현재의 직업을 택하고 지금까지 직장생활을 계속하였으
며, 직업선택의 결과를 어떻게 평가하는가? 둘째, 자신의 직업적
성취과정에 영향을 미친 내적 조건과 외적 조건은 무엇인가? 셋째,
자신의 진로경험을 어떻게 의미화하고 있으며 진로상담자로서 이
를 어떻게 해석하는가? 넷째, 자신의 진로 경로에 영향을 준 우연
적 사건이 있었는가? 다섯째, 우연적 사건의 내용은 무엇이며 그로

인하여 어떠한 변화가 발생하였는가? 여섯째, 우연 혹은 기회에 대해 어떻게 의미를 부여하는가?

2 연구 절차

　본 연구는 2011년에 한국연구재단의 지원을 받아 수행되었다. 연구에 필요한 자료들은 2011년 8월 말부터 10월 중순까지 약 2개월간 수집되었다. 연구는 팀으로 실행되었는데, 연구팀은 준비 단계에서 인터뷰 질문을 구성하고 예비적으로 2명에게 예비면접을 한 후 이를 수정하였다. 이후 전문가 1인에게 초점 질문의 적절성을 자문받은 후 인터뷰 자료를 모두 전사하여 분석하였다.

　연구 참여자의 선정을 위하여 진로발달 직업교육 연구회(한국상담학회 서울경인지역학회)[2]의 이사들에게 현직에서 활동하고 있는 진로직업상담 전문가들을 추천해 주도록 요청하였다. 추천 조건은 40대이면서 여성이고, 진로·직업상담 분야에서 10년 이상 활동하거나 연구 업적이 5편 이상인 경우였다. 이후 거명된 전문가들과 전화 혹은 이메일 접촉을 시도하였고, 연구목적을 듣고 참여 의사를 밝힌 11명의 대상자와 면담을 실시하였으며, 면담 이후 철회를 요청한 한 명의 사례를 제외하고 최종적으로 10개 사례를 분석하였다. 면담에 앞서 연구 참여에 대한 비밀을 보장하였으며, 준비도를 높이기 위하여 면담 관련 질문을 이메일로 발송하였다. 인터

---

2) 본 연구회는 2016년에 한국상담학회의 13번째 분과로 승인되어 현재는 생애개발상담학회로 명칭을 변경하였음.

뷰는 연구자가 직접 실시하였으며, 대략 45분 정도 소요되었다. 면접 녹음테이프는 상담 전공 석사학위자에 의해 전사되었고, 개인 정보를 모두 삭제하고 번호 및 기호를 사용하여 참여자를 표기하였다.

1) 연구 참여자

연구 참여자의 직업 분포를 살펴보면 직업상담사 2명, 대학교수 3명, 대학상담실 직원 3명, 직업상담 관련 연구원 2명이었다. 모두 기혼이고 평균 연령은 42.8세였으며, 대학원 졸업 이상의 고학력자였다. 최초 직업 이후 평균 경력은 18.3년이었고, 현재 직업에 대한 만족도는 상당히 높은 편이었다(6점 만점에 4.78점).

| 표 2-1 | 연구 참여자의 개인 특성

사례	연령	학력	대학 전공	현 소속	직장 경력	결혼 상태
1	42	박사수료	공학계열	대학상담실	24년	기혼
2	47	박사수료	어문계열	공공기관	13년	기혼
3	43	박사수료	자연계열	공공기관	19년	기혼
4	41	박사수료	가정관리	대학상담실	17년	기혼
5	49	석사	사범계열	대학상담실	26년	기혼
6	40	박사수료	어문계열	취업컨설팅 회사 연구원	14년	기혼
7	43	박사	어문계열	대학교수	20년	기혼
8	43	박사	어문계열	대학교수	19년	기혼

9	42	박사	자연계열	대학교수	16년	기혼
10	40	박사	사범계열	취업컨설팅 회사 연구원	14년	기혼

2) 연구도구

연구도구는 인구학적 질문지와 인터뷰 프로토콜로 구분할 수 있다. 인구학적 질문지에는 연구 대상자의 경력, 출판물, 학위 그리고 직업만족도를 묻는 질문이 포함되어 있었다. 연구동의서를 받은 후에 제시된 인터뷰 프로토콜은 현재 생활에 대한 질문으로 시작하여 과거로 거슬러 가는 방식의 질문들로 그 내용은 다음과 같다. 어떻게 지금의 일을 시작하게 되었나? 일을 시작할 때 영향을 준 내적 요인이 무엇이었나? 이 일을 시작할 때 영향을 준 외적 요인은 무엇이었나? 직업을 선택한 결과는 무엇이라고 생각하나? 자신의 진로경험에 대해서 어떻게 평가(의미부여)하고 있나? 자신의 진로경로에 영향을 주었던 우연적 사건이 있었나? 그 사건은 어떤 내용이었으며, 언제 발생하였고, 그때의 상황은 어떠했나? 우연적 사건이 발생한 시점에 누가 관여되어 있었나? 그러한 우연적 사건으로 인해서 진로가 변화하였나? 그 사건이 어떤 영향을 주었다고 생각하나? 그 사건이 어느 정도 영향을 주었다고 생각하나? 우연적 사건으로 인해 어떤 이득을 얻었다고 생각하나? 우연적 사건을 활용하는 데 어려움이 있었나? 우연 혹은 기회에 대해 어떤 의미를 부여하는가?

3) 분석 방법 및 절차

면담 자료는 합의적 질적 분석 방법(Consensual Qualitative Research Method: 이하 CQR)으로 분석하였다. CQR은 질적 연구가 가진 주관적 판단의 문제를 해결하기 위한 시도로서 분석팀이 분석과정에 참여하여 합의하는 과정을 반복함으로써 질적 자료 분석의 객관성을 높이는 방법이다(Hill, Tomson, & Williams, 1997; Hill, Knox, Williams, Hess, & Ladany, 2005). 본 연구에서는 3명의 평정자와 감수자로 구성되는 연구팀이 영역 코딩, 중심개념 코딩, 교차분석의 단계를 거쳐 자료를 분석하였다.

- 연구팀: 2명의 상담 전공 교수와 1명의 상담 전공 박사 수료생이 평정자였고, 상담 전공 교수 1명이 감수자로 참여하였다. 평정자들은 자료 분석 전에 CQR에 대한 워크숍에 참석하였고, 축어록을 가지고 수차례 회의를 거친 후 3개 사례를 공동 분석하여 연구자 간 자료 분석의 틀에 합의하였다. 감수자는 평정팀이 개발한 영역 코딩, 중심개념 코딩, 교차분석 결과를 개별적으로 검토한 후 총 4회에 걸쳐 피드백을 주었고, 평정팀은 그 내용을 토대로 결과를 수정하였다.
- 영역 코딩: 자료를 주제별로 편집하는 틀을 마련하기 위하여 자료를 읽고 개별적으로 평정자들이 영역을 분류하였다. 이후 수차례의 회의를 통하여 평정자 간 일치와 불일치를 합의하는 과정을 거쳤으며, 최종적으로 직업선택의 맥락, 직업 성취과정에서 활용한 내적 조건, 직업 성취에 영향을 미친 외적 조건,

직업선택의 결과, 진로경험에 대한 평가라는 5개 영역을 개발하였다.

• 중심개념 코딩: 중심개념이란 영역의 내용을 간결하게 요약하는 것으로 원자료의 용어를 가능한 한 그대로 살려 요약하였고, 다시 평정팀이 모여 일치와 불일치 부분을 확인한 후 토론을 통해 합의에 도달하였다.

• 영역과 중심개념 감수: 감수자는 평정팀에 의해 합의된 영역과 중심개념이 원자료에 근거하여 도출된 것인지를 확인하고 피드백을 하였다. 감수자의 피드백에 대해 평정팀은 다시 토론하고 합의하는 과정을 거쳤다.

• 교차분석: 영역별로 사례 간에 유사성이 있는지를 확인한 후 중심개념들을 범주화하였다. 본 연구에서는 9개 또는 10개 사례에 나타난 범주를 일반적(general)으로, 50% 이상(5~8개)의 사례에서 나타나는 것은 전형적(typical)으로, 그리고 50% 미만(2~4개)으로 나타나는 것은 변동적(variant)으로 명명하였다. 1개 사례에만 나타나는 경우는 예외적인 사례로 보고 분석에서 제외하였다.

• 교차분석 감수: 교차분석 후 감수자가 각 영역의 범주가 적절한지, 범주명이 적합한지, 중심개념을 포괄하고 있는지 등을 검토하고 피드백을 제공하였으며, 분석팀은 제시된 피드백을 검토한 후 합의를 통해 분석 결과를 수정하였다.

③ 연구 결과

면담 자료를 분석한 결과, 총 8개의 영역(직업선택의 맥락, 직업 성취과정에서 활용한 내적 조건, 직업 성취과정에서 영향을 미친 외적 조건, 직업선택의 결과, 진로경험에 대한 평가, 진로사, 우연의 발생, 우연의 영향)과 34개의 대범주가 도출되었으며, 대범주에 속하는 하위 범주들이 나타났다. 8개 영역별로 범주들과 빈도를 표로 제시한 후 전형적 · 일반적인 범주와 원자료의 내용을 토대로 그 의미를 살펴보았다.

1) 직업선택의 맥락

연구 대상자들이 처음 취업을 한 시기는 25세 이전이 전형적이었으나(8개 사례), 현 직장에 취업한 시기는 30세 이후가 전형적으로 나타났으며(8개 사례), 최초 취업 이후 현 직장에 오기까지 10년 이상의 기간이 소요되는 경우도 5개 사례에서 보고되었다. 현 직장에 오기까지 대부분 이직을 경험하였는데(8개 사례), 3회 이상 이직한 경우도 5개 사례나 되었다.

> **년도에 졸업해서 94년도까지의 (중략) 영어학원에 (중략) 회사 한 군데 갔고, 다른 회사 하나 다니고 이렇게 해서 세 번이 있었던 거 같아요. (중략) 네, 그게 세 번이었고, 상담 쪽으로 와가지고 @@ 간 거, ##에 있었던 거요. 그리고 %% 간 거, 그러면서 제가

| 표 2-2 | 직업선택의 맥락 영역 교차분석 결과

범주	하위 범주	응답 빈도
취업 시기		일반적(10)
	현 직장 취업 시기(30세 이후)	전형적(8)
	최초 취업 시기(25세 이전)	전형적(8)
	최초 취업 후 현 직장까지의 기간(10년 이상)	전형적(5)
대학전공과 불일치한 현 직업		일반적(10)
이직경험		전형적(8)
	3회 이상	전형적(6)
대학원 진학		일반적(10)
	현직업과 관련 대학원 진학	일반적(10)
	취업중 대학원 진학	전형적 (5)

여기 온 거 이렇게 해서 일곱 번째 직장이네요(사례 8).

이러한 이직 경험은 연구 대상자의 대학 전공과 일치하지 않는 직업을 일반적(10개 사례)으로 갖고 있는 것에서 극명하게 나타난다. 이들은 대학 전공과 현 직업 간의 불일치를 대학원 진학을 통해 극복하려고 했으며, 현 직업과 관련된 대학원으로 진학한 경우가 일반적이었고(10개 사례), 취업 중에 대학원에 진학하는 열성을 보인 경우도 전형적이었다(5개 사례).

발령난 곳이 **팀이었어요. (중략) 누가 내 삶에서 그런 상담을 제대로만 해 줬다면 내 삶이 이렇게 돌아서 돌아서 오지는 않았겠

다는 생각을 갖고, (중략) 공부해야 되겠다. 내가 정말 공부할 것이
이런 거구나 하고 그때 석사과정을 들어가게 된 것이에요(사례 1).

2) 직업 성취과정에서 활용한 내적 조건

연구 대상자들은 진로상담 분야에서 전문가가 되는 과정에 영
향을 준 내적 조건을 여러 가지로 제시하였다. 연구팀은 이를 성격
특성, 일에 대한 긍정적인 평가, 자신과 상황에 대한 긍정적 평가,
내적 준비도(내적 성찰), 업무 능력, 직업적 처우에 대한 판단과 선
택이라는 6개 범주로 구분하였다.

'성격 특성'과 '일에 대한 긍정적인 평가'는 일반적으로 나타나는
범주였다(10개 사례). 성격 특성 중 전형적인 내용은 도전정신/적
극성, 발전하기 위한 노력, 이타적인 특성이었다(각 6개 사례). 사
례 4는 "그냥 소개해 달라고 해서 내가 가겠다고 해서 그냥 됐거든
요."라며 사람을 추천해 달라는 전화요청에 자신이 도전하는 적극
성을 보였다. 사례 6도 같은 직장의 동료들을 보면서 "저 사람들과
나도 물론 동급이지만 저 사람들처럼 더 멋지게 성장해야 되겠다
는 그런 욕심을 갖게 됐어요."라는 다짐으로 자신을 향상시키기 위
해 노력해 왔다고 진술하였다. 이렇게 자기발전을 향한 노력을 기
울이는 동시에 이들은 자신의 성과나 성공만을 염두에 두기보다는
남을 돕고 성장시키려는 욕구가 컸다. 이러한 이타적인 특성은 타
인을 조력하는 진로상담자의 직무 특성과 잘 맞아서 업무에 전념
케 하는 동인이 되었다. "그래, 뭐 일단은 지금 좀 덜 벌더라도 내
가 이 일을 하자."라는 사례 7의 진술이나 "내가 관계에서 다른 사

| 표 2-3 | 직업 성취과정에서 활용한 내적 조건 영역 교차분석 결과

범주	하위 범주	응답 빈도
성격 특성		일반적(10)
	도전정신/적극성	전형적(6)
	발전하기 위한 노력	전형적(6)
	이타적인 특성	전형적(6)
	성실성	변동적(4)
	수용적 성격	변동적(3)
	소극적/수동적 특성	변동적(3)
	호기심	변동적(2)
일에 대한 긍정적인 평가		일반적(10)
	일에 대한 수용, 열정 및 몰입	전형적(7)
	일에 대한 의미부여	전형적(5)
자신과 상황에 대한 긍정적 평가		전형적(7)
내적 준비도(내적 성찰)		전형적(6)
업무 능력		전형적(5)
직업적 처우에 대한 판단과 선택		변동적(4)

람을 돕는 역할을 하는 걸 나도 좋아하는 거 같고, 그렇게 해서 사람들이 저를 찾아 주는 거에 대해서 나름 프라이드도 있었던 거 같고."라는 사례 9의 진술이 이러한 이타성을 보여 준다.

한편, 성실성(4개 사례), 수용적 성격(3개 사례), 소극적/수동적 특성(3개 사례), 호기심(2개 사례)은 변동적인 하위 범주였다. "30대는 거짓말 안하고 저의 평균 수면시간이 4시간 정도밖에 안 돼요. (중략) 다 병행하기 위해 정말 열심히 살았고, 그렇게 열심히 사는 그 성실한 제 태도에 %%이 믿음을 주셨어요."라는 사례 10의 진술은 이러한 성실성을 잘 보여 준다. 이와 함께 거절하기 힘들어하는 소극적이고 수동적인 성격(사례 7, 9, 10)과 환경이나 상황에 순응하는 무난한 성격(사례 4, 8, 9)이 자신들의 직업 성취에 영향을 주었다고 판단하기도 하였다. 이 밖에도 반복적인 활동을 좋아하지 않고 새로움을 추구하는 특성이 영향을 주었다고 판단하는 경우도 있었다. "저도 스스로 왜 그랬을까 분석 한 번 해 봤는데 그런 부분에 대해서 제가 딱히 정해진 틀 안에서 하는 것들을 조금 별로 재미있어 하시 않는 거 같아요."라며 사례 5는 진술하고 있다.

연구 대상자 모두 일을 긍정적으로 평가하고 있었으며(10개 사례), 일에 대한 수용, 열정 및 몰입(7개 사례)과 일에 대한 의미부여(5개 사례)가 전형적으로 나타났다. 자신이 하고 있는 일이 의미가 있기 때문에 금전적 보상은 거의 생각하지 않았다는 사례 3이나, 좋고 나쁨을 떠나 이 환경에서 얻는 즐거움이 너무 컸다는 점을 강조한 사례 2의 경우처럼, 이들은 일을 평가함에 있어서 승진이나 처우와 같은 외부적 보상보다는 내적인 의미나 사회적 영향과 같은 직업적 가치를 중요하게 생각하고 있었다. 이러한 가치가 충족되면 일이 갖는 여러 가지 핸디캡을 수용하면서 온 마음을 바쳐 열정을 보이고 몰입하였다.

일 우선주의로 제가 한 것 같아요. (중략) 가족이고 뭐고 이것보다는 일단 회사 일을 마무리해야 되고 그분들을 도와주어야 된다라는 그거에 몰두해서 (중략) 그런 반대하는 얘기들도 들으면 못 들은 척하고 (중략) 지금 생각했을 때 아, 내가 굉장히 좋은 직업을 그때 선택했구나라는 생각을 지금 해요(사례 2).

돈 이런 거 생각 안 했던 거 같아요. (중략) 의미있다, 저런 일을 위해서 내가 평생을 산다 해도 그렇게 아깝지 않겠구나 (중략) 남에게도 도움이 되고, 국가에도 도움이 되는 (중략) 저와 가치관이 잘 맞았던 것 같아요. (중략) 열정을 태울 수 있지 않을까라는 생각으로 조금 공공스러운 그런 일을 원했기 때문에 (중략) 어떠한 처우로 일을 한다 이런 거는 저한테는 중요하지 않았어요(사례 3).

이들은 또한 자신과 상황에 대해서도 긍정적으로 평가하고 있었으며(7개 사례), 자신과 자신이 하는 일에 대해 끊임없이 성찰하면서 내적 준비도를 높이는 것으로 나타났다(6개 사례). 어려서부터 자신은 상황을 좀 긍정적으로 생각했던 것 같다는 사례 8이나, 전체적으로 잘될 거고 자신은 운이 좋은 사람이라고 믿어 왔던 사례 6의 경우처럼, 이들은 낙담하게 하는 상황이나 좌절을 줄 만한 환경 속에서도 희망의 싹을 볼 줄 아는 혜안을 갖고 있었다.

석사학위를 받으면 (중략) 관련 경력도 없고 아, 뭐 아무것도 없으니까 더더욱 갈 데가 없었어요. 그런데 그때도 정말 좌절하지 않았던 이유는 그거였던 것 같아요. 내가 정말 이런 사람이 되고 싶다라는 그 욕심. 그거 때문에 계속 졸업을 한 이후에도 사실

청강을 계속 했고요. 너무 그 공부도 하고 싶고 또 그 바닥에 계속
있고 싶었어요(사례 4).

　자신한테 말을 좀 많이 하는 편이에요. 잘하고 있냐?, 그다음에
뭘 해야 되냐? 모든 것에 대해 조금 답답해할 때도 있고, 뭔가 해
나가야 될 것 같은 느낌. 그게 단순하게 한 가지 심심한 게 아니라
거기서 조금 업그레이드되거나 다양하거나 이런 것을 추구하는
편인 것 같아요(사례 1).

연구 대상자들은 일과 관련한 업무 능력 면에서 비교 우위를 갖
고 있는 것으로 보인다. 일을 못한다는 소리를 듣게 하지 않는다
는 사례 5나 남들의 기억에 남을 만큼 일을 잘했던 것 같다는 사례
4처럼 직무 관련 능력 면에서 탁월성을 보였다는 것이 전형적인
내용이었다. 변동적인 범주(4개 사례)로 나타나긴 하였지만 직업적
처우나 판단에 대해 민감한 경향도 나타났다. 사례 1은 "차별도 있
지만 제가 혼자 배우고 싶었어요. 의미 있는 일을 하고 싶었고, 그
냥 보조가 아닌 제 삶을 살고 싶었어요."라면서 이직 당시의 심경
을 털어놓았다.

3) 직업 성취에 영향을 미친 외적 조건

직업 성취에 영향을 미친 외적 조건은 5개의 범주[상황적인 어려
움/실제적, 심리적 장벽, 지지원, 우호적인 주변환경, 취업에 유리할 만
한 상황(적합한 타이밍), 예기치 않은 사건의 발생]로 구분된다. 상황

적인 어려움/실제적·심리적 장벽(10개 사례)과 지지원(9개 사례)이 일반적인 범주였다. 연구 대상자들은 10년 이상 직장생활을 하는 동안 여러 어려움을 경험하게 된다. 가족의 사망이나 반대와 같은 가정사(사례 1, 2, 5, 7, 8, 10), 취업 실패나 실직(사례 3, 4, 5), IMF와 같은 사회 상황의 변화(사례 6, 9)가 그 예이다.

이렇게 안 좋은 상황이나 심리적 압박 속에서도 이들이 꿋꿋이 자신의 길을 걸어갈 수 있었던 것은 어떤 형태로든 지지원을 갖고 있었기 때문이다. 지지원은 크게 두 가지 하위 범주(친정 식구의 조력 및 지지, 정보제공자/추천인의 도움)로 구분되며 모두 전형적이었다. 열심히 사셨던 아버지를 두었던 사례 1이나 유능하고 적극적인 어머니를 둔 사례 7은 부모가 일종의 역할 모델로서 기능하였으며, 무조건적인 지지원이 되었다고 밝히고 있다. 또한 자립해야 한다는 점을 강조한 사례 2, 사례 9의 어머니나 전적으로 자신

| 표 2-4 | 직업 성취에 영향을 미친 외적 조건 영역 교차분석 결과

범주	하위 범주	응답 빈도
상황적인 어려움/ 실제적·심리적 장벽		일반적(10)
지지원		일반적(9)
	친정식구의 조력 및 지지	전형적(8)
	정보제공자/추천인의 도움	전형적(6)
우호적인 주변환경		전형적(8)
취업에 유리할 만한 상황 (적합한 타이밍)		전형적(5)
예기치 않은 사건의 발생		전형적(5)

의 결정을 믿어 주고 지원해 주었다는 사례 3, 사례 4의 가족들은 연구 대상자들이 어려움 속에서도 꿋꿋하게 진로경로를 밟아 가는 데 큰 자원으로 기능하였다.

근데 남편하고 시댁은 진짜 굉장한 반대 (중략) 제 약간의 욕구와 또 친정엄마가 남편은 믿게 못된다, 네가 네 돈을 벌어야 산다막 이런 식으로 저를 조금 해서 (중략) 합격을 한 거예요(사례 2).

남편이 너무 많이 도와줬어요. (중략) 교수님들도 저 집은 뭐학위를 세 개 줘야 된다고 맨날 애랑 남편이랑 다 같이 온다고 (중략) 그 외에도 친정 식구들 (중략) 제가 공부하는 것에 대해서 다들 적극적이셨어요. (중략) 온 주변 가족들이 다 저의 외적 요인이었던 거 같아요(사례 4).

저희 엄마는 (중략) 적극적인 분이셨죠. 딸들이 다 일은 하고 있지만 저희 엄마가 제일 적극적이었던 거 같아요. (중략) 유능한 남편을 만나는 게 너무 좋다. 그렇지만 아무리 남편이 잘 벌어도 자기 일을 가져라. (중략) 그런 분위기였기 때문에 일을 하는 것에 대한 동기는 다른 여자들보다 저는 좀 강했던 거 같아요. (중략) 얼마짜리 일이냐가 중요한 게 아니라 일을 하고 사는 게 굉장히 삶에 가치 있는 일이다, 이런 부분이 저희 집의 큰 특징이기도하고요(사례 7).

이러한 가족의 지원 외에도 연구 대상자들은 취업 및 이직 과정에서 도와준 중요한 정보원이나 자신을 신뢰하고 추천 또는 지도해 준 사람들을 언급하였다. 사례 3, 4, 10은 특별한 친분이 없음에도 불구하고 호의로 정보를 주거나 배려해 준 경험을 보고하였으며, 기존의 네트워크의 도움을 받아서 정보를 접한 경우(사례 7, 8, 9)도 있었다.

&&이 전화를 주셨더라고요. 어디서 뽑고 있는데 지원을 해 봐라 정보를 주셨어요. (중략) 이쪽으로 다른 곳에 지원을 해서⋯⋯ (사례 3).

지금 현재 ##까지 오게 된 건 @@ 들어갔을 때 맺었던 여러 가지 네트워크, 그리고 같은 분야에 있는 사람들과의 관계, 이런 게 되게 중요했던 거 같아요. (중략) 그런 네트워크 같은 게 제가 커리어를 잡고 직장을 잡고 하는 데 좀 도움이 되지 않았을까, 그런 생각이 들어요(사례 9).

그런데 여기 제가 들어오려면 어떻게 하면 돼요 하고 제가 문을 열고 들어가서 물어봤는데요. 마침 그때 계시던 선생님이 제가 이전에 직장에 있을 때 견학을 오신 선생님이세요. 그러면서 그 바쁜 연말에도 거절하지 않고 소개해 줬던 제가 되게 인상적이셨대요. (중략) 그런데 제가 할 마음이 있다라고 하니 이 선생님께서는 (중략) 거기에다가 넣어 주셨어요(사례 10).

이러한 지지원 외에도 이들은 자신들의 직업 성취에는 시공간적인 상황과의 매칭이 중요했다고 지각하였다. 다시 말해, 취업에 적합한 타이밍에 자신들이 놓여 있었으며, 이와 함께 당시의 환경도 자신들에게 유리하게 조성되었기 때문에 직업생활이 전반적으로 순조롭게 유지될 수 있었다고 해석하였다. 사례 10은 좋은 경영자를 만났으며, 자신을 중심으로 융통성 있게 일과를 조정할 수 있는 연구소 환경을 중요한 외적 조건으로 거론하였고, 사례 7과 8의 경우에는 취업 당시의 직장 상황과 자신이 갖고 있는 특성이 잘 맞았다는 점을 중요하게 지각하고 있었다. 점쟁이의 말을 믿고 운명론적으로 자신의 취업을 받아들여 준 가족이 있었기 때문에 직장생활을 유지할 수 있었다는 사례 2나, 사회적 조건이 직업상담을 요구하도록 움직였기 때문으로 판단하는 사례 4의 경우도 타이밍과 상황의 조우를 중요한 외적 조건으로 평가하고 있었다.

처음 그 공부를 시작하겠다고 했을 때에는 그때 직업상담사 자격증도 사실 땄어도 전혀 쓸모가 없었고요. (중략) 뭐 알려지지 않은 그런 분야였다고 하면 점점 한 해 한 해가 지나갈수록 되게 필요해지고 사회적으로도 굉장히 더 알려지고, 또 특히 대학 같은 경우는 돈이 너무 많이 풀렸어요. (중략) 외적 요인이라고 하면 어떤 노동시장에서 알려지거나 이렇게 되는 그런 게 영향이 있었던 것 같아요(사례 4).

2학기에 뽑아야 할 상황이 학교 입장에서는 분명했고, (중략) 그럴 때 저를 우호적으로 말할 수 있는 사람들이 좀 있었던 거죠. (중략) 넣었을 때 좋게 말해 주는 사람이 때가 좋으니까 그럼 이 사람을 써 보든가 뭐 이렇게 됐던 거 같아요. 그러니까 이런 우연 효과가 분명히 존재를 해서(사례 7).

시어머니도 처음에는 반대했는데 청량리에 가서 점을 봤대요. (중략) 그 점쟁이께서 이 집 작은며느리는 집에 있을 사람이 아니라고. (중략) 어머님이 명절 때 그 얘기를 하면서 내가 그 얘기를 들으니까 네가 그 직업을 하는 게 나쁘지 않은 것 같은데 (중략) 그래서 그 점쟁이에게 굉장히 고맙다고……(사례 2).

그만두고 싶었을 때 저희 대표님이 긴 휴가를 주셨고 (중략) 사직서를 냈더니 대표님이 애 때문에 그러면 휴직을 해라 그래서 육아휴직으로 돌려주셨어요. (중략) 이 조직의 제 대표님의 그 스타일이 제가 이 일을 계속 할 수 있게 하지 않았을까 싶고요(사례 10).

이러한 시공간적인 매칭과 더불어서 연구 대상자들은 자신이 예상하지 못하였던 사건의 발생을 전형적인 내용으로 보고하고 있었다. 직업상담 분야가 비교적 신생 직군이기 때문에 우연하게 자격증 과정을 접하게 되어 인생 경로가 바뀐 경우(사례 3)도 있었으며, 업무의 보직이 바뀌게 되어 자신이 발전적으로 노력해야 했던 경우(사례 1, 5)도 있었다. 그리고 취업환경이 갑자기 바뀌게 되어 새로운 진로를 생각하게 되거나(사례 9), 연구소장이 갑작스럽게 직장을 제안하게 된 경우(사례 10)도 있었다.

IMF로 인해서 이루어진 그 사회적 변화가 되게 컸던 것 같아요. (중략) 그런 것 때문에 EBS에서도 그런 과정이 개설됐지 (중략) 아니면 정말 IMF와 방송 들은 것이 별개라면 우연한 기회로 방송을 들으면서 새로운 정보에 접했다, 저런 직업도 있구나라는 그런 거(사례 3).

대학의 어떤 구조조정 같은 거대한 그런 변화가 시작이 돼 가지고요. (중략) 명퇴들 하고 이러니까 자기개발이라고 하는 부분이 오히려 취업부서에서 다른 학생들을 지도하는 것도 있지만 제 스스로 어떤 자기개발을 해야 한다는 어떤 스트레스가 좀 있었죠. 인사제도에 있어서 좀 바뀌었어요. (중략) 저로 하여금 뭔가 저 스스로에 대한 자기개발을 하지 않으면 안되는 그런 것이 좀 있었어요(사례 5).

우연이 많이 작용하는데요. 저희 대표님께서 외국으로 ##을 가시면서 막 시작된 그 검사에 대한 교육을 누군가에게 또 줘야 할 상황에 (중략) 저를 보시고는 (중략) 해 보면 어떻겠냐는 제안이 왔을 때 저도 하면 좋겠다 싶어서 시작하게 됐습니다(사례 10).

4) 직업선택의 결과

직업선택의 결과는 4개의 범주(만족도 4 이상, 긍정적 평가, 지속적인 자기개발 요구/성장하라는 압력 지각, 만족과 아쉬움 교차)로 구분된다. 직업만족도를 분석한 결과, 6점 만점에 4점 이상을 보인 경우가 일반적이었으며(10개 사례), 상당히 만족한다(5점)도 전형적으로 나타났다(8개 사례). 이러한 경향성은 자신의 직무에 대한 긍정적인 평가로도 드러났다. 면담과정에서 현재의 직무에 대해 긍정적으로 평가하는 경우가 전형적으로 나타났다(6개 사례). 내용적인 측면을 구분하면 자신이 진로상담 분야에 입문하게 된 것은 탁월한 선택이었으며, 이로 인해 직업적인 측면에서 큰 충족감을 느낀다는 진술이 전형적이었다(5개 사례). 함께 나눌 수 있는 업무여서 즐겁고, 취업팀 발령이 전화위복의 계기가 되었다는 사례 1이나 직장에 출근하는 것이 싫었던 적이 한 번도 없었다는 사례 4의 경우에는 그 충족감의 정도가 상당히 높아 보였으며, 직업선택의 계기는 우연했지만 그 혜택이 훨씬 크다는 사례 6이나 나다운 일을 할 수 있어서 만족한다는 사례 5의 진술도 높은 만족도를 반영한다.

| 표 2-5 | 직업선택의 결과 영역 교차분석 결과

범주	하위 범주	응답 빈도
만족도 4 이상		일반적(10)
	만족도 5이상	전형적(8)
긍정적 평가		전형적(6)
	큰 충족감/탁월한 선택	전형적(5)
	태도의 변화(적극적/함께하는 삶)	변동적(3)
	진로 전문가가 됨(성장)	변동적(2)
지속적인 자기개발 요구/성장하라는 압력 지각		변동적(3)
만족과 아쉬움 교차		변동적(2)

처음에 취업팀에 발령난 거에 대해서 긍정적이지는 않았어요. 부정적이었지만 그게 오히려 전화위복이 되었고 저한테는 좋았던 계기다, 그런 우연이라면 와도 되지 않았는가 제가 또 스스로 감사함을 느끼니까…… 이제는 참 감사하다는 이런 생각을 갖게 되는 거 같아요. (중략) 오히려 다 전화위복이 된 것 같아요(사례 1).

제가 아까 거기 만족함, 매우 만족함이라고 그랬잖아요. (중략) 그런데 그냥 이렇게 정말 일할 수 있고 뭔가 제가 하는 일이 학생들한테 영향력을 주고 뭐 받는 그런 급여나 뭐 여러 가지 면에서 저를 다 채우는 거 같아요. 그래서 항상 감사하다 (중략) 아침에 일어나서 **가기 싫었던 적이 한 번도 없었던 거 같아요(사례 4).

한편, 현재의 직업을 선택하였기 때문에 자신이 적극적으로 변화하였고, 함께하는 삶의 의미를 알게 되었다는 태도 변화(3개 사례)와 직업적인 성장을 통해 전문가로 성장하였다(2개 사례)는 내용은 변동적으로 언급된 것이었다. 사례 10은 "이 일을 하면서 (중략) 태도가 달라진 건 조금 더 제가 능동적인 된 거 같아요. 제 삶에 대해서 커리어라고 하는 주제로 일을 하면서 삶을 그렇게 만들어 가야 한다는 걸 제가 알게 된 거 같아요."라면서 자신의 태도 변화를 언급하였고, 사례 1의 경우에는 다음의 진술을 통해 자신의 성장 계기를 드러내고 있다.

나쁜 계기였지요. 하지만 결론은 (중략) 길을 아~취업이네, 정말 좋네, 근데 여기서는 이게 아닌 것 같다는 생각을 갖게 됐고,

거기에 대해서 전공을 찾고 공부를 하고 제가 전문가가 되어 있는 거예요. 지금…… 전문가의 길을 찾게 된 하나의 계기가 된 거죠. 이제는 어떤 상담이든 어떤 프로그램이든 만약에 제가 계획을 가진다면 다 해낼 수 있는 자신감을 갖는 거 보면 전문가의 길로 이제 들어서지 않았나(사례 1).

이러한 긍정적인 평가 외에도 전문가로서 지속적인 자기개발 요구를 받고 성장하라는 압력을 지각한다는 내용(3개 사례)과 이 분야에 만족하기는 하지만 다른 분야였으면 어땠을까 하는 아쉬움도 남는다는 내용(2개 사례)이 변동적으로 언급되었다. 사례 8은 평범한 사람인데 비범해지고 싶은 욕구를 충족시키려다 보니 만만치 않은 일상이라 두렵기도 하다면서 전문가로서의 삶이 갖는 고단함을 드러내기도 하였고, 사례 6도 더 넓은 분야를 알게 되어 계속 성장하려는 동기를 얻게 되었지만 시간이 지남에 따라 아쉬움도 남는다고 얘기하였다.

이상과 현실에서 이제 괴로워하는 거죠. 저는 굉장히 평범한 능력을 가진 사람인데 (중략) 지금이 훨씬 좋고 매력적이고 앞으로도 또 기대도 되고 그런데 이제 만만치 않은 그게 일상에서 두렵다는 거죠, 뭐(사례 8).

이것뿐만 아니라 또 더 넓은 컨설팅의 그 영역을 알게 됐고, 아, 나는 그쪽도 같이 경험을 쌓아야 되겠다, 그러기 위해서는 내가 계속 공부도 해야 되겠다라는 그런 동기를 얻게 됐어요. (중략)

이렇게 넓혀진 어떤 파트를 조금 더 일찍 깨닫고 그거를 외부에서
도 찾아봤으면 지금 나의 커리어에 더 도움이 되지 않았을까라는
아쉬움이 있어요(사례 6).

5) 진로경험에 대한 평가

진로경험에 대한 평가 영역은 크게 2개의 범주로 구분되었으며
모두 일반적인 범주였다(9개 사례). 첫 번째 범주는 '진로경험에 대
한 개인적 의미화'이며, 두 번째 범주는 '진로 전문가로서의 해석'
이다. 연구 대상자들은 일반적으로 자신의 진로경험에 대해 감사
하고 보람 있었다고 평가하고 있었다(9개 사례). 사례 2는 "당시에
는 몰랐는데 지금 생각했을 때 아, 내가 굉장히 좋은 직업을 그때
선택 했구나라는 생각을 지금 해요."라면서 감사함을 표현하였고,
사례 3도 "일단은 저는 굉장히 감사하게 생각해요. 제가 몰랐던 그
런 새로운 직업을 알게 되고, 그런 분야에서 일한다는 거를 알게
돼서."라면서 자신의 진로경험에 대해 긍정적인 평가를 아끼지 않
았다. 이들은 자신의 진로경험을 운명 또는 필연으로 해석하고 있
었다. 사례 8은 "제가 갖고 있는 내면적인 특성, 제가 추구하는 특
성들이 지금의 이런 교수직을 갖게 만들지 않았나. (중략) 좀 과장
해서 말한다면 필연이다."라고 얘기하고 있으며, 사례 9는 "큰 흐
름이 있고 그 틀 안에서 직업이 내게 오는 것"이라고 해석하였다.
사례 10도 "거절하지 못하고 흘러가는 대로 가다 보니 여기까지 왔
지만 결국 모든 것은 하나님의 계획이었던 것 같다."라는 생각을
피력하였다.

| 표 2-6 | 진로경험 교차분석 결과

범주	하위 범주	응답 빈도
진로경험에 대한 개인적 의미화		일반적(9)
	감사하며 보람 있었음	일반적(9)
	운명이었고 필연임	전형적(7)
	성숙해졌고 자신감이 생김	전형적(6)
	위기가 기회가 됨	변동적(4)
	감성(감정/영성/직관)적인 선택	변동적(4)
	많은 분의 도움에 감사	변동적(3)
	직업에 부여된 의미(직업을 통한 비전 실현)	변동적(3)
	좋은 선택이었지만 희생도 있었음	변동적(2)
진로 전문가로서의 해석		일반적(9)
	적극적으로 시도할 때 우연이 기회가 됨	전형적(5)
	사람 간의 관계가 중요함	전형적(5)
	인생은 계획과 우연의 교집합	전형적(5)
	인생 경험이 모두 진로정보	변동적(4)
	삶에 대한 태도가 중요함	변동적(3)
	시련은 발전의 토대	변동적(3)

크게 흐름이 있으면 그거에 대해서 큰 틀을 따라가다 보면 우연한 기회에 의해서 내가 이제 뭔가 판단을 하고 직업을 갖고 그럴 수 있는 게 찾아오는 거 같다는 생각이 많이 들어요(사례 9).

그저 거절을 못했고 흘러가는 대로 가다 보니 여기까지 왔는데

요. (중략) 제게 일어나는 모든 일은 그 뭔가 하나님의 계획이었
다고 생각을 해요. 그러니까 내가 모르는 큰 흐름에 내가 걱정하
지 않아도 나는 큰 흐름 안에 있다 (중략) 잘못된 선택을 하더라도
그건 아니야 하면서 다시 큰 물길 안에 끌어당기는 힘을 느껴요
(사례 10).

한편, 진로경험을 통해 성숙해졌으며 자신감이 생겼다는 평가도
전형적이었다(6개 사례). 사례 2는 운명이 나를 단련시키기 위해
힘든 시기를 만든 것으로 본다면서 그 과정을 통해 자신이 성숙해
지고 단단해졌다고 밝히고 있고, 사례 10도 부정적인 사건이 생기
는 것은 거절하지만 이를 통해 자신이 더 강하고 좋게 만들었다고
평가하고 있다. 이는 사례 2의 진술에서도 나타난다.

생애개발이라는 것은 결국은 다른 사람의 생애개발이 아니라
내 자신의 생애개발을 하는 과정이다. (중략) 그 과정이 저를 제
자신이 누구인지 돌아볼 수 있도록 계속 성찰할 수 있는 그런 기
회를 준 것으로 본다. (중략) 일 자체, 놓인 환경, 그것을 스스로
어떻게 받아들이는가 그것이 본인 성장에 굉장히 도움이 되고 그
것이 결국은 진로에 대해서 결정적인 역할을 할 수 있는 틀이었
다. 그런 식으로 얘기는 제가 자주 해요(사례 5).

한편, 개인적 의미화 내용 중에 변동적 범주에 속하는 것은 위기
가 기회가 됨(4개 사례), 감성(감정/영성/직관)적인 선택(4개 사례),
많은 분의 도움에 감사(3개 사례), 직업에 부여된 의미/직업을 통한

비전 실현(3개 사례), 좋은 선택이었지만 희생도 있었음(2개 사례)
이 속하는 것으로 나타나 진로경험에 대해 다양하게 의미를 부여
하고 있었다.

> 모든 건 선택인데 내가 늘 걸음마를 뗄 때 두려워하고 나를 의
> 심하거나 불안한 마음들이 있었지만 용기 있는 행보들을 해 왔구
> 나 (중략) 그런 생각이 좀 드는 거 같아요(사례 8).

> 그런데 결정 수준이 결정을 확실하게 했다고 하니까 높아 보이
> 지만 얼마나 알고 했는가 이런 부분에서는 저는 굉장히 미약한 사
> 람이었던 거 같아요. 그런데 그거를 직업을 가져 보면 느끼고 그러
> 면 바꿀 마음이 생겼을 때는 과감하게 바꿨던 게 아닌가(사례 7).

> 아, 내가 진짜 다른 사람의 도움을 많이 받았구나. 이런 생각이
> 조금 들고, 인식하고 있진 못했지만 같은 분야에서 먼저 걸어간
> 선배들, 그러니까 제가 멘토로 생각하는 사람들이 나를 참 많이
> 끌어 줬구나 이런 생각이 많이 드네요. (중략) 네, 고마움이 막 밀
> 려오네요(사례 9).

자신의 진로경험을 진로 전문가로서 어떻게 해석할 수 있을지를
살펴본 결과, 적극적으로 시도할 때 우연이 기회가 됨(5개 사례),
사람 간의 관계가 중요함(5개 사례), 인생은 계획과 우연의 교집합
(5개 사례)이라는 범주가 전형적으로 나타났으며, 인생 경험이 모
두 진로정보(4개 사례), 삶에 대한 태도가 중요함(3개 사례), 시련은

발전의 토대(3개 사례)라는 3개 범주가 변동적인 내용으로 추출되었다.

연구 대상자들은 전형적으로 적극적으로 시도할 때 우연이 기회가 된다고 생각하였으며(5개 사례), 인생은 계획에 의해서만 이루어지는 것이 아니라 우연적인 사건을 어떻게 처리하는가에 따라 달라진다고 생각하였다(5개 사례). 사례 10은 "세상일이 제 계획대로 되지는 않았던 거 같아요. (중략) 전화위복처럼 아무리 어려운 일이라 하더라도 그거를 내가 어떻게 만들 거냐 하는 거는 내 몫"이라면서 적극적으로 시도하는 것과 함께 우연을 받아들일 수 있는 유연한 태도가 필요하다는 점을 강조하였다. 사례 7도 "이렇게 계획하고 느끼면서 느낌이 나쁘면 바꾸면 되고 이런 것들이 하루아침은 아니고 서서히 계속 느끼고 이런 거 같아요."라는 말로 계획성과 우연의 교차점에서 진로가 결정되며, 우연만 믿고 직업을 준비할 수는 없지만 계획하고 진행하면서 융통성 있게 변경할 수 있어야 한다는 점을 강조하였다. 우연과 계획성의 교차점에서 진로가 결정되고 계속적으로 수정되어 가면서 진로가 발달되어 간다고 할 수 있다. 그런데 이러한 우연과 계획의 교집합을 가능케 하는 것은 다름 아니라 기존에 쌓아 왔던 인간관계(5개 사례)였다. 사례 1은 "옆에 이런 멘토들이 있고 좋은 사람들에게 긍정적인 효과를 누리는 (중략) 진로에 있어서 영향을 미치는 것은 아닐까"라면서 인간관계의 중요성을 다시 한 번 강조하였다.

계획은 무지 세우는데요, 세상일이 제 계획대로 되지는 않았던 거 같아요. (중략) 네트워크가 얼마나 중요한지, 얼마나 잘 살아야 하는지 추적하면 다 나온다. 그런데 저는 되게 인복이 좋았다 (사례 10).

우연이 계획으로 바뀐 것 같아요. 맨 처음에는 우연히 선택했던 것이 어느 순간 길을 찾게 됐고 목표가 되고 그다음에 계획으로 움직여지는 것이 아닌가. (중략) 우연히 갔다가 목표를 뭔가 찾게 되면 계획적으로 움직일 수 있는 그런 단계가 아닐까(사례 1).

시도해 보는 게 너무나 중요하다. (중략) 만약에 시도하지 않았다면 그런 우연한 기회가 저에게 왔을 때 그걸 시도하지 않았다면 또 다른 인생을 살고 있진 않았을까. (중략) 우연한 기회들이 또 너무나 다 긍정적이었던 것들이어서 너무나 감사하고 저한테 굉장히 중요한 의미죠(사례 4).

개인적으로 우연이라는 게요, 사실 우연히 사람을 알게 되고 이런 거지만 어떻게 보면 내가 노력을 해서 그런 우연들이 생기는 거잖아요. 그런 기회가 생기는 거고, 그래서 우연한 기회들하고 사람을 이렇게 알게 되고 하는 게 저한테는 제 개인적으로 보면 도움이 되는 측면들이 많았던 거 같고요(사례 9).

한편, 진로경험에 대해 진로 전문가로서 해석한 내용 중 변동적 범주에 속하는 것은 인생 경험이 모두 진로정보(4개 사례), 삶에 대한 태도가 중요함(3개 사례), 시련은 발전의 토대(3개 사례)였다. 사례 4는 "자꾸 시도해서 이게 아니었구나를 발견하는 것도 굉장히

큰 교훈이고 경험"이라면서 삶의 모든 순간에는 의미가 있고, 그
것이 모두 진로정보로 활용될 수 있다고 진술하였다. 사례 7도 "제
인생에 있어서도 그렇고 내담자에게도 그렇고 그 불운의 시대라든
가 또는 행운의 그 타임에 내가 준비하고 있고 참아 내는 힘을 갖
고 있다 보면 결국은 어느 기본은 한다."면서 시련은 성장하고 도
약하는 토대가 될 수 있다는 사실을 강조하였다. 결국 "취업이 되
느냐 안되느냐의 문제가 아니라 지금 현재에서 어느 정도 긍정적
인 마음을 가지고 준비하는 과정에서 즐거움을 느끼는가가 중요하
다."라는 사례 1의 주장을 경구로 새길 필요가 있다.

> 계획하지 않은 일들이 생겨도 그냥 내가 다시 이겨 나갈 수 있
> 는 그 무언가의 자원이지 그게 어떤 큰 거라고 해서 뭐 슬퍼하
> 거나 그러진 않는 거 같아요. 이제 진로를 할 때도 저는 멀리 보고
> 가라고 얘기를 해요(사례 10).

> 처해진 환경 (중략) 모든 관계에 있는 이런 사람들은 결국은 나
> 에게 도움을 줄 수 있는 어떤 성장할 수 있는 아주 좋은 마당 (중
> 략) 그러기 때문에 그거를 좀 받아들일 수 있는 그런 스스로의 어
> 떤 마음공부라고 할까요. 그런 것들을 저는 좀 중요시하고 있는
> 것 같아요(사례 5).

6) 진로사

연구 대상자들의 진로사를 추적한 결과, 대학 때의 전공과 현재

의 전공 혹은 직업이 불일치한 경우가 일반적이었다(10개 사례). 전공을 변경한 이유로 전형적인 내용은 현실적 판단(6개 사례), 우연한 계기(5개 사례)였으며 도와주려는 동기가 작용하였다(3개 사례)는 변동적인 범주로 나타났다.

| 표 2-7 | 진로사 영역 교차분석 결과

범주	하위 범주	응답 빈도
대학 전공과 불일치한 현 직업		일반적(10)
현 직업 전공의 선택 이유		일반적(10)
	현실적인 판단	전형적(6)
	우연한 계기	전형적(5)
	도와주려는 동기가 작용	변동적(3)
취업 시기		일반적(10)
	현 직장 취업 시기(30세 이후)	전형적(8)
	최초 취업 시기(25세 이전)	전형적(8)
	최초 취업 후 현 직장까지 10년 이상 소요	전형적(5)
대학원 진학		일반적(10)
	현 직업과 관련된 대학원 진학	일반적(10)
	취업 중 대학원 진학	전형적(5)
이직 경험		전형적(8)
	3회 이상 이직	전형적(6)
이직 사유		전형적(8)
	이전 직장에서의 만족감 부족	전형적(5)
	발전하려는 동기	변동적(4)

		일반적(9)
직장생활 중의 의미 있는 사건/경험	좌절 또는 장벽	전형적(7)
	중요 정보/Hub와의 연결	전형적(7)
	주위의 조언과 지지	변동적(4)
	롤 모델의 영향	변동적(3)
	직업 환경의 변화	변동적(3)

제가 친정집에 가서 TV를 보고 있었어요. 7시 뉴스에서 금방 생겼을 때의 고용센터였어요. (중략) 준비해서 이제 면접 보고 해서 그때 바로 7월에 합격을 해서 이 자리에 들어오게 되었어요. 그냥 뉴스를 보면서 끌리는 것처럼(사례 2).

취업 시기와 이직 경험을 분석한 결과, 25세 전에 직장에 취업하였지만(8개 사례) 최초 직장을 그대로 유지한 경우는 드물었고, 대부분 현 직장에 이르기까지(10년 이상) 3회 이상 이직한 것(8개 사례)이 전형적이었다. 전형적인 이직 사유는 이전 직장에서의 만족감 부족(5개 사례)이었으며, 발전하려는 동기(4개 사례)는 변동적인 범주로 나타났다. 이렇게 이직을 하면서 직업적인 성취를 이루기 위해 노력하는 동안 연구 대상자들은 현 직업과 관련된 대학원에 진학하며 지식을 습득하고, 전문성을 함양하기 위한 노력을 병행하는 것(10개 사례)이 일반적이었으며, 재직 중에 관련 대학원에 진학한 경우(5개 사례)도 전형적인 범주로 도출되었다.

직무를 하면서의 차별, 학력에 대한 차별을 계속 (중략) 내가

만족하지 못하는 것에 대한 (직무에 대한) 이건 아닌 거 같다, 그
래서 옮겨야 되겠다는 확신을 (중략) 한 여섯 달을 더 고민하고 나
서 그때는 결정을 해서 이쪽에 원서를 내게 되었어요(사례 6).

10년 이상의 직장생활을 하는 동안 의미 있는 사건이나 경험을
하는 것(9개 사례)이 일반적이었는데, 전형적인 것은 직장생활 동
안 여러 번 좌절 또는 장벽에 맞닥뜨리게 되거나(7개 사례), 중요한
정보 또는 정보원과 연결된 것(7개 사례)으로 나타났다. 이러한 좌
절 경험이 반드시 좋지 못한 결과를 이끈 것은 아니었으며, 정보의
획득과 함께 새로운 기회로 작용하기도 하였다.

　　**파트로 옮기게 됐어요. 그런데 그때는 사실은 자의는 아니었
어요. (중략) 마침 그 회사가 이제 한국 지사를 10개월 밖에 안 됐
지만 문을 닫기로 결정을 할 그 시점에 (중략) 정보를 입수를 하고
지원을 해서 제가 채용이 됐습니다(사례 6).

이러한 경험 중에 변동적인 범주에 속하는 것은 주변 사람들의
조언과 지지(4개 사례), 롤 모델의 영향(4개 사례), 직업 환경의 변화
(3개 사례)이며, 이러한 경험은 이들의 직업 성취과정에 직간접적
인 영향을 주었던 것으로 나타났다.

　　성공한 사람 인터뷰 하는 그 사람을 만났는데요. 그 직업인을
만났는데 저랑은 좀 다른 게 있구나 (중략) 그분들에게 일에 대해
서는 주체할 수 없는 열정이 느껴졌어요. (중략) 제가 직접 그런

사람들을 보니까 정말 좋아하는 일을 하는구나 싶어서 내게 없고 저 사람에게 있는 게 뭔가를 봤을 때 열정이었어요. 그래서 열정을 찾아보자, 내 안에 열정을 찾아보자라는 시도를 하게 된 거죠 (사례 10).

7) 우연의 발생

우연의 발생 영역은 두 개의 대범주로 구성되어 있다. 첫 번째 범주는 '우연이 진로경로에 영향을 미침'이고 두 번째 범주는 '우연의 내용'이다. 연구 대상자들은 일반적으로 우연적 사건 또는 예측하지 못했던 사건으로 인해 의도치 않게 진로가 변경되었다고 보고하였다(10개 사례).

전형적으로 언급된 우연의 내용은 '환경의 변화'였다(8개 사례). 사례 3은 공무원 상급직을 준비하기 위하여 하위직 공무원을 사직하였는데, 바로 그해에 IMF가 발생하여 갑작스럽게 시험 경쟁률이 상승함으로써 막막함을 느꼈다고 진술하였다. "그만두고 났는데 생각지도 못한 IMF가 이제 발표가 된 거예요. (중략) 너무 충격이 컸어요." 의무발령이었던 교사 임용체제가 고시체제로 바뀜으로써 다른 진로를 생각하게 된 사례 9의 경우도 환경의 급작스러운 변화로 인해 진로를 변경하게 되었다고 얘기하였다. "대학 한 3학년 때쯤 되게 큰 변화가, 그전에는 사대를 졸업하면 바로 발령을 내 주었는데 그때부터 임용시험을 봐서 취업을 해야 되는 거예요." 이러한 사회적·제도적인 변화 외에도 보직의 변경, 새로운 총장의 취임, Brain Korea 사업의 실시, 구조조정으로 인한 실직과 같은 환

| 표 2-8 | 우연의 발생 영역 교차분석 결과

범주	하위 범주	응답 빈도
우연이 진로경로에 영향을 미침		일반적(10)
우연의 내용		일반적(10)
	주변 환경의 변화	전형적(8)
	사람들의 도움	전형적(6)
	우연한 사건의 발생	전형적(6)
	우연히 정보를 입수	전형적(5)

경 변화도 이 범주에 속한다.

그 외에 아버지나 어머니의 갑작스러운 죽음, 남편의 미취업 등
과 같은 사건의 발생(6개 사례)도 전형적으로 언급되는 내용이었
다. 이들이 제시한 사건은 그 내용적인 측면에서는 부정적인 것이
어서 수용하기 힘든 점은 있었으나 실제 그 어려움을 소화하고 해
결해 나가는 과정에서 그것이 자신의 삶에서 중요한 터닝 포인트
가 되었음을 밝힌 경우도 많았다.

어느 날 저희 엄마가 심장마비로 멀쩡하다 갑자기 돌아가셨거
든요. 그래서 갑자기 사람이 죽을 수도 있구나, 이걸 너무 느낀 거
예요, 저희 엄마의 사망 때문에, 그래서 하고 싶은 일을 하자……
(사례 7).

한편, 뜻밖의 도움을 받게 된 경우(6개 사례)와 예기치 않게 중요
한 정보를 입수하게 된 경우(5개 사례)도 전형적인 내용이었다. 사

례 4는 자신의 진로경로에서 상당히 많은 사람이 도와주었다고 기억하고 있었다. "그래서 이제 소개를 받고 와서 여기 담당과장님을 만났는데 그분이랑 저랑 그런 마인드가 되게 잘 맞는 거예요." 이렇게 정보를 주거나 도움을 제공했던 사람들이 연구 대상자들과 긴밀한 관계에 있었던 것만은 아니었다. 사례 6이나 사례10의 경우처럼 실제 친밀도가 높은 것은 아니지만 어느 정도의 호감을 주었을 경우 적극적인 도움을 제공하기도 하였다.

제가 졸업 즈음에 잠깐 인턴처럼 다닌 회사에서 알게 된 언니예요. 서로 잘 몰라요; 잘 모르지만 그냥 호감을 가진 거죠. 그래서 저를 그 회사에 추천을 해 줬어요(사례 6).

마침 그때 계시던 선생님이 제가 이전에 직장에 있을 때 견학을 오신 선생님이세요. 제가 되게 인상적이셨대요. (중략) 이 선생님께서는 원래 내정된 상담원이 있었는데, (중략) 거기에다가 넣어주셨어요(사례 10).

8) 우연의 영향

우연의 영향 영역은 크게 세 개의 범주로 구성되었다. 첫 번째 범주는 사건이 원인이 되어 나타난 결과적 상태를 범주화한 것으로서 '우연한 사건의 결과'이며, 두 번째와 세 번째 범주는 우연에 대한 연구 대상자들의 주관적 해석을 범주화한 것으로서 '우연에 대한 긍정적 의미화'와 '중립적 의미화'이다.

연구 대상자들은 전형적으로 우연이 결과적으로 현재의 직장으로 오는 데 중요한 징검다리가 되었음을 밝히고 있다(7개 사례). 사례 5는 "그런데 제가 대뜸 저를 좀 도와주세요, 무모하게 그랬던 거 같아요. (중략) 그랬더니 어떤 취업을 생각했던가 봐요 (중략) 여기가 소개돼가지고"라면서 우연히 대학 교직원에게 도움을 구했다가 그의 도움으로 현재의 직장에 들어오게 된 사실을 면담 중에 밝혔다.

삶에서 경험한 우연을 주관적으로 어떻게 해석하고 있는지를 살펴본 결과, 긍정적으로 의미화한 경우와 중립적으로 의미화한 경우가 일반적으로 나타났다(10개 사례). 긍정적 의미화의 경우는 준비하고 시도한 자에게 오는 기회(8개 사례), 우연의 혜택에 감사(6개 사례), 좋은 네트워크의 결과물(6개 사례), 전화위복(5개 사례)이라는 4개의 범주가 전형적으로 나타났다. 중립적 의미화의 경우는 우연의 영향력 인정 및 수용(7개 사례), 운명 혹은 신의 뜻(5개 사례)이 전형적으로 나타났고, 우연의 양면성(4개 사례), 판단 유보/판단 중지(3개 사례), 우연은 적절한 타이밍의 문제(2개 사례), 우연 혹은 기회를 즐기는 자세(2개 사례)라는 4개의 범주는 변동적으로 나타났다.

우연을 긍정적으로 의미화한 경우 단순히 우연을 예상하지 못했던 일이 발생한 것, 즉 사건으로 생각하기보다는 자신이 여러 번 시도하고 준비해 왔기 때문에 그러한 우연이 기회로 변화되었다고 생각하는 경우가 전형적으로 나타났다. 사례 8의 경우에는 "내 길을 가고 있을 때 열려 있는 기회들이나 우연이 작용해서 사실은 더 풍부히 선택지들을 넓혀 갈 수 있는 그런 윤활유로 작용하지 않을

| 표 2-9 | 우연의 영향 영역 교차분석 결과

범주	하위 범주	응답 빈도
우연의 결과		전형적(7)
	현재 직장에 오게 된 중요한 계기	전형적(7)
우연에 대한 긍정적 의미화		일반적(10)
	준비하고 시도한 자에게 오는 기회	전형적(8)
	우연의 혜택에 감사	전형적(6)
	좋은 네트워크의 결과물	전형적(6)
	전화위복	전형적(5)
우연에 대한 중립적 의미화		일반적(10)
	우연의 영향력 인정 및 수용	전형적(7)
	운명 혹은 신의 뜻	전형적(5)
	우연의 양면성	변동적(4)
	판단 유보/판단 중지	변동적(3)
	우연은 적절한 타이밍의 문제	변동적(2)
	우연 혹은 기회를 즐기는 자세	변동적(2)

까라는 생각이 들어요."라고 표현하였으며, 사례 9의 경우에도 "사실 우연히 사람을 알게 되고 이런 거지만 어떻게 보면 내가 노력을 해서 그런 우연들이 생기는 거잖아요. 그런 기회가 생기는 거고."라는 말로 자신의 노력과 우연의 교차점에서 기회가 생긴다는 사실을 강조하고 있다. 이렇게 준비하는 자세와 함께 그동안 자신이 만들어 왔던 네트워크가 결과적으로 우연을 만들어 내는 데 중요한 역할을 하였다는 점을 강조하는 경우도 많았다. 사례 10의 경우에는 우연히 선배 언니의 추천으로 취업하게 되었다면서, 네트워

크에 의해 우연이 발생하고 취직이 되므로 잘 살아야 한다면서 "네트워크가 얼마나 중요한지, 얼마나 잘 살아야 하는지 추적하면 다 나온다."라고 얘기하기도 하였다. 사례 7도 "그럴 때 저를 우호적으로 말할 수 있는 사람들이 좀 있었던 거죠. (중략) 넣었을 때 좋게 말해 주는 사람이……."라면서 자신에 대해 좋은 얘기를 해 줄 수 있는 사람들이 있었기 때문에 현재의 자리에 이르게 되었음을 언급하였다. 이렇게 다가온 우연을 연구 대상자들은 행운이라는 의미로 받아들이고 있었다. 사례 8의 경우에는 이를 '수호천사'라는 비유를 들어 설명하고 있었으며, 사례 6의 경우에는 꿈 같기도 하고 럭키하다는 표현으로 자신에게 다가온 우연의 선물에 감사하고 있었다.

잘 안 보이지만 우연이라는 글자를 단 수호천사들이 이렇게 날아다니는 것 같은 상상이 딱 됐어요. 그만큼 기회나 우연이라는 거는 내 주변 혹은 어떤 진로나 직업을 선택해서 뭔가를 원하는 사람들에게 언제든지 좀 열려 있을 수 있는 잠재되어 있는, 어떤 그런 창고나 도움의 손길 이런 것들이 아닐까라는 생각이 들었어요(사례 8).

한편, 부정적 사건이 종국에는 좋은 결과로 전환될 수 있음을 강조하는 긍정적 의미화도 전형적으로 나타났다. 다시 말해, 자신이 경험한 부정적이고 힘들었던 사건들을 해결하고 극복하는 과정에서 좋은 결과가 만들어졌으므로 일종의 전화위복이 되었다고 의미화하는 경우였다. 사례 10은 우연이 일종의 새옹지마라면서 우연

적인 것은 늘 자신이 강해질 계기를 만들었기 때문에 일부러 나쁜
일들을 만들 필요는 없지만 어려운 일을 통해 뭔가 만들어 가는 것
은 자신의 몫이라 해석하고 있었다.

저는 새옹지마라는 말 참 좋아하는데요. 어려운 일이라고 하는
것이 저를 늘 강하게 만들었던 거 같고, 전화위복처럼 아무리 어
려운 일이라 하더라도 그거를 내가 어떻게 만들 거냐 (중략) 이렇
게 감사한 일이에요. 그거마저도 다시 그런 일이 생긴다면 그거는
거절하지만 그 사건들에 대해서는 감사한 일이고, 저는 그게 저를
더 강하게 만들고(사례 10).

사례 6의 경우에도 자신에게 닥친 어려운 상황이 전화위복의 계
기가 되었음을 밝히고 있고, 사례 1도 일을 처리하는 과정에서 만
나게 된 좌절이 결과적으로 자신이 성장할 수 있는 전환점이 되었
다고 해석하고 있었다.

그때 그런 상황으로 하게 된 것이 외적 요인이기는 해요. 그런
데 그게 궁극적으로는 저한테 굉장히 좋은 기회가 된 거죠. (중략)
퍼포먼스가 안 좋았기 때문에 회사도 고민을 하고 저도 고민을 했
던 거잖아요. (중략) 고민하고 딱 그 ## 파트로 옮기고 나서부터는
아 재미있다, 정말 전화위복이 되는구나, 이렇게……(사례 6).

@@팀에 발령난 거에 대해서 긍정적이지는 않았어요. 부정적
이었지만 그게 오히려 전화위복이 되었고 저한테는 좋았던 계기

다. 그런 우연이라면 와도 되지 않았는가. 제가 또 스스로 감사함
을 느끼니까…… 이제는 참 감사해요(사례 1).

우연에 대한 평가를 중립적으로 하거나 잠정적으로 유보할 필요
가 있다고 해석하는 경우도 많았다. 연구 대상자들은 자신의 삶에
서 경험한 우연의 영향에 비추어 볼 때 실제 직업상담에서는 우연
의 영향을 상당히 중요하게 평가하고 이를 수용해야 한다고 생각
한 경우가 전형적이었다. 사례 6은 "우연이 사실은 80~90%는 차
지했죠."라면서 우연의 영향이 입직 단계나 진로경로에서 거의 80
~90% 이상의 영향력을 발휘한다고 생각하였다. 사례 1도 우연히
선택했던 것을 통해 길을 찾게 되고 그것이 목표가 된 후에는 계획
에 따라 움직여 가게 된다고 보았다.

이러한 수용적 태도는 우연을 운명 혹은 신의 뜻으로 해석하려
는 관점으로도 나타났다. 연구 대상자들은 운명, 필연, 하나님의
계획, 흐름이라는 다양한 표현을 쓰면서 미처 알지 못했지만 결과
적으로 자신의 인생 행로가 그렇게 예정되었을지도 모른다고 생각
하기도 하였다.

그런데 결론은 지각의 차이인 거 같아요. (중략) 제가 갖고 있
는 내면적인 특성, 제가 추구하는 특성들이 지금의 이런 교수직을
갖게 만들지 않았나. (중략) 이거는 좀 과장해서 말한다면 필연이
다, 이렇게 말할 때도 있는 것 같거든요(사례 8).

내가 걱정하지 않아도 나는 큰 흐름 안에 있다. 그러니까 그 큰

물길 안에서 내가 때로는 뒤로도 빠지고 옆으로도 삐딱해질 수도 있지만 가는 방향은 큰 방향 안에 예정된 물길대로 가고 있는 것 같아요. 그러니까 제가 잘못된 선택을 하더라도 그건 아니야 하면서 다시 큰 물길 안에 끌어당기는 힘을 느껴요(사례 10).

한편, 우연은 양면성이 있기 때문에 그 결과의 좋고 나쁨을 현 시점에서 평가하기는 힘들다는 점을 얘기하면서 우연이란 일종의 타이밍 문제이므로 우연 혹은 기회를 즐기는 자세가 필요하다는 해석들이 있었으며, 이는 변동적인 범주에 속한다. 사례 7은 우연의 양면성과 타이밍 문제로 해석하고 있었으며, 사례 8은 선택의 적절성에 대해서는 판단을 유보해야 한다는 태도를 취하기도 하였다.

우연적인 것들이 그거는 진짜 양면 다 있을 것 같아요. (중략) 삼재가 들었을 때는 애써도 자꾸만 나쁜 일들이 꼬이잖아요. (중략) 결국은 빠져나온다, 담담하게 안 풀리는 때구나, 이렇게 생각하면은 그다음에는 분명하게 좋은 게 있죠(사례 7).

우연이라는 게 플러스 방향이 있고 마이너스가 있을 수 있는데 만약에 쉽게 말해서 내가 아무리 똑같은 $$ 석사를 받고 있어도 꼬이기 시작했거나 주변에서 도와주지 않았다면 저는 이렇게 정말 술술 되지는 않았을 거 같아요(사례 8).

4 **연구 결과를 토대로 한 논의**

본 연구에서는 40대 여성 진로상담 전문가들이 직업적인 성취를 이루어 가는 과정에서 어떤 내적·외적 조건들이 영향을 주었고, 자신들의 경험에 대해 어떻게 의미부여를 하는지, 그리고 직업 성취과정에서 우연 혹은 기회가 어떤 역할을 담당하는지를 확인하기 위하여 연구 대상자 10명을 면접하고 영역을 도출한 후 범주들을 확인하였다. 주요한 결과들을 중심으로 논의를 전개하면 다음과 같다.

첫째, 연구 대상자들은 현재의 직업에 이르기까지 여러 번 직장을 이직한 경험이 있으며, 대학원 진학을 통해 자신의 직업 능력을 향상하기 위한 노력을 경주하였다. 21세기에 들어서면서 노동시장이 유연해지고 직업 세계가 다변화함에 따라 입직 시의 직업을 평생 유지하고 사는 직장인의 수가 점차 감소하고 있으며, 이직이 당연시되는 노동환경으로 변화하고 있다. 또한 기대수명이 80세 이상으로 연장되고 은퇴 이후의 삶에 대한 관심도 높아짐에 따라 평생학습에 대한 요구도 높아지고 있다.

생애발달의 관점에서 과거에는 생애 초기의 학습이 중요한 반면 요즘에는 경력개발 또는 전 생애 발달이라는 이름하에 지속적인 자기개발과 경력관리가 요구되고 있다. 이러한 특성은 연구 대상자들의 삶 속에서도 다양한 형태로 드러나고 있었다. 연구 대상자들 중 자신의 전공과 현재의 직업이 일치한 사람은 한 사람도 없었으며, 현재 직업에 이르기까지 최대 7번까지 이직한 경우도 있었다. 특이한 점은 이러한 이직과정이 치밀한 계획이나 철저한 준비를 통해 이루어지기보다는 우연한 계기에 의해 이루어진 경우가 다수였다는 점이다.

기존의 전통적인 진로이론들을 보면 현명한 직업선택의 과정은 개인의 분석, 직업의 분석, 개인과 직업 간의 매칭 여부 분석이라는 기본적인 3단계를 거친 이후에 이루어지는 것이 합리적이고 현명한 선택과정으로 제시되고 있다. 하지만 본 연구의 대상자들은 면담과정 중에 자신이 현 직업에 이르기까지 다수의 우연한 요소가 개입되었다고 여러 차례 밝히고 있다. 이는 현재의 전통적인 진로이론이 가지는 취약성을 다시 한 번 고려해야 하며, 진로 결정 및 준비 과정에서 경직된 사고의 틀을 벗어나, 보다 유연한 자세로 직업 선택과 준비 과정에 임할 필요가 있음을 보여 준다 할 것이다.

사실 이론적으로는 합리적인 의사결정이 가능할 것 같지만 실제 진로상담의 현장에서는 다수의 직관적인 선택이나 비합리적인 선택과정을 통해 성공적으로 진로 경로를 만들어 가는 경우를 무수히 발견할 수 있다. 이는 기존의 진로이론이 가지는 한계를 보여줌과 동시에, 직업환경이나 사회환경이 닫힌 체계가 아닌 열린 체계이며 사회가 고정되지 않고 역동적이고 불안정하게 변화해 가고 있기 때문에 필연적으로 나타날 수밖에 없는 결과라고도 할 수 있다. 소수이긴 하지만 몇몇 연구에서도 직업 성취과정에서 다수의 우연적 사건이 영향을 주었음을 밝히고 있다(Bornat et al., 2011; Hirschi, 2010; Scott & Hatalla, 1990; Williams et al., 1998). 특히 사회적으로 약자인 집단에서는 그 영향이 더 크게 인식될 수도 있다(Rojewski,

1999). 다시 말해, 우연적 사건에 대한 인식은 주관적인 것이기 때문에 사회의 주류 집단보다는 소수자들이 그 영향을 더 크게 인식하고 받아들일 수 있다는 것이다. 따라서 이를 '역동적 환경'의 일부로 받아들이고(Chumaceiro, 2004) 유연하고도 적극적으로 활용하는 능력을 높이는 것이 여성을 대상으로 한 진로교육의 바람직한 방향이 될 수도 있다.

둘째, 연구 대상자들이 직업적 성취를 이루는 과정에서 활용한 내적 조건과 외적 조건들은 상반된 특성들을 고루 갖고 있었다. 상식적으로 생각하기에 직업적으로 성취하기 위해서는 도전정신과 적극성을 갖추고 성실하게 업무에 임해야 하며, 때로는 타인보다는 자신의 성과에 매진할 필요도 있다. 하지만 연구 대상자들은 이러한 특성뿐만 아니라 이타적인 특성, 내적 준비도(내적 성찰), 수용적인 특성과 소극적/수동적 특성도 자신의 성취과정에 영향을 준 특성으로 제시하고 있었으며, 상황적인 어려움이나 실제적·심리적 장벽 그리고 예기치 않은 사건의 발생도 자신의 직업 성취에 영향을 준 주요한 조건으로 인식하고 있었다.

달리 말해서, 직업적 성취과정에는 다양한 변수가 개입하며, 어느 한 가지 변수에 의해 그 성취가 좌지우지되지 않는다는 사실을 보여 준다. 스티브 잡스가 스탠퍼드 대학교 졸업식에서 제시한 'Stay Hungry, Stay Foolish'라는 연설을 여기에 대입해 보면 어떤 상황에 대한 손익의 분석이나 성격적 특성들에 대한 부합 여부를 분석하기 이전에 그 일에 대한 긍정적인 평가와 상황에 대한 유연한 대처 그리고 바보스러울 정도의 인내력을 가지고 직업에 임하는 것이 장기적으로 볼 때 직업성취에 더 중요한 변수일 수도 있다.

연구 대상자 어느 누구도 지금의 자기 모습을 10년 혹은 15년 전에 예상한 사람은 없었으며, 그들의 향후 모습도 어떻게 변해 있을지 감히 예측할 수 없다. 하지만 "우연적인 것은 늘 자신이 강해질 계기를 만들었기 때문에, 일부러 나쁜 일을 만들 필요는 없지만 어려운 일을 통해 뭔가를 만들어 가는 것은 자신의 몫"이라는 사례 10의 말처럼 이들은 직업을 선택할 당시의 상황이 어려우면 어려운 대로, 우호적이면 우호적인 대로 적응해 왔으며, 업무 능력을 키우려는 노력과 발전하기 위한 노력을 병행해 왔다는 공통점을 보이고 있다. 또한 상황적인 불리함을 극복할 만한 지지원을 다수 확보하고 있었다.

따라서 여성의 직업적 성취를 독려하기 위해서는 여성 대상 진로교육을 강화하면서, 동시에 진로장벽들에 걸려 넘어지지 않도록 디딤돌이 될 만한 지지원을 발굴하고, 지지환경을 구축할 수 있는 방안을 고안할 수 있는 지혜를 제공해야 할 것이다. 앞서 제시한 바와 같이 여성은 남성과 달리 인적 네트워크를 구성하는 능력이 부족하고, 그에 따라 이를 활용하는 기술도 약한 것으로 보인다. 하지만 본 연구 대상자들과의 면담 결과를 보면 이들은 입직과정이나 이직과정에서 다양한 네트워크를 활용하고 있는 것으로 나타났다. 이들은 이를 우연한 계기로 칭하고 있었지만 사례 4나 사례 9의 말처럼 우연한 것이 아니라 자신이 시도하고 노력한 결과라는 점을 고려할 때 여성 간의 연대가 얼마나 중요한지를 알 수 있다.

셋째, 연구 대상자들의 진로경험에 대해 개인적인 의미화와 전문가로서의 해석을 살펴보면 우연에 대한 수용과 함께 이를 적극적으로 기회로 만들려는 적극성, 삶과 사람에 대한 긍정적인 태도, 관계의 중요성 등이 자주 언급되고 있다. 이는 진로 결정 및 이행 과정에서 '우연' '행운' 또는 '기회'가 상당히 중요하게 작용한다는 계획된 우연이론(planned happenstance theory)의 내용을 많이 내포하고 있다. Mitchell, Levin과 Krumboltz(1999)는 계획하지는 않았지만 이미 발생한 사건을 개인적 노력에 의해 기회로 만들고자 하는 능동적 과정이 중요하다면서 통제 범위 밖에 있는 우연을 통제 또는 계획할 수 있는 범위 안으로 가져오는 작업이 중요하다고 밝힌 바 있다. 역설적인 논리이지만, 실제로 연구 대상자들의 직업적 성취과정을 살펴보면 예기치 않은 많은 우연과 개인적인 시도 혹은 노력 간의 교차점들이 이동해 가면서 현재로 이동해 온 흔적을 발견하게 된다. 그들이 접한 우연이 실제적인 우연이었는지 아니면 필연적인 운명의 결과였는지는 아무도 알 수 없지만, 분명한 것은 그들이 수동적으로 또는 무기력하게 상황에 던져진 것만은 아니었다는 사실이다. 이들은 불확실성의 세계에 호기심을 갖고 뛰어들거나 이를 긍정적으로 해석하고 수용하였으며, 이로 인하여 진로상담의 세계에 입문하게 되었다. 준비가 되었기 때문에 시작하는 것이 아니라, 시작하기로 마음먹었기 때문에 적극적으로 준비하고 노력하였을지도 모른다.

연구의 대상이 되었던 진로상담 전문가들의 직업경로를 살펴보면 미래에 대한 체계적인 계획에 의해 진로 준비가 이루어지기 보다는 우연에 의한 선택이나 진로 변경이 자주 발견되었다.

전통적인 관점에서의 진로 선택 및 결정은 자신에 대한 이해를 바탕으로 직업 세계에 대한 분석을 거쳐 적합성에 대한 판단과정을 통해 이루어지는 것이 일종의 공식으로 되어 있다. 하지만 현실이 그러한가에 대해서는 의문의 여지가 많다. 본 연구의 대상인 진로상담 전문가들의 삶에서도 이론과는 많이 다른 양상들이 드러났다. Hirschi(2010)의 연구를 보면 연구 대상자의 64.7%가 학교에서 직장으로 이행하는 과정에서 우연의 영향을 경험하였고, 그 영향력이 상당했다고 인식하는 비율도 15.9%에 이르렀다. 그리고 관련 문헌들(Bornat et al., 2011; Hirschi, 2010; Scott & Hatalla, 1990; Williams et al., 1998)도 우연의 영향력을 상당히 높게 인정하고 있다.

그렇다면 진로상담자들은 상담 실제에서 이러한 영향원을 어떻게 수용하고 활용해야 할까? 그 답은 자명하다고 할 수 있다. 이미 전통이론의 한계를 지적하고 새로운 관점에서 진로 선택 및 결정 과정을 이해하려는 노력이 이어지고 있다. Mitchell 등(1999)은 계획된 우연이론을 주장하면서 계획되지 않았지만 이미 발생한 사건들을 개인적인 노력에 의해서 기회로 만들고자 하는 능동적 과정이 중요하다는 사실을 강조하고 있다. 진로에 대한 태도 혹은 자세가 중요하다는 사실은 사례 4의 진술에서 잘 드러나고 있다. "어떤 사람이 될 것인지가 줄기이고, 그 줄기 안에 우연이 있으며, 그 우연은 좋은 의미로 작용한다." 어쩌면 계획적이고 합리적인 선택이 중요한 것이 아니라 비예측성과 가역성에 대한 열린 자세 그리고 세상에 대한 긍정적이고 낙관적인 태도가 더 중시될 필요가 있을지도 모른다. 이러한 관점에서 볼 때 적극적인 탐색을 통해서 기회가 발생하므로 호기심, 인내, 융통성, 낙관적인 태도, 위험 감수 행동과 같은 다섯 가지 기술을 활용하여 우연을 기회로 바꾸려는 노력을 도모해야 한다는 계획된 우연이론가들의 조언(Mitchell et al., 1999)을 금과옥조로 여길 필요가 있다. 실제 연구 대상자들과의 면담 자료를 보면 반복된 일보다는 변화를 추구하고(사례 5), 어려운 상황일지라도 좌절하지 않고 버티어 가며(사례 10), 낙관적으로 미래를 바라보았던(사례 7) 증거들이 수집된다. 또한 현실에 안주하기보다는 과감하게 도전하고(사례 1), 세속적인 계산보다는 여유로운 자세로 직장생활에 임하는(사례 2) 모습들이 나타난다. 따라서 진로상담자들은 전통이론의 관점에서 상담을 진행하는 동시에 내담자의 진로사에서 우연이 기회로 전환되었던 예화들을 수집할 필요가 있으며, 이를 조명함으로써 내담자의 활기를 북돋는 작업을 시도해야 할 것이다. 또한 내담자의 경직된 사고를 보다 유연하게 풀어 주는 마사지사의 역할을 함으로써 삶의 고비마다 만날 수 있는 여러 걸림돌을 여유롭게 받아들이고 그것을 극복할 수 있는 힘을 축적하도록 도와야 할 것이다.

넷째, 본 연구는 진로상담의 현장에서 일하는 전문가들을 대상으로 하여 그들이 자신의 삶에서 경험한 우연을 어떻게 의미화하고 있는지를 밝히려 하였다. 손은령(2009)은 개인의 통제 범위 밖에서 일어난 사건을 우연이라 칭하는 경우는 가치 중립적인 관점에서 내용상의 통제 불가능성을 염두에 둔 해석이지만 기회라 칭하는 경우는 가치 지향적인 관점으로서 과정에 어떠한 행위를 가하는가를 중시하는 해석이라 밝힌 바 있다. 이에 따라 기회로 받아들이고 행운으로 받아들이는 것은 어떻게 보면 역설적이게도 통제할 수 없는 것에 대한 통제 가능성을 담고 있기 때문에 다분히 상담적인 해석, 즉 긍정화의 한 방법이라고 이해할 수 있다.

긍정적으로 의미화한 경우, 연구 대상자들은 우연이 갑작스럽게 발생하기는 하였지만 결과적으로 자신이 준비되어 있었거나 그동안 좋은 네트워크를 쌓아 왔기 때문에 그것이 전화위복의 계기 혹은 행운의 씨앗이 되었다고 받아들이고 있었다. 다시 말해, 나에게는 행운이 될 수 있었지만 모든 사람에게 동일한 우연이 기회 혹은 행운으로 작용하는 것은 아니라는 사실을 분명하게 밝히고 있었다. 사례 10의 경우, "제가 계획하지 않은 일들이 생겨도 그냥 내가 다시 이겨 나갈 수 있는 그 무언가의 자원이지 그게 뭐 어떤 큰 거다라고 해서 슬퍼하거나 그러진 않는 거 같아요."라는 강한 메시지는 그동안 겪어 왔던 여러 가지 우연을 기회로 만들어 내는 과정에서 생겨난 미래에 대한 적극적인 낙관성의 표현이다. 사례 10은 면담 중에 예전의 자신은 수동적이고 소극적인 사람이었으나 현재의 자신은 강하고 적극적인 사람으로 변화했다고 밝힌 바 있다. 따라서 진로상담 현장에서 우연한 사건을 어떻게 이해하고 활용해야 하는가에 대한 답은 이미 나와 있다고 볼 수 있다. 우연은 계획한다고 오는 것은 아니지만 우연을 기회로 만들 힘은 자신이 갖고 있음을 분명하게 인식시키는 상담과정을 통해서 내담자들은 불확실한 삶에 대해 도전하려는 의욕을 높일 수 있으며 미래를 희망적으로 바라볼 수 있게 될 것이다.

이러한 긍정적인 의미화는 진로상담의 실제에 중요한 시사점을 제공한다. 내담자들이 그동안 경험한 여러 가지 우연을 어떻게 해석하도록 상담과정을 이끌어 갈 것인가에 대한 지혜를 제공하는 것이다. 중요한 것은 사실이 아닌 주관적인 해석이다. 내가 살아가는 동안에 경험한 수많은 사건이 나를 성장시키는 중요한 자양분이 되며, 내게는 그러한 행운을 누릴 충분한 자격이 있다는 해석은 결과적으로 자신의 능력을 최대로 이끄는 동인으로 작용하게 되고, 상황적인 어려움이 결국에는 좋은 결과로 귀결될 것이라는 신념으로 전환된다. 그 해석의 옳고 그름이 중요한 것이 아니라 그러한 해석의 힘이 중요한 것이다. 이러한 믿음은 내담자들로 하여금 웬만한 어려움에 굴복하거나 물러서지 않는 꿋꿋함의 원천이 될 것이다.

다섯째, 본 연구의 결과를 보면 우연의 내용 중에는 사람의 도움, 추천 또는 정보의 입수 등이 자주 언급되었다. 직장인을 대상으로 한 설문 조사에서도 지인을 통한 취직이 다른 경로에 우선한 것으로 나타났으며, Hirschi(2010)의 연구에서도 타인의 격려가 가장 자주 제시되는 우연의 요소였다. 이러한 결과는 우리가 직무 능력을 높이기 위해 교육할 때 어떤 부분을 중요시해야 하는가를 시사한다. 전공 관련 지식이나 기술의 습득은 기본적으로 요구되는 사항이지만 실제적으로 의사소통 능력이나 인간관계의 기법들에 대한 교육은 도외시한 채 직무 능력만 함양하는 것으로는 직업적인 성취가 어렵다는 사실을 인지할 필요가 있다.

최근의 교육정책이나 직업교육의 방향은 능력 있는 개인을 강조하고 생산성 있는 소수의 인재 양성에 치중하는 모습을 보인다. 한두 명의 인재가 수만 명의 사람들을 먹여 살릴 수 있을 것처럼 생각하고, 교육에서도 상위 1%가 나머지 99%를 이끌 수 있을 것으로 착각하기도 한다. 하지만 사회는 수많은 개인의 조합으로 어느 한 사람에 의해 이끌릴 수 있는 조직체가 아니다. 오히려 중요한 것은 팀의 협력을 이끌어 낼 수 있는 능력이며, 상호 보완해서 만

들어지는 시너지의 힘인 것이다. 지능이 강조되던 시기에서 감성
과 사회성이 강조되는 사회로 변화되었듯이, 진로교육의 초점도
단순한 역량 강화에서 협력과 상생을 도모하는 기술과 자세를 익히
는 쪽으로 변화되어야 할 것이다.

제3장
50대 남성 직장인의
진로전환 과정

여러 번의 직업 변경과정을 거쳐 진로 전문가로 자리매김한 40 대 여성의 삶에 드러난 우연과 계획의 조우과정을 50대 남성 직장인의 삶에서도 찾을 수 있다. 이 장에서는 높은 학업 성적으로 인해 주변의 기대를 안고 출발한 20대를 지나, 삶의 여러 고난을 맞이하고 자신이 원하는 모습을 찾아가려 치열하게 고민하며 새로운 길을 모색한 30대, 40대를 거쳐 이제는 어느 정도 자기 기반을 갖고 지금의 자리에서 그동안의 삶을 관조하게 된 50대 남성 직장인들이 자신들의 진로전환 과정에 어떤 이유를 붙이고 있으며, 어디에서 그 의미를 찾고 있는지를 드러내고자 하였다. 이 장의 주요 내용은 저자의 지도 학생인 전현영 박사의 학위 논문에서 발췌한 것임을 밝히면서 그 내용을 제시하고자 한다.[1]

① 연구의 배경

첫 직장이 마지막 직장이 될 가능성이 거의 없다 해도 과언이 아닐 정도로 최근의 직장 이동, 진로 변경은 횟수도 증가하고 재직 기간도 짧아지는 추세에 있다. 한국고용정보원(2007)의 대졸자 직업이동 경로조사를 보면 취업 후 1년 미만 이직자가 46.3%, 1~2년 이

---

[1] 전현영(2013). 8인 8색 진로전환이야기. 충남대학교 대학원 박사학위논문.

내 이직자가 28.1%로 75.4%가 첫 직장 취업 후 2년 내에 직장을 이탈하는 것으로 나타났다. 이는 직업 세계의 불안정성을 의미함과 동시에 이직 또는 전직 과정에 대한 세밀한 연구를 토대로 진로상담 또는 진로교육을 제공해야 할 필요성을 부각시킨다.

과거에는 진로전환을 보통 불안정과 실패의 공포, 직업과 동료의 손실 그리고 경제활동에서의 소외로 인식하였으며(Newman, 1995), 사회 부적응이나 적응 기술의 부족, 불평자, 결격 사유자 등으로 낙인찍는 경향이 있었다. 하지만 현재는 직장인들의 평균 직장 이동 횟수가 7.5회를 상회하고 있으며, 단순히 심리적인 이유로 귀인하기에는 너무 다양한 이유가 있기 때문에 과거의 시각으로 이를 해석할 수는 없다. 활동은 자아실현의 과정이자 개성화를 추구하는 과정(Dirkx, Mezirow, & Cranton, 2006)으로 이해하려는 경향도 나타나고 있다. 다시 말해, 진로전환 행동은 자신의 직업결정 행동의 의미를 재평가하여 이상적 직업을 찾아가는 과정이며, 새로운 직업을 통하여 일의 의미나 삶을 의미를 찾아가며 자아를 찾는 과정으로 해석되기도 한다.

이렇게 전환이 발생하는 것은 주로 첫 직장에서 개인의 흥미나 능력, 가치에 대한 충족감을 얻지 못하기 때문일 것이다. 경제적인 이유나 취업환경으로 인한 타협으로 진로를 선택하였기 때문에 이후의 삶에서 진로전환을 시도하게 되는 것이라고도 할 수 있다. 진로전환에 관한 연구들은 크게 다섯 가지 유형으로 구분할 수 있다. 첫 번째는 진로전환을 발달단계와 관련지어 연구하려는 노력이며(이지혜, 1999), 두 번째는 생애 사건 중의 하나로 접근하는 것이다(김명언, 1997). 세 번째는 전환의 원인을 파악하려는 시도이며(금

재호, 1998), 네 번째는 진로전환 검사지를 활용한 연구들이다(김
대중, 김명준, 2010). 다섯 번째 유형에는 직업전환자들에 대한 지
원 체제와 방식을 정책적으로 탐구하는 연구들이 포함된다. 이 중
가장 많이 연구된 분야는 검사지를 활용한 연구이다(김대중, 김명
준, 2010; 김윤희, 2004; 임은미, 이수진, 송미숙, 2011; 장계영, 김봉환,
2009; Heppner, 1998; Heppner, Fuller, & Multon, 1998).

미국의 경우 5~10%의 직장인이 매년 직업전환을 하고 있고,
이 중 절반이 30대 이후에 전환을 시도한다(Herr, Cramer, & Niles,
1996). 이런 이유로 진로 연구자들은 주로 중년기에서의 전환과정
등에 관심을 두고 있다. 하지만 진로전환은 생애 어느 때에서나
발생할 수 있다. 그렇기 때문에 이는 전 생애적인 관점에서 이해
할 필요가 있다. 또한 진로전환의 시점에만 초점을 두기보다는 생
애사적으로 진로전환자들의 삶을 들여다볼 필요가 있다. 이에 덧
붙여 진로교육의 방향이 계획적인 준비와 실행에 초점을 두고 있
는 현 상황을 고려해 볼 때, 이러한 계획상의 일탈 또는 이탈 과정
에 대한 탐색은 학문적인 탐구의 주요 주제가 될 필요가 있다. 삶
이 그렇게 규칙적이고 계획적이라면 불안한 미래라는 말은 모순
이 된다. 하지만 삶은 항상 예측 불가능하고 어떤 계기에 의해서
건 그 방향성과 경로가 달라진다. 어쩌면 이에 대해 준비하지 않
는다는 무대책이 가장 좋은 대책일 수도 있다. 일종의 아이러니
이다. 다시 말해, 가장 준비된 자가 가장 미비된 자로 전환될 수도
있다. 이러한 비관적인 관점에서 벗어나기 위해서는 다양한 삶의
모습을 바라볼 필요가 있으며, 그 삶의 내용과 주제들 속에서 교
훈을 얻어 내고 통찰할 무언가를 찾아내야 한다. 이를 통해 전 생

애적으로 적절한 진로전환이 이루어지도록 돕는 진로지원책도 마련될 수 있다.

지금까지의 진로전환 연구들은 주로 양적 연구였으며 생애 사건으로서 진로전환 요인을 단편적으로 찾거나 그 지원책을 구하기 위한 탐색에 그치고 있어서, 진로전환이 일어나는 전체 맥락을 이해하는 데는 제한적이었다. 질적 연구 방법은 양적 연구가 제공할 수 없는 보다 구체적인 사실들을 보여 주며, 맥락적인 배경을 토대로 하여 진로전환이 어떻게 이루어지는지를 보여 줄 수 있다. 이런 문제의식에 기초하여 최근에는 진로전환에 대해 질적인 연구 방법들을 택하는 연구들(김연정, 2012; 손유미, 2000; 양안나, 2010; Kormanik, 2005; Miles, 2002; Motulsky, 2005)도 늘고 있다. 질적 연구는 행위 이면의 가치나 의미를 파악하는 데 유용한 연구 방법이다. 진로 생애사 연구는 노동시장의 유연화로 인해 진로전환이 잦으며 고령화와 100세 시대의 도래로 제2, 제3의 직업기를 요구하는 직업 세계에서, '삶'이라는 텍스트 안에서 새로운 존재적 차원으로 개인이 전환해 가는 현상을 보여 줄 수 있다. 또한 진로전환 상황에 직면한 중년기 직장인의 경험은 무엇인지, 그 의미는 무엇이며 이를 어떻게 해석할 것인지를 알아보기 위해서는 내러티브 연구가 필요하다. 내러티브 연구 방법을 통해 한 개인이 겪은 경험의 의미를 구성할 수 있는데, 이는 진로전환이 일어난 실제적 측면보다는 진로전환을 어떻게 지각하였는가에 관심을 둔다. 이는 진로전환 경험자들이 자신의 진로전환 경험을 어떻게 받아들이고 있는지, 즉 경험에 대한 지각을 연구하는 것으로, 진로결정이 이루어졌던 주요한 진로전환 사건에 대한 경험의 의미를 심층적으로 밝힐 수 있다. 따라서 본 연구에서는 이미 다양한 진로전환을 경험한 50대 남성 직장인들이 실제로 경험한 전환의 삶을 살펴봄으로써 주관적으로 경험한 과정을 탐구해 보고자 하였으며, 이를 통해 이 책의 주제라 할 수 있는 우연과 계획의 조우과정을 드러내고자 하였다.

이를 위하여 다음과 같은 연구문제를 설정하였다. 첫째, 중년기 남성 직장인은 전생애의 진로전환 과정을 어떻게 경험하는가? 이는 남성 직장인이 자신의 삶에서 겪은 진로전환 경험이 무엇이며, 그 의미를 무엇으로 규정하는지에 대한 탐구이다. 둘째, 중년기 남성 직장인이 전생애의 진로전환을 경험할 때 나타나는 진로전환의 주제는 무엇인가? 이는 진로전환 경험의 실제 측면보다는 전환에 대한 지각과 그 과정에서 나타나는 타협과의 관계를 확인하려는 것이다.

② 연구 절차

본 연구는 연구자의 지도 학생인 전현영 박사가 2013년 8월에 쓴 박사학위 논문 「8인 8색 진로전환이야기」에 기초를 두고 있다. 원래 총 8명의 자료를 토대로 논문이 작성되었으나, 본 연구에서는 이 중 5명의 내용만을 기술하였다.

연구는 선행 연구 고찰, 참여자 선정, 심층면담, 면담 자료의 전사, 자료의 분석 및 해석, 자료의 타당성 검토의 단계로 수행되었다. 참여자 선정 단계에서는 연구하고자 하는 현상을 경험한 참여자를 선정하였다. 심층면담은 2012년 5월에서 2013년 2월까지 이루어졌으며, 예비 연구를 위한 면담(2012년 5월)이 포함되었다. 참여자별로 60~130분 정도로 1~2회 면담을 실시하였고 녹음된 자료를 있는 그대로 전사하였다. 그리고 전사된 내용에서 면담 내용의 정확성을 확보한 후 전사된 내용을 반복하여 읽으며 생애 이야기를 구성하였고, 의미 단위를 도출한 후 주제를 도출하고 본질적 주제를 도출하는 과정을 거쳤다. 마지막으로, 자료의 타당성 확보를 위하여 연구 참여자 및 동료 연구자에게 전사된 내용을 분석 및 해석한 과정을 확인받고 그들과 반복적으로 논의하였다.

1) 연구 참여자

본 연구에서는 진로전환 경험에 대하여 적절한 정보를 잘 표현해 줄 수 있는 참여자 선정을 위하여 다음의 두 가지 기준을 정하였다. 첫째, 전공이나 직업 결정이 이미 다양하게 이루어진 50대 이상의 대상자를 선정하였다. 기존의 연구들이 진로 의사결정을 묻는 연구였다면, 본 연구는 진로 의사가 아니라 이미 진로결정 경험이 이루어진 진로생애를 살펴보기 위해서이다. 둘째, 전공이나 직업전환이 2회 이상 이루어진 진로전환 대상자를 선정하였다. 이는 다양한 진로전환 경험이 수반되어야 그 의미를 파악할 수 있기 때문이다. 이러한 기준에 의하여 선정된 참여자 정보는 〈표 3-1〉과 같다.

| 표 3-1 | 연구 참여자 정보

	이름 (가명)*	성별	나이	학력	진로전환 경력	전환 횟수
1	전경제	남	47세	박사	경제학 → 한의학 → 한의원 → 뇌과학 → 기초연구원 → 한의학 연구원	5
2	김유학	남	57세	박사	토목공학 → 교육학 → 교수	2
3	이여행	남	56세	석사	천문학 → 경영학 → 은행 → 여행사 → 생명보험사 → 중소기업 → 인재개발원	6
4	양철학	남	53세	학사	회계학 → 대기업 → 중소기업 → 사업	3
5	김백수	남	56세	박사	건축학 → 전산학 → 증권사 → 한의학 → 한의원 → 한의학연구원 → 한의원	6

* 연구 대상자의 특징을 보여 주는 가명을 사용하여 익명성을 확보하였다.

2) 연구도구

연구 참여자에게는 사전에 진로전환 과정에 대한 면담용 질문지를 이메일로 발송하여 참여자가 자신의 경험을 회상하는 데 도움을 주고자 하였다. 이는 진로전환 목적에 맞는 질문으로 구성된 반구조화된 면담용 질문지로 예비면담을 실시한 후 보완하였고, 질적 연구 경험이 있는 박사학위 소지자에게 이에 대한 자문을 구하였다. 진로전환 과정에 대한 질문지의 내용은 다음과 같다. 자신의 꿈(진로포부)은 어떻게 변화해 왔나? 진로선택의 이유나 계기는 무엇이었나? 진로선택의 의미나 지향점은 무엇이었나? 진로전환의 이유나 계기는 무엇이었나? 진로전환의 의미나 지향점은 무엇이었나? 진로전환 이후의 삶은 어떠했나? 진로전환에 대한 생각(만족도, 보람, 후회 등)은 어떠한가? 진로전환 경험에 어떤 의미부여를 하는가? 미래에 대한 어떤 생각이나 태도를 갖고 있나? '직업' 및 '전환 행동'에 대한 의미는 무엇인가?

3) 분석 방법 및 절차

본 연구에서는 진로전환 행동을 가장 적절하게 연구하기 위한 방법론으로 생애사와 이야기를 혼합한 진로생애 이야기(career life history narrative)를 분석의 틀로 삼았다. 진로생애 이야기는 진로에 대한 생애사 그리고 내러티브를 통합한 방법론으로, 진로와 관련된 삶의 일부를 제시하는 부분 생애사이며, 어느 한 개인의 삶의 역사 또는 삶의 계정으로 기술된 글로 예술적 글로서의 특성을 가진 전기이다. 그리고 일련의 사건을 하나의 완결된 이야기 형태로 조직화하여 전체적인 이야기에 비추어 각각의 개별적인 사건에 의미를 부여하는 내러티브이며, 이야기 전반의 주제에 대한 기술이나 이야기의 유형에 대한 분류를 창출해 내기 위한 '내러티브에 대한 분석'이다.

분석을 위해 전사된 면담 기록지를 반복적으로 읽으며 자료의 분석과 해석을 순환적으로 수행하면서 연구 참여자의 경험의 중심

의미와 구조를 이해하고자 하였다. 모든 자료를 코딩하고, 코딩된 것을 연구 목적과 이론에 바탕으로 두고, 서로 관련되거나 연결되는 코드를 비교·대조하고 공통점을 찾는 과정을 통하여 그 연관성을 찾아내었다. 그리고 일련의 코드가 어떤 공통된 메시지를 전달하고 있는지를 강조하기 위하여 은유와 유추 방법을 사용하여 그 주제를 개념화하였다.

또한 타당성의 확보를 위해 심층적 기술, 동료 연구자에 의한 조언과 지적, 연구 참여자에 의한 연구 결과의 평가를 실행하였다. 우선 상담을 오랫동안 수행해 온 연구자의 특성을 바탕으로 적극적 경청 및 공감적 이해로 심층적 면담이 이루어지도록 하였고, 자료 분석 및 해석 시 이론에 근거한 분석 기술을 발휘할 수 있도록 노력하였다. 이후 동료 연구자와 전문가에게 연구의 방법, 의미, 해석을 보여 주며 이로부터 도출된 연구 결과들에 대해 검증하였다.

마지막으로 연구 결과와 해석에 대한 내용을 연구 참여자에게 전달하여 참여자 확인 및 평가의 과정을 거쳤다. 이 과정에서 연구자가 보내 준 연구 결과를 읽은 참여자들이 자신들의 이야기를 연구자가 잘 이해하고 있는 부분과 내용의 수정이 필요한 부분 등에 대한 의견을 보내 주었다.

③ 연구 결과

1) 진로생애사

이 절에서는 진로전환을 경험한 5명의 40대, 50대 남성들의 삶을 이야기 형식으로 기술하고 그 의미를 파악하고자 한다. 각자의 삶에는 여러 에피소드가 수놓아져 있다. 이들이 수많은 사건 중에 어떤 부분을 부각해서 기억하고 있으며, 그러한 기억에 어떤 이름을 붙이는지를 살펴봄으로써 진로전환 과정에 대한 그들의 시각 그리고 직업에 대한 그들의 의미 규정이 드러나게 될 것이며, 이를 통해 삶 속에 숨겨진 수많은 우연과 필연의 부닥침을 엿볼 수 있을 것이다. 그리고 각자의 삶에 드러난 특징들로 삶의 주제들을 키워드로 만들어 제목을 붙였다. 우선 전체적인 삶의 스토리를 개관한 후 첫 직장까지의 전환 양상, 그리고 첫 직장 이후의 전환 양상으로 구분하여 진로이론들의 주요 개념과 삶의 스토리 간 연관성을 살펴보았다.

(1) 진로전환자의 삶 들여다보기

■ 김유학의 행복과 소명

김유학은 50대 교수이다. 토목학에서 교육학으로의 전공전환과 은행원에서 교수로의 직업전환이 있었다. 대학교수 생활을 하면서 천주교에서 실시하는 프로그램의 봉사자로 사는 것에 큰 보람을 느끼고 있었으며, SNS를 통해 사람들에게 행복편지를 전달하며 사는 삶에 소명의식을 갖고 있었다.

5남 3녀 중 막내로서 가족 내 큰 존재감 없이 형들이 공부하는 걸 막연히 쫓아갔고, 특별히 흥미, 적성이 무엇인지 등에 대한 고민 없이 무난한 것이 좋다는 가족 규칙을 자연스럽게 받아들였다. 집 안의 기계 등을 잘 고쳐 냈기 때문에 이과에 그리고 공대에 가야 한다고 생각하고 진학했지만 내면의 적성은 문과였던 것 같다고 회상하였다. 고등학교 때 실시한 적성검사 결과에서도 문과가 나왔지만 그것에 의미를 둔 사람은 없었다. 1970년대 후반의 중동 건설 붐으로 토목과는 아주 인기 있고 취직하기 좋은 과였다. 그러나 입학 후에 자신의 가치관과 학과의 방향이 일치하지 않음을 느꼈다. 취업하면 현장에서 6개월에서 1년간 살아야 하는 것도 싫었고, 함께 어울리고 노는 학과 분위기도 맘에 들지 않았다고 한다.

김유학은 성당 주일학교 경험을 계기로 교육학에 관심을 갖게 되었다. 아이들을 좋아하고, 가르치는 것도 좋아했으며, 그러면서 자신을 돌아보게 하는 부분에 매력도 느꼈다. 제대 이후 교육학과 교수와 상담하였지만 잘 나가는 공대를 관두고 앞길이 분명하지 않은 교육학과로 바꾸는 것을 만류하였다. 결국 자신이 없어서 3~4학년때 교육학과 과목을 좀 더 들으면서 167학점(140학점이 졸업학점)이나 따고 졸업하였다. 이러한 노력은 결국 유학 때 도움이 되었다.

그는 국내 교육학대학원에 진학할 수 없어서 유학을 결정하였다. 지방의 기술 교사로 발령이 났지만 집을 떠나기도 싫었고 유학도 고려한 상황이라 포기하고 은행에 입사하였는데, 그때 같이 입사한 121명 모두 IMF 이후 퇴직하였다. 자신이 계속 그 길을 갔으면 지금 뭘하고 있을지 모르겠다면서 진로선택에서의 아이러니를 말하였다.

사람 만나는 것을 좋아한 김유학은 고객을 만나는 그 6개월간의 경험이 아주 즐거웠지만 지금과는 달리 전산 시스템이 미비했고, 출퇴근도 정확치 않은 열악한 근무환경으로 인해 유학을 주저없이 결정하였다. 대학 때 교육학과 과목을 들은 것과 교사 자격증을 취득한 것이 입학 시 작용하여 프랑스 대학에 학사편입을 할 수 있었다고 한다. 이후 학사와 석사를 마치고 국내에 교수 자리가 나서 자리를 잡게 되었다.

김유학 자신은 초·중·고, 대학교까지 특별한 우여곡절도 없었고 문제의식도 없이 그냥 지냈는데, 대학에 와 보니 그런 친구들이 너무 많아서 그 친구들한테 예방주사 놓듯이 자신이 살아온 얘기를 해 주면 도움을 줄 수 있을 거라는 확신을 갖고 아이들 진로상담을 해 주고 있다. 실제로 자신과 상담 후 진로를 바꾼 아이들이 많다고 한다.

여건이 된다면 앞으로 2~3년 내에 또 직업진환을 하게 될지도 모른다고도 하였다. 그동안 일대일로 아이들 상담을 했지만 그들에게 영향을 줄 수 있는 성인을 대상으로 영향을 줌으로써 파급효과를 키우는 것이 더 좋다는 생각이 들어 성인교육에 뜻이 생겼다.

그에게 직업은 소명(calling)이다. 잠깐 이 땅에 와서 살다 감에 있어서 존재해야 하는 이유인 것이다. 정말 인간답게 살려면 그런 내면의 목소리에 귀 기울이고, 자신에게 잘 맞는 소명을 찾아가는 것이 직업이고 일이고 삶의 여정인 것이다. 토목공학에서 교육학으로 진로를 전환한 것이 우연일 수도 있고 자신이 지향했기 때문에 이루어졌다고 할 수도 있지만 해석 여부는 차치하고 이는 엄청난 행운이고 감사할 일이며, 아주 만족스러운 여정이라고 하였다. 또한 이러한 과정을 자신이 선택하고 결정한 것도 있었지만, 아주 큰 바다를 보면 무질서 속에서 질서를 찾을 수 있듯이 자신이 지금 가는 행로에 확실히 보이지 않는 손으로 운명을 만드는 신이 함께 하신다는 확신이 든다며 '행복과 소명'을 이야기하였다.

■ 전경제의 인문과 과학의 통합

전경제는 40대 직장인으로 전공전환을 두 번, 직업전환을 한 번 하였다. 경제학에서 한의학 그리고 뇌공학으로 전환하였고, 한의사에서 연구원으로 전환하였다. 여러 번 전환한 게 자랑도 아니고, 사실 그것이 안 좋은 것일 수도 있다는 말로 인터뷰를 시작하였다. 덧붙여서 못 참고, 못 견디고, 잘 만족 못하는, 기본적으로 꾸준하지 못한 특성이 있을 거라고 얘기하며, 그렇게 많이 돌아다니고 많이 다니니까 연구 대상이 된 것이 아니냐며 반문한다. 그러면서도 자신의 진로전환 과정을 돌이켜 보면 원래 있던 길을 간 것 같고, 의도적이지 않은 우연이 사실상 그 이후에 갈 길이나 방향을 다 깔아 준 거 같다며 우연이 필연이라고 말을 맺었다.

중고등학교 때부터 원래 한문에 관심 있었던 전경제는 대학의 한문학과에 가려고 찾아봤지만 주류 대학에는 그 과가 없어서 제일 인접한 과로 경제학과에 갔다. 경세제민(經世濟民) 학과로 생각되었기 때문이다. 즉, 사대부가 글공부를 하는 최종 목적이 백성에게 무언가 혜택이 가게 기초를 세우는 것이라면 그 학문이 경제학이라 생각한 것이었다. 하지만 막상 가 보니 너무 경제 중심이라서 거의 경제사나 경제학술사를 중심으로 수강하면서 졸업을 하게 되었다.

학사를 졸업한 후 서당이라 불리는 연구소에서 수학하였다. 그곳에는 역사에 남을 만한 인물들이 있었고, 그들을 직접 만났다는 게 삶의 소중한 기회였다. 그들이 지금 자기 삶의 모델이며 지금도 선택의 상황에서 자신의 삶에 중요하게 영향을 주고 있다고 한다. 지금의 경제학은 인간이 뭐든지 합리적으로 생각하고 이익을 추구한다는 전제하에 모두를 똑같이 놓고 결론을 찾아가는 수리 모델인데, 자신은 그렇게만 하면 잘된다는 게 의심스러웠다고 한다. 전체를 좀 더 넓게 바라보는 식견을 갖춘 전문가가 자기 개인만 생각하지 말고 방향성을 고민해야 하지 않느냐고 생각했지만 그것은 모두 옛날 지배계급의 이데올로기라고 지도받았다 한다.

그가 한의학과를 다시 가게 된 것은 사상의 어떤 분위기, 어떻게 보면 과학 법칙 같은 것이 사회를 운영하는 그런 것보다 더 근원적인 것이 아닌가 하는 고민의 연장에서였다. 한편으로는 그곳에서 석사과정에 준하는 인문학 중심의 교육기관인 서당을 졸업하면 교수 아니면 학예관밖에 길이 없는데, 자격증을 가지면 경제적으로도 실제적인 문제를 해결하는 데 도움이 될 것이라는 현실적인 고려도 있었다.

졸업 이후 한의원에서 진료하는 중에 서당에서 마치지 못한 석사학위도 취득하였다. 황우석 사태를 경험하면서 줄기세포가 어떤 의미를 갖고 있으며, 과학의 주류가 어떻게 될지 비켜서 지켜보기보다는 좀 더 앞에서 바라보기 위해 카이스트의 뇌공학과에 입학하였다. 석·박사 통합과정을 마친 후 줄기세포 전문가들의 지도를 받을 기회가 있었고, 실무진과 협력 연구를 하는 과정에서 고서의 한의학 부분을 번역하게 되었다. 그는 자신이 번역한 내용 속에 5천여 개의 처방이 증상별, 약재별로 분류되어 그림과 표로 정리된 것을 목격하게 되었다. 각자 다른 배경의 전공들이 만나 놀라운 결과를 낼 수 있음을 알게 되면서, 만나야 할 것은 결국 만나게 되고 나 혼자 열심히 노력하기보다는 일이 되려면 알아서 되는 거라는 마인드가 생기게 되었다. 노력해야 할 부분과 일이 되는 과정은 전혀 다른 차원의 것이며, 가치 창출은 열심히 일해서, 즉 99에 1을 더하는 것이 아니라 전혀 엉뚱한 데서 결과가 나온다는 경험을 하게 되었다. 그러면서 그런 가능성을 높이는 것이 교육이 가야 할 방향이 아닌가 하는 생각을 하였다.

뇌공학을 전공하여 졸업한 후 문헌 연구, 실험 연구, 의료 연구, 임상 연구가 모두 가능한 곳이 한의학 연구원이었고, 자신은 이미 그런 것을 통합하여 왔기 때문에 서로 상승 효과를 내서 무언가 폭발력 있는 것을 만들어 낼 수 있을 거라 판단하였다고 한다.

■ 이여행의 가지 않은 길 위에서의 프로 되기

이여행은 50대 직장인으로 천문학에서 경영학으로의 전공전환을 한 번, 직업전환을 네 번(은행원, 여행사, 생명보험 회사, CEO, 글로벌 인재경영원) 하였고, 또 한 번의 진로전환을 앞두고 있다. 프로가 되는 것이 직업목표인 이여행은 고등학교 때 수학을 잘하고, 물리가 재미있었으며, 외우는 것을 싫어했다. 이에 따라 이과를 선택해서 물리학자를 꿈꾸었다. 부모님이 법대 가기를 권유할 때 자신이 좋아하는 것을 하겠다고 단호하게 거절했지만 부모님의 소망을 들어드리지 못한 걸 굉장히 후회한다고 하였다.

대학교 2학년 때 전공을 정해야 하는데 규정을 모르고 준비가 되지 않은 상태라서 성적이 모자랐다. 그래서 유사 학과인 천문학을 선택하게 되었는데 자신은 밤새워 하늘을 관찰해서 연구하는 걸 좋아하지 않는다는 것을 깨달았다. 친구와 어울려 놀기 좋아하고 관계를 더 재미있어 하는 사람이라는 걸 알게 되었는데, 경영학과 교양수업 중 마케팅 수업에서 눈이 번쩍 뜨이는 경험을 하게 되면서, 부전공으로 경영학을 택하게 되었다. 졸업 후 더 깊이 있는 공부를 하겠다고 맘먹고 경영학대학원에 진학하였다.

그는 삶을 여행처럼 살고 여행을 삶처럼 살기 위해 여행 동아리 활동을 했고, 그 활동을 통해 획득한 삶의 자산을 강조하였다. 사회생활에서 인간관계를 맺지 않고는 살 수 없고 어떤 조직이라도 리더십이 필요한데, 그 리더십을 학교가 아닌 동아리 활동에서 얻을 수 있다고 믿었다. 졸업 후 표준화된 시스템으로 돌아가는 은행에서의 경험이 이후의 일에서 표준으로 작용하는 것을 보고 첫 직장이 가진 의미를 깨닫게 되었다. 하지만 능력 발휘의 기회가 별로 없는 곳이며 자신에게 경쟁력이 없다고 판단하여 공군장교 시험을 봐서 입대하였다.

천문학을 전공한 이력이 군에서 기상예보 업무로 이어졌으며, 이른바 통밥을 배우게 되었다. 물론 군생활에 불만도 많았지만 부족한 자료와 정보, 불확실한 근거를 가지고 결정해야 하는 상황에서 갖게 되는 문제해결력은 군생활 3년의 선물이었다. 물론 체력도 더불어 온 선물이었다. 군 제대 후 취미도 즐기면서 돈도 벌 수 있는 직장인 여행사에 들어갔지만 생각과는 달리 특정 분야의 심부름 센터라 느꼈다. 우연한 기회에 선배 소개로 외국계 회사 입사를 권유받게 되었고, 10년간 외국계 생명보험 회사에서 창립부터 죽 일하였다. 그동안 선진국의 지식과 기술, 기업 가치나 윤리 마인드를 배울 수 있었다.

교수인 아내의 안식년을 함께하기 위해 회사를 그만둔 것도 또 다른 기회를 갖기 위해서는 지금 손에 잡고 있는 것을 한번 놓아보자는 판단에서였다. 그렇게 해서 미국에서 1년 생활한 이후 후배가 차린 벤처 회사의 부사장으로 합류하게 되었고, 19명 규모의 회사를 85명의 규모로 확장하였다.

현재는 선배들과 함께 후배를 양성하는 교육사업을 하고 있는데, 고등학교 때 아버지가 돌아가신 후 겪었던 경제적 어려움을 토대로 전교생이 장학생인 학교를 설립하고자 하는 꿈을 실현할 수 있는 새로운 기회라고 느끼고 있었다. 이여행은 천문학을 통해 사고의 틀을 배웠고, 무엇이 중요한지 핵심을 찾는 훈련 그리고 상상의 날개를 펴는 경험을 할 수 있었으며, 경영학을 통해 체계적인 사고법과 개념 정리, 삶의 문제는 옳고 그름의 문제가 아닌 선택의 문제임을 배울 수 있었다고 한다. 가지 않은 길에 대해 아쉬움과 미련은 있지만 지금 이 순간에는 끊임없이 새로운 길을 가며 자신을 프로로 만들기 위해 산다고 하였다.

■ 양철학의 기성복에서 맞춤복으로

양철학은 50대 직업인으로 회계학을 공부한 후 대기업에서 중소기업 그리고 개인사업으로 전환하였고, 사업에 필요한 토목공학과에 학사 편입하여 이를 다시 전공한 연구 참여자이다. 유수한 대기업을 포기하고 일찍이 개인사업을 성공시킨 양철학은 진로전환 이후 21년간 한 직종에서 매진하였지만 필요에 따라 전환하는 것이 적응적이라고 느끼고 있었으며, 또 다른 전환을 꿈꾸고 있다.

양철학의 부친은 세상에서 선생을 최고로 알았다. 그래서 자신에게 교사를 권하였지만 자신은 그것이 별로였기 때문에 합격했음에도 이를 포기하였다. 선생님에 대한 이미지가 별로 안 좋았기 때문이었다. 상고를 나와서 숫자 개념이 빨랐기에 회계학과를 선택하였는데, 부모님과는 교직이수를 조건으로 입학을 승낙받았다. 장남에 대한 확고한 철학이 있는 부모님으로 인하여 돌아가실 때도 불편한 감정이 있었고, 갈등으로 인해 많이 괴로웠다고 한다.

졸업 후 사립 중학교의 취업 권유를 거절하고 대기업에 입사하였으나 군면제로 나이가 적다 보니 동기들과 관계 맺기가 상당히 어려웠다. 지방에서 6년 동안 직장생활을 하는 중에 영업, 대리점, 경영관리 일 등을 하면서 지방의 지주들을 만나고, 그들의 마인드를 배우면서 목표도 수정되었다. 대기업이 월급도 좋고 맡은 업무도 만족스러웠지만 동기들보다 어려서 진급상 불리할 거라 판단했다. 이후 창업을 준비하였지만 실패할 가능성이 높다는 지인들의 조언을 받아들여 직원이 8명인 전기공사 업체에 취직하였다. 그곳에서 입찰, 경리, 노무대장, 세무서 관련 모든 일을 경험하였는데, 이러한 내용은 대학에서는 결코 배울 수 없으며 도제교육으로 배워야 하는 것이었다. 직장생활을 하다가 개인사업을 한 것은 큰 전환이었는데, 결국 살아가는 방법을 찾는 것이었다고 생각하였다.

기성복을 사 입는 것이 옛날이었다면, 맞춤복을 맞춰 입어야겠다는 생각을 하고 수선하면서 내 몸에 맞는 것으로 전환해야겠다는 목표를 갖게 되었다고 한다.

차차 중소기업의 작은 부분을 떼어 받으면서 부분적으로 독립하기도 하였지만 자기 사업을 하는 입장과 고용되는 입장이라는 이중관계에서 어려움을 겪던 차에 일본 출장길에서 획기적인 사업 아이템을 발견하게 되었다. 밤에 하수구 치우는 한국 유학생의 아르바이트 장면을 목격하면서 이에 호기심을 갖게 되었다. 당시 아파트 20채 값에 해당하는 고가 장비를 구입해야 했지만 이런 장비 판매 실적이 필요했던 회사와 합작하여 10채 값에 해당하는 가격으로 구입을 하였다. 이후 안정적인 성장이 가능해졌고, IMF 이후 경쟁이 심해졌지만 잘 유지하기 위한 노력을 기울이고 있다고 하였다.

그는 원래 회계학을 전공하였지만, 토목 분야의 사업을 하고 있기 때문에 전문용어라도 알아듣고 이해해야 해서 야간대학에 편입해서 토목을 공부하였다. 차츰 회사를 정리하는 쪽으로 방향을 잡아서 기술사 자격증을 따면서 계속 한 걸음씩 준비를 해 가고 있었다.

양철학은 일에 있어서 직업관을 매우 중시하였다. 사업을 하는 사람은 돈에 대한 철학이 확실해야 하며, 긍정적으로 무엇인가 해보겠다는 태도상의 작은 차이가 인생에서 큰 차이를 낳는다고 생각하였다. 아주 어렵더라도 그 일을 재미있게 할 때 주위의 도움이 돌아오는 경험을 하였고, 현장에서의 성실한 태도가 영업으로 이어졌다고 한다. 또한 자기 그릇의 크기를 알아서 분수에 맞는 만큼의 사업을 유지하는 것이 성공의 비결이라고 했다. 3할의 노력으로 10할을 이루려는 욕심을 버려야 하고, 큰 파이 조각을 같이 나누어 먹어야 하는 페어플레이 정신이 필요하다고 하였다. 또한 자신의 호기심이 자신이 찾는 길을 안내한 것 같다고도 하였다.

양철학은 앞으로 자신의 삶에서 터닝 포인트를 준비하고 있는데, 지금 일에서 소진되면 다음 일을 못한다고 하였다. 체력과 열정의 종잣돈을 남겨 놓고 다음 일은 혼자 할 수 있는 것, 좋아서 할수 있는 것, 남한테 절대 피해 안 주는 것, 경쟁 없는 것을 하고 싶다고 하였다. 기회는 늘 우연히 찾아오듯이 자신에게 또 다른 기회가 찾아올 거라고 믿으며, 판을 바꿔야 또 다른 기회가 생긴다고 하였다. 한 업종에서는 생각하는 것이 한정되어 있기 때문에 판이 바뀌지 않으므로 완전히 판을 뒤집어야 하고, 그러려면 많은 것을 내려놔야 한다고 하였다. 결국 전환한다는 것은 자신의 의지가 있고 그 의지를 행동화하는 것인데, 이에는 자기 나름의 철학이 확실히 있어야 한다고 보았다. 직업의 만족감 없이는 행복할 수 없는데, 이는 자기 문제일 수도 있고 직장의 구조적 문제일 수도 있다. 자기 문제라면 얼른 직업을 바꾸면 되는데, 용기가 없어서 결단을 못 내리는 사람들이 주류라고 보았다.

■ 김백수의 나를 찾는 여정

김백수는 50대 직업인으로 두 번의 전공전환과 세 번의 직업전환을 하였다. 건축학에서 전산학, 한의학으로의 전환 그리고 증권회사, 개인 한의원 경영, 체인 한의원 취업, 연구원을 거쳐 다시 개인 한의원 운영으로 지속적인 전환이 있었다. 개인적인 활동으로 정치에 관심을 갖고 인터넷 매체를 통해 정치에 참여하고 있으며, 책을 집필하는 활동 등 직업 외의 활동에도 다양하게 참여하고 있었다.

그는 체제 저항적이거나 순응적이지 않은 중간 지대가 좋았기 때문에 1970년대 당시 분위기를 좇아 '직업은 돈벌이다.'라는 생각으로 공대에 갔다. 그러다 보니 사람 냄새가 나면서 관심도 있었던 심리학과 철학을 대체할 수 있다고 보아서 건축학과를 선택하였다. 졸업 후에는 직업과 삶을 분리시키고 돈을 많이 벌기 위해 중동에 나가려고 건설회사에 취업하였지만 2~3년 동안 사무실에서 견적만 뽑아야 한다는 사실을 알고 졸업을 연기한 후 과학원 전산학과로 입학하였다.

졸업 후 대학교수를 희망했지만 산학 협동의 취지만을 강조하는 당시 상황에 좌절하였고, 직장이 재미있는 일만 하도록 두질 않아서 친구와의 만남을 계기로 광고 회사 일을 하게 되었다. 1년 만에 회사가 망하면서 하고 싶은 것과 일은 구분해야 한다고 생각하여 떠올린 것이 한의학이었고, 자율성을 보장받을 수 있는 직업으로 생각하였다.

졸업 후 최소 투자로 개원했지만 현실적으로 경제난을 경험하면서 덫에 갇힌 느낌을 받게 되었고, 정치적인 활동에 관심을 갖게 되었다. 하지만 무리한 인터넷 누리꾼 활동과 그동안 누적된 피로로 결핵에 걸려 한의원이 망했고, 체인 병원에 취업하게 되었다. 하지만 체인 병원의 표준 시스템은 공포 마케팅이라는 개인적 신념이 본사와 갈등 구조를 낳아 결국 요양을 하게 되었고, 다시 한의학 연구원으로 일할 기회를 갖게 되었다. 연구원 생활은 계약직으로 시작했고, 2년 후 정규직으로 전환할 예정이었으며, 한의학 임상도 알고 연구도 할 수 있는 사람이 되어야겠다는 일종의 의무 감에서 택한 선택지였다. 많은 재미와 보람도 느꼈지만 정규직 전환을 하지 않고 경제적 문제를 해결하기 위해 1년을 체인 병원에 취업하다가 다시 개원한 상태였다.

김백수는 직업을 통해 어떤 보람을 느끼지 못하는 생활은 굉장히 견디기 힘든 것 같다고 말한다. 의미 있는 인간이 되기 위해 일과 자신이 찾는 의미의 결합도가 사람마다 다른데, 자신은 교사나 학교를 통해 사회에 대한 불신이 컸고, 그러다 보니 삶의 보람이나 의미가 일과 분리되어 왔다는 것이다. 계속 분리된 선택에서 지속적인 진로전환이 있었고, 이를 비슷하게 일치시킨 것이 한의학을 선택한 것이었다. 일에 있어서의 재미, 의미, 돈 그리고 사회에 대한 태도, 이런 것이 진로를 결정하는 데 중요한 요인이 되었던 것 같고, 자신의 존재감이나 의미를 가장 강렬하게 느낄 수 있는 소명의식을 갖고 일을 찾아 하는 것이 진정한 삶의 의미이며 진로의 의미라고 생각하였다.

(2) 첫 직장까지의 전환 양상

남성 직장인들의 진로전환 경험을 시간적 연계에 따라 크게 4단계로 구분하여 진로전환 양상을 살펴보았다. 첫 번째 단계는 대학입학 이전 시기이며 두 번째 단계는 대학 재학기간, 세 번째 단계는 대학 졸업 이후 첫 직장까지의 시기, 마지막 단계는 첫 직장 이후의 시기이다. 이러한 시기에 이루어진 여러 번의 진로전환 과정을 살펴보았다.

■ 대학 입학 이전

대학 및 전공의 선택은 매우 중요한 진로 사건이며 진로선택이다. Super의 발달 단계로 보면 이 시기는 성장기에서 탐색기로의 전환 시기이며, 진로 자아개념이 발달하고 각 단계별 발달 과업을 완수해야 하는 시기이다. 본 연구의 참여자들은 그들의 선택에 영향을 주는 다양한 맥락적 요소를 제시하였다. Amundson, Harris-Bowlsbey와 Niles(2005)는 내재적 변인과 외재적 변인들이 포함된 다변인 간의 상호작용에 의해 직업발달과 직업선택이 이루어진다고 보았다. 그들이 제시한 내재적 변인에는 욕구, 지능, 흥미, 가치, 적성 등이 속하며, 경제, 공동체, 사회, 또래 집단, 노동시장, 과학기술, 사고방식과 직업 변화는 외재적 변인에 포함된다.

5명의 참여자 중 흥미를 중심에 두고 전공을 선택한 경우는 없었다. 전경제만이 한문에 대한 관심을 표현했지만 결과적으로 그쪽 방향의 전공을 선택하지는 않았다. 양철학의 경우에는 수에 대한 적성을 고려하여 회계학과에 갔고, 수학과 물리를 재미있어했기 때문에 물리학과를 간 이여행과 전반적인 교과 성적을 토대로 토목공학을 전공한 김유학의 경우는 교과 성적을 적성을 판단하는 기초로 삼았다고 할 수 있다. 김백수의 어릴 때 관심사는 사람으로 심리학이나 철학을 하고 싶었지만 그 공부를 해서 먹고살 수 있다는 보장이 안 되던 시절이라 포기하였다.

1970년대와 1980년대에 고등학교를 다녔던 중년 남성들은 진로선택을 고려할 때 단순하게 내적인 요소만을 중심에 두지는 않았다. 경제성장이 활발하게 이루어지던 시기였기 때문에 오히려 개인 외적인 요소라 할 수 있는 정치, 경제 상황, 학교의 교육목표,

부모나 교사 등 타인의 지도가 더 중요한 변인이었다. 박정희 시대의 조국 근대화 분위기가 성적 좋은 학생들을 이공계로 몰아갔고, 중동 건설 붐이 토목공학의 길로 이끌기도 하였다(김유학). 물론 때때로 그때의 선택이 과연 옳았던 것인가에 대해 스스로 회한 섞인 시선을 보내기도 하지만(이여행, 양철학), 시대적 맥락과 개인심리적 요인 간에 어떠한 결합이 진로전환을 이끌었는지는 보다 심층적인 추적을 필요로 한다. 전반적으로 이들의 삶에서 보이는 것은 전통적인 진로이론이 가정하고 있는 개인심리적 변인 중심의 행동보다는 사회 맥락적 요소의 영향이다. 따라서 '난 내가 원하는 일이라면 뭐든지 할 수 있어.'라는 낙관주의의 최면 상태보다는 '할 수 있는 만큼 하지만, 아닌 것은 하늘에 맡기고 운명에 순응하며 기회가 올 때까지 기다린다.'는 절제된 인내심이 현대의 진로 현실에 보다 적합한 모토가 아닐까 싶다.

■ 대학 입학에서 졸업 이전까지
대학에서의 전공 수학과정은 한 분야의 전문 지식을 쌓아 가는 과정이며 이후 진로의 토대를 마련하는 아주 중요한 과정이다. Super(1980)는 이 시기를 청소년과 젊은 성인들이 시험적으로 자신의 직업적 환상을 일, 학교 그리고 여가활동을 통해 테스트하기 시작하는 탐색기로 보았다. 이 단계의 후반기에 개인은 직업이나 이후의 전문적인 훈련을 선택함으로써 직업적인 선호도를 견고화하기 시작한다.
진로전환을 경험한 5명의 직장인은 모두 이 시기를 부정적으로 인식하였다. 선택한 전공에 대한 만족감이 없었기 때문에 대

안적인 해결 방법을 찾거나 회피적인 전략으로 이에 대처하기도
하였다.

> 토목과를 졸업하고 취업해서 나가 사는 선배들의 모습을 보니
> 까 집을 떠나 현장 중심으로 오랜 기간 나가 있어야 되니까 그런
> 것도 싫고, 또 부어라 마셔라 그렇게 하는 것은 정말 싫거든(김
> 유학).

전공을 결정하고 진학한 이후에 나타난 현실적인 문제들을 인식
하면서 진로를 어떻게 탐색하고 그 문제들에 어떻게 대처하며 진
로를 전환해 갔는지를 주목할 필요가 있다. 참여자들은 적극적으
로 자퇴를 하거나 전과를 하기보다는 타협점으로 타전공 과목을
듣거나(김유학), 접점으로 보이는 건축학을 전공으로 택하였다(김
백수). 또한 주전공에서 제공하는 교직이수를 통해(양철학) 이 문제
를 해결하기도 하였다. 이러한 특성은 일종의 부적응적 적응으로
이해할 수 있다. 부적응적 적응이란 자신의 기대에 적절하지는 않
지만 현실에 순응하는 행동양식이라 할 수 있다.

진로전환을 주제로 한 대학생 대상 연구들을 보면 다수의 학생
이 편입을 꿈꾸거나 부전공, 복수전공 등을 선택함으로써 주전공
에 대한 불만족을 해소하려는 경향을 보였다(김성식, 2008; 이세정,
2000). 이는 1970~1980년대 대학생의 모습에서 볼 수 있는 것과
별반 다르지 않은 행동방식이다. 현실의 틀에 갇힌 20대는 그 틀을
탈피하기보다는 그 틀 안에서 대안을 모색하기 때문에 또 다른 어
려움을 만나게 되고, 이는 어쩌면 최종적으로 입직 이후의 삶에서

또 다른 전환을 만든다고 할 수 있다. 그렇다면 대학과정에서 적극적인 선택이 가능하면 입직 이후에는 진로전환이 줄어들까? 이에 대한 답은 다음 절에서 찾아보자.

■ 대학 졸업 이후 첫 직장까지

연구 참여자들의 대학 졸업 이후 행로는 크게 두 가지로 구분된다. 하나는 취업 현장으로의 이동이고, 다른 하나는 심화학습 과정으로의 이동이다. 양철학과 김유학은 취업 현장으로 바로 이동한 사례이고, 이여행과 전경제는 대학원 진학의 길을 택한 사례이다. 하지만 두 유형 모두의 종점은 진로전환이었다. 취업 현장을 택한 이들도 사회경제적 요건과 인간관계의 갈등, 근무 조건상의 문제로 인해 직장을 그만두게 되었고, 학업의 길을 택한 이들도 동일 전공의 대학원 과정이 아닌 다른 전공의 학위과정으로 진학하였기 때문이다. 어찌 보면 이들의 선택은 고학력 대졸 직장인이었기 때문에 나타난 것으로도 볼 수 있다. 생애사를 통한 직업전환 경험을 연구한 박재홍(1999)의 논문에서는 40세 이상의 남녀의 생애경로 유형이 학력을 기준으로 양분되고 있었다. 손유미(2000)의 연구에서도 학교에서 노동 현장으로의 이행 시기에 있어서 학력에 따른 직업경로 분절 현상이 나타났고, 결과적으로 직업과 학습 기회와 지향의 차이를 이끌었다.

Skovholt(1990)는 젊은 남자들은 첫 번째 직장을 통해 진로 자아개념을 만들어 가기 시작하며, 직업은 남성의 삶에서 지배적인 주제가 되어 간다고 한 바 있다. 결국 남성 자아개념의 상당 부분은 최고 위치에 서는 것과 연관되지만, 불행하게도 그 가능성은 높지 않고 자리 또한 많지 않기 때문에 젊은 남성들의 진로 자아 개념은 훼손될 여지가 많다. 특히 고학력 남성들의 삶은 이런 점에서 더욱 곤란하고, 힘든 여정이 될 예정인 것이다. 이런 점에서 Super(1980)가 제안한 확립 단계(25~45세)의 의미는 전근대적이며, 남성의 성역할 특성을 반영하지 못한다고도 할 수 있다. Super는 이 시기에 진로선택이 안정되고 선택된 분야에 진출하게 되며, 정착, 공고화, 발전의 발달 과업을 수행하게 된다고 보았다. 하지만 적어도 본 연구의 참여자들에게는 여전히 이 시기가 불안정하고 불확실한 선택의 시기이며, 선택에 대한 답을 얻지 못한 시기라 할 것이다.

(3) 첫 직장 이후의 진로전환

개인사적 측면에서 앞의 세 단계의 양상을 해석하였다면, 첫 직장 이후의 진로전환에 대해서는 Schlossberg의 전환모형에 근거하여 해석하고자 한다(Schlossberg, Goodman, Anderson, 2012). 이들의 모형은 전환 상황에 처한 내담자들의 적응성에 따른 개인차를 이해하기 위한 틀이다. 이 모형은 전환의 정의와 과정을 통한 전환 접근과 4S를 통한 대처 자원의 재고 탐색, 그리고 자원을 강화하며 충전하는 과정으로 구성된다. 본 연구에서는 전환에 대처하기 위한 개인의 능력에 영향을 주는 4개 요소를 중심으로 전환과정을 살펴보았다. 우선 4개의 요소에는 첫째, 무슨 일이 일어났으며 '전환을 유발하는 다양한 스트레스원은 무엇인가?'에 대한 답인 상황(Situation)요인, '누구를 위해 그 일이 일어났는가'에 대한 답인 자기(Self)요인, '무슨 도움이 가능한가?'에 대한 답인 지지(Support)요인,

'어떻게 대처하는가?'에 대한 답인 전략(Strategy)요인이 해당된다. 이를 통칭하여 4S 체계라 하는데, 이는 복잡한 진로전환 양상의 맥락을 다양한 요소로 구분하여 살펴볼 수 있는 개념틀이다. 이를 통해 진로전환 경험에서 무엇이 발생했고, 이를 유발한 이유가 무엇이었으며, 타인과 어떠한 상호작용을 하면서 발생했는지, 그리고 그에 어떻게 대처했는지를 살펴볼 수 있다.

■ 자기지각

자기(Self)지각은 개인이 가진 심리적 특징으로서, 자기 자신에 대한 느낌, 삶에 대한 적응성, 자기효능감, 의미부여와 같은 내담자의 내적 세계에 대한 정보를 말한다. 다시 말해, 자신이 갖고 있는 자기통찰, 낙관성, 긍정성, 스트레스 대처 능력, 자율성, 유연성, 감정 조절, 신체 자각, 단점 극복, 자존감 등이다.

자기통찰은 자신의 흥미나 가치관, 목표, 욕구 충족 등 자신에 대해 지각하는 정도를 말한다(Anderson et al., 2012). 인간은 부, 명예, 권력 등 나름대로 여러 가치를 추구하면서 살아가는데, 이는 직업을 통해 성취 가능하다. 즉, 직업은 개인이 바라는 여러 가지를 실현해 주는 수단이 된다(김봉환, 정철영, 김봉석, 2000). 김백수는 직업이 자신의 욕구를 충족시켜 줄 수 있을 것이라는 자기통찰을 통해서 최종적으로 직업을 선택하였다.

양철학은 호기심 많은 자신의 특성을 알고 있어서 길을 가다가도 자신과 잘 맞을 만한 일에 관심을 가짐으로써 진로를 전환할 수 있게 되었다고 한다. 전경제는 한문을 잘하는 자신의 재능을 한의학을 잘할 수 있다는 자신감으로 전환하였다.

Heppner(1998)는 성인의 진로전환 과정에서 경험하는 심리적 자원과 장벽을 평가하기 위하여 **진로전환검사**(Career Transition Inventory: CTI)를 개발하였다. 이 검사는 진로전환 단계에 있거나 계획하고 있는 사람에게 영향을 주는 다섯 가지 하위 요인, 즉 준비도, 자신감, 통제감, 지지, 독립성을 측정한다. 자신감은 진로를 전환하게 하는 하나의 요소이다. 중년기 남성 직장인은 자신의 흥미나 욕구 충족, 성취감, 재능, 호기심, 자신감 등에 대해 자기통찰이 일어나고, 그에 따라 진로전환을 모색하였음을 알 수 있다.

자기통찰이 자기요소 중 인지적인 부분이라면, 감정적인 부분으로는 감정 조절요소가 있다(Anderson et al., 2012). 감정 조절은 자신의 감정에 대한 깊은 탐색과 이에 대한 조절 능력에 대한 지각요소로, 양철학은 대기업에서 부딪히는 상급자와의 감정 조절에 어려움을 겪은 것이 촉발요인이 되어 퇴직을 결심하였다.

저도 A형이라서 굉장히 소심해요. 소심하다 보니까 굉장히 철저하게 준비라면 준비이고, 제 상황에 대해 많은 판단을 했죠. 많이 생각했는데 실제적으로는 그만둘 때는 제가 욱하는 성질에 나왔어요. 새로 제 상관이 왔는데 저랑 너무 다른 거예요(양철학).

또한 김백수는 자신의 내면에 자리 잡은 수치심, 굴욕, 무의미함, 무너진 자존심 등의 감정을 지각하고는 진로전환을 하였다.

이 체인 병원의 틀에 맞춰서 진료를 할 수밖에 없어서 욕을 먹어야 한다는 것은 진짜 자존심 상하거든요. (중략) 경제적인 일이

굴욕이나 수치감이나 이런 것이 돈으로 바뀌는 그런 형태의 감정
노동의 직업이 나는 굉장히 싫었거든(김백수).

이와 같이 자신의 감정에 대한 지각이 직장을 전환하게 하는
한 요소이며, 직장에서 느끼는 감정과 이를 조절할 수 있는 상
태에 따라 진로전환이 모색됨을 알 수 있다. Heppner, Fuller와
Multon(1998)도 신경증, 개방성이 진로전환에 중요한 영향을 미치
는 심리적 특성이며, 진로전환 요인 중 자기지각 요인이 성격 특성
을 잘 예측하고 있음을 밝힌 바 있다.

긍정적인 특징에 대한 지각만이 아니라 단점에 대한 파악도 중
요한 자기지각의 요소이다. 자신의 능력이 부족함을 판단하고 이
를 수용함으로써 진로선택이 달라질 수 있다. 이여행은 금융권에
대한 경험이 차후 기업생활을 하는 데 도움이 될 것 같아 은행에
취업했지만 은행 업무에는 자신이 무능하고 경쟁력이 없음을 확인
한 후 진로전환을 모색한 바 있다.

정해져 있는 시스템에 의해서 정해진 절차에 의해서 일을 해야
되기 때문에 그 안에서는 내가 내 능력을 발휘할 기회가 별로 없
었던 것 같아요. 그래서 이곳은 내가 일할 곳이 아니구나, 내가 경
쟁력이 없는 데구나. 일반 상업고등학교만 나와도 암산을 굉장히
잘해요. 그 사람들은 딱 하면 딱 나오는데 저는 계산기 갖다 놓고
한 번 두드리고 두 번 두드리고 계산해도 숫자 안 맞고. 밤 새워야
되고. 이게 경쟁력이 없는 거예요. 여기서는 내 능력을 발휘할 데
가 없는 것 같고, 거기서 시키는 일은 다른 사람들이 더 잘하더라

는 거예요(이여행).

마지막으로 자기지각의 한 요소인 **자율성**은 근무환경 속에서 자신의 자율성과 주도성이 제기되는 것에 대한 지각으로 Heppner의 검사에서는 독립성 요인과 의미가 같다. 이는 개인주의를 반영하는 특성일 수 있으며, 영리를 추구하는 고용주와의 갈등을 표현한 것일 수 있다. 김백수는 체인 병원에 고용된 상태에서 자신의 진료 스타일로 운영할 수 없었으며, 그것이 진로전환의 계기로 작용하였다.

> 내가 하고 싶은 내 스타일로 진로를 끌고 갈 수 있다는 것, 남의 터치를 안 받는다는 것. (중략) 내가 체인병원의 틀에 맞춰 다운그레이드해서 그것을 맞추는 것은 정말 괴로운 일이거든요(김백수).

Schwartz(1982)는 의미 있는 노동은 자율적 삶에 이바지하는 일이라고 하였다. 자율적으로 산다는 것은 자신의 목표를 달성하기 위한 효율적인 방책들을 기획하고 그에 따라 행위하는 삶을 의미한다(고현범, 2011). 이러한 자율성의 추구는 의미 있는 노동, 의미 있는 삶을 추구하게 하며, 결과적으로 진로전환을 이루게 하는 요소로 작용한다.

■ 상황

상황(Situation)지각은 전환 상황에 대한 그 자신의 통제감, 사건이 일어난 시기 혹은 전환 상황 그 자체에 대한 개인의 지각을 의미한다. 이는 상황을 지각하고 그에 대해 판단하는 과정으로 근무환경, 가정환경, 사회환경, 경제적 여건, 발생 시기, 전공이나 직업 특유의 상황, 건강 상태, 실직이나 퇴직에 대한 판단, 미래 예측 등을 말한다(Anderson et al., 2012).

진급, 업무량, 급여, 출퇴근 여건, 가치관 일치 여부, 지위관계 등에 대한 지각이 근무환경에 대한 상황 지각에 속한다. 김유학의 경우 대학 졸업 후 첫 직장인 은행에서의 열악한 근무환경 경험이 교육학으로의 전환을 결심하는 데 촉매제가 되었다.

> 토목과를 졸업해서 취업해 나가서 사는 사람들의 모습을 보니까 일단 집을 많이 떨어지고, 현장 중심으로 6개월, 1년씩 가야되니까 그런 것도 싫고 (중략) 고등학교를 가려면 거기가 시골이고 하숙도 해야 되고 그래서 포기하고, 유학 가기 전에 그게 혹시 연기되거나 그럴지 모르니까 **은행에 들어갔어요. 은행은 집에서 출퇴근이 가능한 거였고(김유학).

양철학도 동기와의 많은 나이 차이로 인해서 진급상 불이익을 감당하기 힘들었고, 여타 조건은 만족스러움에도 불구하고 진로전환을 모색한 사례였다.

> 제가 동기와 너무 나이 차이가 나는 거예요. 동기로서 잘 취급도 안 해 주려고 하고 저도 접근하기가 굉장히 어려운 상태였고 (중략) 내가 계속 있을 때 앞으로 진급을 할 때 딱딱 안 될 것 같다는 생각. 진급이야 되겠지만은 남들보다 나이가 어리다 보니까 결

국은 밀릴 것을 기정화시키는 것도 있고(양철학).

김백수 또한 본사와의 갈등을 유발하는 체인 병원에서의 근무 환경, 즉 불필요한 시스템 도입이나 환자 마케팅 전략 등을 적용해야 하는 것 등이 자신의 가치에 맞지 않다고 지각하였고, 2차 취업한 개인 병원에서의 근무환경 역시 나이 어린 원장과의 지위문제로 어려움을 느끼고 진로를 전환하였다.

경제적 상황요소는 진로전환 과정에서 작용한 생계 유지 요소에 해당하며, 자신 및 가족의 경제적 문제를 해결하기 위한 지각이 진로전환에 작용하고 있음을 알 수 있는 요소이다(Anderson et al., 2012). 장남이었던 양철학은 부친의 병환으로 인해 가정에 경제적 어려움이 닥치자 월급쟁이로는 이를 해결할 수 없다는 지각이 진로를 전환하게 하였고, 김백수는 가족의 생계를 위하여 한의학으로 전환하고 졸업 후 경제적 어려움으로 인하여 여러 번 진로전환을 하게 된 것이다.

나이나 가족이나 애들 키우는 것을 생각할 때, 이제 더 이상 돈을 벌어 놓고 내가 하고 싶은 것을 한다는 것은 안 된다. 그래서 그때 마지막으로 생각한 게 한의학을 생각한 거예요. (중략) 그런데 개원하고 한의사가 되었는데도 경제난이 계속되니까 집사람도 힘들어하고, 그러니까 나도 반 우울증 상태로 가. 그게 또 경영에 영향을 미치고, 그러니까 더 힘들어지고……(김백수).

스트레스 조절은 자신이 스트레스를 느끼고 있음에 대한 지각요소로 대다수의 현대인이 직장에서 스트레스를 경험하고 이를 인내하거나 전환의 요소로 삼을 수 있음을 알 수 있다. 양철학은 사회적으로 인정받는 대기업에서 자신이 느끼는 스트레스를 지각함으로써 진로를 전환해야겠다는 적극적 추구 방식을 선택하여 진로전환을 하였다.

> 남들이 보면 그렇게 좋은데 왜 그만두느냐, 월급이 적냐, 사회적으로 보면 좋은 직장이라고 그러는데, 본인이 느끼는 것은 사회에서 보는 눈하고 다르잖아요. 제 성격상 아침에 갈 때마다 괴로운 거예요. 출근하는 것이 떠밀려 가는 거 같아요(양철학).

사회 분위기 또한 진로전환에 영향을 미침을 알 수 있었다. 전경제는 인문학계 분위기가 정신보다는 인체, 물리에 근원적 원리가 있음을 고민하는 상황에서 한의학으로 전환하였으며, 한의원에서 근무하다가 줄기세포 등의 주류를 타기 위해 또다시 뇌공학으로의 전환을 이루었다.

■ **지지와 전략**

지지(Support)요인은 진로전환을 하는 동안 이용할 수 있는 자원, 즉 가족이나 동료, 고용기관 등으로부터 충분한 관심과 지원을 받고 있다고 지각하는 이해 수준을 의미한다. 이여행은 선후배의 소개 및 부탁을 받고 여러 번의 진로전환 계기를 갖게 되었으며, 김유학은 친구가 다니는 대학의 교육학 교수와의 상담을 통해 미래에 대한 청사진을 가질 수 있게 되었다. 양철학 또한 직장에 다닐 때 관계 맺었던 지인의 영향으로 사업을 하는 데 많은 도움을 얻을 수 있었다. 이와 같이 친구나 선후배, 교사, 지인 등의 권유와 지지는 50대 직장인들의 진로전환을 가능하게 만든 중요한 동인이었다.

이러한 지지요인은 사회인지적 진로이론에서 상당히 중요하게 다루는 요인이다. Lent, Brown과 Heckett(2002)이 제안한 선택모형에 의하면 개인의 직업적 흥미가 진로 목표와 실천으로 연결될 수 있는 최적의 환경(맥락)에 놓일 때 이 연결고리가 활성화된다. 이를 활성화시키거나 방해하는 요인들을 근접 맥락요인이라 하는데, 이에는 사회적 지지와 진로장벽이 속한다. 이들 모두 객관적인 변인이라기보다는 주관적인 인식의 결과이다. 선택하고 이를 수행하기 위해서는 우호적인 조건들을 만나야 하는데, 연구에 참여한 진로전환자들 다수는 주변에 자신의 불안정한 선택, 불확실한 결정에 대해 도움을 주고 격려해 주는 누군가를 갖고 있었다는 특징을 보인다. 이러한 지지요인은 개인의 노력에 의해 만들어지기도 하지만 때로는 우연적인 사건들에 의해서 그리고 우연히 접한 대중매체의 프로그램 등을 통해서도 가능하다는 것이 손은령(2012)의 연구에서 이미 드러난 바 있다.

또한 전략(Strategy)은 협상하기와 조언 구하기와 같이 개인이 전환 중에 끌어낼 수 있는 다양한 대처 기술을 의미한다. 이는 단순히 주어진 환경과 상황에 맞추어 행동하는 게 아니라 자신의 목표를 달성하기 위한 효율적 방책들을 기획하고 그에 따라 행위하는 삶을 의미하는 것이다(고현범, 2011). 김유학은 비동일계로의 진학을 위해 과다 학점을 이수하고, 교사 자격증을 따면서 교육학으로의 전공전환을 위해 노력하였다. 양철학은 특장차 구입을 위해 특장차 판매 실적이 필요한 회사와 상생하는 전략을 구사하였고, 이를 통해 공동으로 거액의 특장차를 구입할 수 있었다.

이 특장차는 실적이 있어야 되거든요. 실적이 없으면 관공서에 납품을 못해요. 그래서 먼저 한 대를 팔아야 되는데, 한 대 팔기가 어려운 거예요. 실질적인 소비자가 없어서. 그래서 내가 이것을 팔아 주겠다. 그 대신 이 가격에 대해서는 이윤을 보면 안 된다. 실적만 얻는 조건으로 싸게 뽑은 거죠(양철학).

김백수는 노동시장으로의 진입을 연기하기 위해 학점을 누락시키면서 학생 신분을 유지하였다. 이를 통해 진로전환을 준비한 것이다. 이여행은 기업생활을 위한 은행 근무, 자신의 경영 능력을 펼칠 수 있는 최고경영자가 되기 위한 적절한 전략을 구사함으로써 자신의 꿈을 이룰 수 있었다.

은행과의 관계를 잘 맺고 은행이 어떻게 돌아가는지를 알아야지만 기업생활을 잘하겠다 싶어서 첫 직장으로 은행을 선택해서 들어갔죠. (중략) 제가 경영학을 공부하면서 뭔가 내 일을 해야지 하는 열망을 갖고 있었는데, 기술을 갖고 있는 사람과 내가 갖고 있는 경영 능력을 합쳐서 회사를 운영하면 성공할 수 있겠다. 그래서 그 일을 하게 되었죠(이여행).

진로전환 과정에서는 자신의 상황에 대한 민감한 지각과 함께 자신의 능력에 맞는 적절한 대처 전략의 선택이 요구되는데, 연구 참여자들은 이를 적극 활용함으로써 자신들이 원했던 계획(?)적인 진로전환을 가능케 했다.

진로전환에 대한 4S 요인 외에 5명의 사례에서는 생각지도 못했던 우연적인 요소들이 전환과정 곳곳에서 발견된다. 김백수는 자신의 이력과 경력에 딱 맞는 사람을 찾는 연구원과의 만남 속에서 초빙을 거절하지 못하는 상황이 되어 고민하던 중 진로전환을 하게 되었다. 김유학 또한 출신 대학의 교육학 교수는 말렸지만 타대학 친구의 권유로 만난 교수와의 짧은 만남을 통해 자신감을 얻게 되어서 진로를 바꿀 수 있었다.

> 그때 당시에는 동일 계열이 아니면 진학이 안 됐어요. 그런데 나의 제일 친한 친구의 소개로 그 선생님을 찾아갔어. 내가 그분 만난 게 길어야 30분 안쪽이야. 15분 내지 20분이야. 그런데 그게 나를 추스르고 힘들고 어려워도 갈 수 있게끔 한 원동력이 된 거죠. (중략) 어떻게 보면 우연일 수도 있고 지향을 했기 때문에 이루어졌을 수도 있는데, 해석이야 어떻든 간에 나한테는 엄청난 행운이고 정말 감사할 일이죠(김유학).

이상과 같은 우연적인 사건들과 그에 대한 개인적인 의미 부여 과정이 삶의 행로를 전환하는 동인이 되는 경우가 많다. 참여자들은 이러한 우연에 대해 소명이나 운명으로 이름 붙이기도 하였고, 자신이 적극적으로 움직였기 때문에 만나는 기회라고 생각하기도 하였다. 어떻게 해석하든지 간에, 이러한 우연이 모여서 그들의 진로에 새로운 곁길을 만들고, 그 곁길에 대한 호기심이 동력이 되어 그들은 그 길을 묵묵히 걸어갔다고 할 수 있다.

직업은 직과 업이 결합되어 만들어졌다. 직이란 어떠한 직분의 의미이고, 업이란 일이란 뜻이다. 이들의 진로전환은 직분이 변화된 것이지만, 실제적으로는 지속적으로 일하고 있었기 때문에 그러한 사건들을 만나게 된 것이라고도 보인다.

Mitchell, Levin과 Krumboltz(1999)가 제안한 '계획된 우연' 개념은 계획되지 않았지만 이미 발생한 사건들을 개인적인 노력에 의해서 기회로 만들고자 하는 능동적 과정을 포함한다. 우연이란 자연 발생적이거나 개개인의 통제 범위 밖에 있는 것인데, 이를 계획할 수 있는 범위 안으로 들여오는 작업을 한다는 말 자체가 역설이지만 달리 본다면 우리 삶 속에 있는 많은 우연에 우리가 주목하고 그에 민감해진다면 자신의 진로에 도움이 되는 결정적인 계기로 변환될 수 있음을 얘기한다고 할 수 있다. 이는 상담 분야에서 오랫동안 중시되어 왔던 감수성을 진로 영역에 포함시킨 내용이라 할 수 있다. 타인의 행동에 대해서도 민감해야 하지만, 우리는 세상 모든 것에 대해 열린 자세와 귀 기울이는 태도를 취해야 한다. 그렇게 감수성을 높이다 보면 툭 하고 내 마음의 문을 열고 들어오는 경구, 사람, 사건들을 만나게 될 것이다. 우리 속담에 있는 운칠기삼이란 말은 단순히 감나무 밑에서 감 떨어지기를 기다리라는 말이 아니다. 기다린다고 운이 오지는 않는다.

우연은 행동, 실행 속에 숨겨져 있다. 우연은 소명이란 이름으로, 운명이란 타이틀을 걸고, 또는 필연이라는 옷을 입고 우리를 향해 손짓하는데, 이에 답하는 사람은 많지 않다. 일종의 관성의 법칙이 인간 행동의 법칙에도 적용된다. 하던 방식대로 하려는 사람들은 우연을 만나지도 못하여 기회를 잡지 못할 수 있다. 계획된 우연을 획득하기 위해서는 호기심, 인내, **융통성**, 낙관성, 위험감수라는 다섯 가지 기술을 갖추어야 한다. 본 연구의 참여자들은 이러한 기술 중 일부를 갖고 있었으며 이를 행동으로 옮겼던 사람들이라 할 수 있다.

전경제는 뇌과학으로 전환한 그 우연을 필연처럼 느꼈다고 하였고, 양철학은 일본 출장길에 아주 좋은 사업 아이템을 만난 것이 운이 좋아서였다고 해석하였다.

여기 간 것은 우연히 생긴 거지 의도는 아니에요. 그렇게 하려고 생각을 못한 거고. 정말 우연이죠. 그런데 그 우연이 사실상 그 이후에 갈 길이나 방향을 다 깔아 준 거예요. 우연이 필연인 거죠. 아직 과정 중에 있는 겁니다(전경제).

제가 우연찮게 일본을 갔어요. 일본을 갔더니 오사카에서 뭔가를 밤에 하고 있더라고요. 그러게 사람 일이라는 것이 정해진 것이 하나도 없어요. 우연히 나한테 찾아오는 것인데, 찾아오는 것을 관심과 호기심으로 그냥 지나가도 될 것을 제가 쳐다 본 거죠(양철학).

5명의 중년기 남성 직장인들은 주어진 삶의 시나리오를 수정하고 연출을 달리하려는 노력을 한 것이다. 그리고 그러한 각색 작업을 일종의 소명이나 필연으로 받아들이고 있었으며, 새로운 우연을 만나는 것에 대한 두려움이 없었다.

167

2) 진로전환 경험의 의미

이 절에서는 5명의 중년기 남성 직장인의 진로전환 경험에서 그 의미를 찾아보았다. 생계 유지, 필연적 소명, 보람 찾기, 경력 개발, 흥미 추구, 행복 추구, 자아실현이라는 7개의 주제어를 중심으로 그 의미들을 살펴본 결과는 다음과 같다.

(1) 생계 유지: 준엄한 밥줄

직업은 개인의 사회적 지위를 결정해 준다. 직업은 그 사회를 지탱해 주고 유지·발전시켜 주는 중요한 역할들을 분담하여 수행할 뿐만 아니라 사회에서 차지하는 비중에 따라 사회에 영향력을 발휘하게 된다. 즉, 직업에 따라 노동 상황이나 보수의 차별성이 나타나고 작업장, 직장에서의 사회적 관계가 달라져, 개인들은 직업을 선택하는 과정에서 직업 상황을 고려하게 된다. 다시 말해서, 각 직업이 갖는 내적 특성, 즉 경제적 보상, 사회적 위신과 존경, 지위 획득의 용이성 등에 따라 직업의 위계화가 이루어지게 된다(김봉환 외, 2000). 중년기 남성 직장인에게 진로전환 경험은 '생계 유지'를 위한 '경제적 추구'라는 의미를 중요하게 포함하고 있다. 의식주 해결을 위해 더 많은 급여를 지급하는 직장을 선택하기도 하고, 취업이 용이하거나 안정적 수입을 기대할 수 있는 직업을 모색하기도 하는 것이다.

누구나 다 경제적인 문제를 해결하려고 직장을 갖는 거고 직업을 갖는 것인데 (중략) 그 전에 경제적으로 좀 어려웠어요. 아버님이 갑자기 직장생활을 하시다 쓰러지셔서가지고 병원비도 많이 나가고, 또 제가 장남이다 보니 생활비를 제가 책임져야 하고. 그러다 보니 이 상태로는 안 되겠다는 생각을 많이 했었죠(양철학).

직업은 그냥 돈벌이라고 생각을 했기 때문에 공대를 간 거죠. (중략) 공대 올 때부터 job은 그냥 job이고 내 삶은 내 삶이라고 생각했던 거니까 제일 돈을 많이 벌 수 있는 쪽으로 간다. 그래서 이제 중동을 나가려고 그랬죠. 그때 이제 해외 건설을 나가면 국내 월급의 두 배 반 정도를 줬으니까. (중략) 나이나 가족이나 애들 키우는 것 생각할 때. 그래서 그때 마지막으로 생각한 게 한의학을 생각한 거예요(김백수).

이와 같이 중년기 남성 직장인에게 있어 직업은 사회적 역할을 수행함으로써 경제적 수입을 가져다주며, 개인적으로는 개성을 발휘할 수 있고 자아를 실현하게 해 주는 매개인 것이다. 진로전환 경험은 직업을 통해 취업을 용이하게 해 주고 또한 경제적 어려움을 해결해 주는 의미였다. 하지만 생계 유지는 역으로 진로의 전환을 저지하는 의미로 다가가기도 한다.

(2) 필연적 소명

직업에는 두 가지 측면이 있다. 하나는 생업으로서 직업의 주관적 측면을 강조하는 것이라면, 다른 하나는 객관적 측면으로 사회적 역할의 분담을 강조하는 천직의 개념이다. 직업은 생업이면서 생업 이상의 것이어야 하며, 사회 속에서 다른 사람을 생각하지 않을 수 없는 봉사와 희생이 따르는 윤리문제가 제기된다(김충기, 2000).

중년기 남성 직장인에게 있어서 진로전환 경험의 의미는 '소명'과 '운명'으로 여겨졌다. 이들에게 진로전환을 할 수 있는 적절한 기회가 연결이 되면 그것을 자신에게 주어지는 운명의 과정으로 경험하였다. 직업의 직(職)은 하나님으로부터의 소명(calling)을 받아 행한다는 의미를 지니는데, 연구 참여자들은 이를 소명과 운명, 필연과 행운, 기회 등으로 지각하며 자신에게 주어진 직업을 천직처럼 알고 지속적 경험을 바탕으로 앞으로 전진하는 여정을 걷고 있었다.

> 우리가 정말 인간답게 산다면 그런 내면의 목소리에 귀 기울이고 자기한테 잘 맞는 콜링을 찾아서 살아가는 것이 그게 직업이고 일이고 삶의 여정이 되지 않을까. (중략) 토목공학에서 교육학으로 진로전환을 한 것이 나한테는 엄청난 행운이고 정말 감사한 일이죠. (중략) 보이지 않는 손이 있다는 거예요. 그게 운명일 수도 있고. 그게 보면 참 예사롭지가 않아요. 그러니까 이게 흘러가는데 무질서 속에서 질서가 있는 것 같은(김유학).

중년기 남성 직장인이 다양한 진로전환을 경험한 후 자신의 생애를 자신에게 주어진 삶의 시나리오처럼, 그래서 그 일에 대한 소명을 보람으로 여기고 있음을 알 수 있었다. 그 일은 마치 장강에 합류하여 바다로 이르는 길처럼 그들에게는 필연적 소명이었던 것이다.

(3) 보람 찾기

직업을 가진다는 것은 현대 사회의 조직적이고 유기적인 분업관계 속에서 분담된 기능의 어느 하나를 맡아 사회적 분업 단위의 직분을 수행하는 것을 의미한다. 즉, 직업은 사회적 책무로서 개인이 분담하여 수행하는 직무의 의미가 내포되어 있으며, 이 분담된 역할이 충분히 수행될 때에만 사회는 유지되며, 사회가 유지되는 한에서만 생계가 보장된다(김봉환 외, 2000).

Super와 Knasel(1981)은 일생 동안 개인이 다양한 생애 역할을 수행한다는 생애역할이론을 제시하였다. 개인은 가정, 학교, 지역, 사회, 직장 등 주요한 사회적 환경에서 자신의 삶에서 주어진 역할을 통해 자신의 존재의 의미를 확인해 나가는 것이다. 일을 통해 '보람'을 추구하는 진로전환 과정은 직업인으로서의 생애 역할을 수행하는 것이다.

> 그건 교직이 갖고 있는, 다른 직종하고는 비교할 수 없는 아주 큰 보람이자 삶의 원동력이 되죠. (중략) 누군가 나를 통해서 조금 더 긍정적인 변화나 영향을 줄 수 있다는 것도 괜찮겠다. (중략) 처음 봉사활동을 시작하게 된 것은 내가 갖고 있는 재능을 주변의 가능한 많은 사람에게 나누고 싶다라는 생각에서 출발을 했죠(김유학).

> 어쨌든 나도 사상의학에 대한 관심이 많으니까 그것을 어느 정도 궤도에 올려놓아야 한다는 자체는 여러 사람들과 사회에 대한 의무감 같은 것이 좀 더 작용했을지 모르겠어요. (중략) 일단은

보람을 느끼는 부분들. 클리닉에 와서 아이들이 정말 드라마틱하
게 좋아지니까(김백수).

개인으로서의 인간은 직업을 통하여 사회와 구체적 연관을 가지
며 사회의 존속과 발전을 위한 일을 맡아 그것을 훌륭하게 수행함
으로써 사회를 위하여 공헌하는 것이 될 뿐만 아니라 자신의 능력
을 발휘하여 자아를 실현하는 결과가 된다(김충기, 2000). 연구 참
여자들의 다양한 진로전환 활동은 사회에 좀 더 기여하며 보람을
느낄 수 있는 직업을 찾는 적극적 추구활동으로 보이며, 타인에게
긍정적 영향을 미치고 사람을 살리는 일을 하며 사회를 위하여 연
구하고 더불어 새로운 교두보 역할을 담당하며 보람을 추구하는
데서 의미를 찾았다.

(4) 경력 개발: 경험의 축적

중년기 남성 직장인에게 있어 진로전환 경험은 경험의 축적
을 통한 경력 개발과정이었다. 경력 개발(career development)은 한
개인이 일생에 걸쳐 일과 관련하여 얻게 되는 경험을 통해 자신
을 개발해 나가는 과정이다. Morrison과 Hock(1986)은 개인의 업
무 활동과 역할 그리고 직무환경의 축적된 경험이 개인의 지식
과 기술 그리고 개인 특성에 변화를 가져옴으로써 역할 개발(role
development)과 개인 개발(personal development)이 이루어진다고
하였다(김홍국, 2000에서 재인용). Krumboltz(1996)는 타고난 능력,
환경적 조건, 학습 경험의 상호작용 결과로 과제 접근 기술이 습득
된다고 하였다(김봉환 외, 2013). 이는 다양한 진로전환의 경험을 통

해 축적된 학습 경험이 과제 접근 기술로 활용되어 진로전환에 영향을 미침을 알 수 있다. 즉, 진로전환 경험을 통해 새로운 경험적 지식의 창출이 이루어지고 축적되며, 그러한 지식의 활용이 경력개발의 과정으로 이어짐을 알 수 있다. 한편으로는 진로전환에 대해 낭비, 실패, 부적응 등의 부정적 시각이 있지만, 이러한 경험을 통한 학습과정은 경험적 지식의 축적과 학문 간 융합과 통합을 창출하고 있다.

> 의외의 수학이 된 거죠. 내가 전혀 다른 백그라운드에 전혀 다른 소스를 가져 들어갔기 때문에 (중략) 여러 가지를 할 수 있는 기회가 더 많아지는 거죠. 앞으로는 점점 더 많아지지 않을까 하는 생각도 하고요(전경제).

> 첫 직장으로 은행을 선택해서 들어갔죠. 그런데 재미있게도 제가 그다음에 어디 가서 일을 하더라도 제가 만들어 내고자 하는 조직의 모습은 바로 그 은행 같은 것이었어요(이여행).

(5) 흥미 추구: 일을 놀이처럼

중년기 남성 직장인의 진로전환 경험은 흥미 찾기 과정이었다. 이들은 진로를 재선택하는 과정에서 현재의 전공이나 직업에는 흥미가 없고 그것이 좋아하는 일이 아니라고 평가하고, 자신이 좋아하는 일, 흥미 있는 일을 찾기 위해 새로운 결정을 하고자 하였다.

Holland(1997)는 흥미를 어떤 종류의 활동이나 사물에 대해서 특별한 관심이나 주의를 갖게 하는 개인의 일반화된 행동 경향으로 정의하며, 흥미를 통해 직업을 선택하며 흥미에 맞는 일을 할 때 가장 큰 만족을 느낄 수 있다고 보았다.

> 내가 좋으면 내가 행복한 거예요. (중략) 이런 부분에 대해서는 명확하게 몇 가지 철학을 갖고 있어요. 동업은 안 한다, 내가 모르는 것은 절대 안 들어간다, 내가 흥미가 없으면 절대 손대지 말자. (중략) 직업이라는 것을 통해 자기가 즐거워야죠(양철학).

연구 참여자들은 재미, 즐거움, 좋음, 호기심, 기쁨, 의미, 욕구 충족, 행복이라는 단어를 자주 언급하였으며 흥미의 내용을 구성하였다. 중년기 남성 직장인이 진로전환 행동을 계속적으로 추구하는 것은 자신의 전공이나 일에 대해 흥미를 느끼지 못하여 전환을 모색하고, 자신이 하고 싶은 일을 하면서 만족감을 얻기 위한 추구 행동의 의미가 담겨 있었다. 개인적 호기심과 궁금증을 유발하고 이를 충족시켜 주는 일에 대한 지향인 것이다.

(6) 행복 추구

연구 참여자들은 자신의 진로전환 행동의 의미로 '행복'을 이야기하였다. 직업을 통한 자아실현을 직업의 주요 기능으로 본다면, 진로 행동을 설명함에 있어서 행복의 의미는 무엇일까? 김충기(2000)는 직업을 통해서 자기완성과 행복을 추구할 수 있도록 직무를 다양화함으로써 고차원의 동기유발을 꾀하여야 한다고 하였다. 즉, 직업은 자기를 완성해 가며 행복을 추구하는 활동이라는 것이다. 자아실현과 행복을 구분하여 본다면, 자아실현이 과정적 목표라면 행복은 결과적 목표라고 볼 수 있다. 중년기 남성 직장인에게 있어서 진로전환 경험은 '행복'을 추구하는 과정으로, 그들은 자신이 바라는 여러 가지 가치를 실현해 주는 수단인 직업을 통해 행복을 실현하기 위해 계속적인 진로전환을 하고 있었다.

> 결국 직업의 만족감이 없이는 행복할 수 없어요. 직업이 늘 불안하고 자기 가는 길이 짜증나면 하루도 행복할 수 없어요. (중략) 그래서 직업에 대한 소속감, 만족감이 높은 사람이 행복할 수 있죠. 그래서 행복하지 않으면 직업을 먼저 살펴봐야 되요. (중략) 우리가 왜 배우는가? 왜 많이 가지려고 하는가? 왜 아침부터 새벽까지 일을 하는가? 그게 다 행복하려고 하는 거예요(양철학).

> 어떤 직업을 갖는다는 것이 꿈이 될 수는 없죠. 무언가 추구하는 것을 달성하기 위한 하나의 과정, 수단으로서 그 직업을 갖게 되는 거죠. (중략) 나에게 있어서 행복이란 무엇인지? 그러기 위해 지금 무엇을 할 것인지? 이것은 누구에게 보여 주기 위한 것도 아니고 나 스스로가 생각하면서 결국은 내가 나이 많고 이 세상을 떠날 적에 내릴 수 있는 결론일 것 같은데. 저도 나중에 그때 내 나름대로 참 열심히 살았고, 성공을 했고, 행복하게 살았구나 하는 결론을 내기 위해서 열심히 노력을 하고 있어요(이여행).

중년기 남성 직장인의 진로전환 행동은 자신의 행복을 추구하는 과정에서 발생하며, 그 과정의 연속선상에 존재한다. 연구 참여자들은 행복해지기 위해 적극적이고 다양한 탐색활동을 하며 진로를

전환해 왔고, 앞으로도 필요하다면 행복하기 위한 진로전환 활동
을 계속할 것이라고 한다.

(7) 자아실현

중년기 남성 직장인에게 있어서 진로전환 경험은 자아를 실현하
는 과정이었다. 사람들은 각자의 소질과 재능 그리고 역량을 마음
껏 발휘하려는 욕구를 가지고 있으며, 욕구의 실현으로 자기의 존
재에 대한 의미를 깨닫고 긍지를 지니며 자신의 존재 가치를 인정
받을 수 있는 것이다. 그러기 위해서는 자신이 가지고 있는 동기,
욕구, 재능, 장단점 등을 잘 알아서 자아실현을 위한 삶을 추구해
야 하는데, 직업은 그러한 자아실현의 삶을 가능하게 해 주는 도구
임을 알 수 있었다. 직업은 삶의 질적 고양과 자아의 성장에 대한
내적인 욕구가 외적인 활동으로 실현될 수 있도록 해 주는 가장 용
이한 수단이다(편경희, 2006). 즉, 사람들은 직업을 통해서 타고난
소질과 습득한 기량을 발현할 수 있으며, 자아실현도 대부분 직업
활동을 통해서 나타날 수 있는 것이다(김봉환 외, 2000).

내가 내 스스로에 대한 이해가 참 부족하지 않았나. (중략) 대
학교 2학년 정도부터 내가 내 자신에 대한 성격 같은 거, 내가 싫
어하는 나의 부분을 좀 더 고쳤으면 하는 그런 생각이 들었고. 그
래서 교육학 공부를 하게 되었죠.(중략) 나의 일이나 직업 자체
가 주는 의미는 나를 계속 성장하고 더 성숙한 쪽으로 갈 수 있게
끔 자극이 되는 그런 느낌이에요. (중략) 내가 공부를 하면서 내
가 성장한다는 느낌이 스스로 들고, 직장의 일이 개인적으로 뿌듯

함, 깨달음, 이런 것들을 나날이 준다는 게 너무 감사한 일이고 행
복하고 만족스럽죠(김유학).

직업과 자아실현의 관계는 '좋은 삶'에 대한 가치평가와 윤리가
전제되어 있다(고현범, 2011). 자아실현이라는 고유한 가치를 지닌
노동은 단순히 돈을 벌기 위한 수단이 아니며 그 자체가 창조적인
활동이다. Elster(1990)는 자아실현 활동의 기준으로 '합목적성과
만족'을 제시한 바 있다. 연구 대상자들의 진로전환은 결국 자기만
족을 향한 여정을 택하였다는 점에서 합목적성을 갖는다.

 # 연구 결과를 토대로 한 논의

본 연구에서는 50대 중년기에 접어든 5명의 남성 직장인이 진로
전환 과정에서 어떤 경험을 하였고, 자신들의 경험에 어떻게 의미
부여를 하는지를 탐구하였다. 주요한 결과들을 중심으로 논의를
전개하면 다음과 같다.

첫째, 연구 대상자들은 여러 번 진로전환 과정을 경험하였지만
실제 이에 대해 부정적으로 인식하기보다는 긍정적으로 의미부여
를 하려는 경향을 보였다. 이들은 진로전환 경험을 실패나 부적
응, 구명책으로 여기는 것이 아니라 자신의 방법으로 적응하며 자
신의 삶을 구성해 나가는 과정으로 여기는 것이다. 생계 유지를
위한 수단이면서도 자신의 행복을 추구하고 흥미를 찾아 나가며
일을 통하여 보람을 찾고, 자신의 지식을 통합해 가며 자신의 일

을 소명으로 느끼면서 운명을 만들어 나가고 있었다. 즉, 끊임없이 진로를 찾아 나가며 자아를 실현해 나가는 적극적 추구 행동을 하였다.

이는 진로전환에 대한 시각의 전환 필요성을 부각시킨다. 대개의 경우 진로전환을 심리적 불안정, 직업과 동료의 손실, 경제활동에서의 소외로 인식하거나(Newman, 1995), 사적 부적응, 적응 기술의 부족과 같은 부정적인 특성으로 귀인하는 경우가 많았다. 하지만 실제의 직업 세계는 우리로 하여금 여러 번의 직업전환과 진로 변경을 요구하며, 때때로 이에 부응하지 못하는 것이 부적응이 되기도 한다는 사실을 우리는 알고 있다. 삶의 틀은 변화하였지만, 생각의 경계는 확대되지 못하고 있으며, 여전히 우리는 우리 안에서 과거의 것을 고수하는 현상을 발견하기도 한다. 따라서 우리의 삶에서 계획적이든지, 예측하지 못한 상황이든지, 혹은 아직은 전환하지 않았지만 언제든 전환을 할 수 있다는 생각으로 진로전환에 대해 긍정적 자세로 대처하며 위기를 기회로 삼을 수 있는 낙관적 태도가 필요하다고 하겠다.

이 연구에 참여한 대상자들의 진로 전환은 일종의 **경력 개발**로 이해될 수 있다. 새로운 직업이나 진로에서의 일들은 이전 경험을 리셋한 상태에서 출발하는 것이 아니다. 이전의 경험은 새로운 장을 만나 일종의 시너지 효과를 발휘하게 되고, 이를 통해 이들의 직업 능력은 향상되며, 직업인으로서의 가치는 상승하게 된다. 진로전환의 과정과 경력 개발의 과정이 맞물리는 것이다. 이들의 잦은 진로전환은 많은 시행착오를 낳게 되지만 이는 단순히 실패로 연결되는 것이 아니라 또 다른 성공을 향한 새로운 실천지(practical knowledge)로 변화될 여지가 있다. 이러한 진로전환 과정을 통해 자신의 이상적인 직업을 찾아가며, 전환 전의 경험이 새로운 전환의 계기가 되는 경험으로 통합되었다. 이는 학문 간 융합과 통합으로 이어지는 지식의 산출 과정과 맥을 같이하는 것이다.

이들 대부분은 기존의 매칭이론에서 주장했던 자기탐색, 직업탐색, 매칭 여부에 대한 판단이라는 도식화된 틀에서 벗어나 각양각색의 이유로 진로를 선택했으며, 전공이나 직업에 대한 구체적인 탐색이나 고민의 과정을 거치지는 않았다는 공통점을 갖고 있다. 자신의 진로에 대한 결정은 전적으로 개인의 몫이었던 것이다. 멘토의 부재, 전공 및 직업에 대한 정보 부족, 부모의 기대, 경제적 요구 등의 이유로 적절한 선택이 이루어지지 않았다. 이는 진로교육에 대한 철학이 부재하였던 우리나라 학교 교육의 결과물이라고도 볼 수 있다.

그렇다면 진로교육에 대한 관심이 지대한 현재의 학교 교육과정에서는 좋은 형태의 결과물, 즉 성과가 나타날 것인가? 이에 대해서는 회의적인 답변이 먼저 떠오른다. 진로는 강조하고 있지만, 그 실상을 보면 여전히 전통적인 관점에서 만들어진 도식화된 틀을 탈피하지 못하고 있기 때문이다. 그러나 희망적인 사실도 연구를 통해 드러났다. 비록 낯선 곳에서 길을 잃고 헤매더라도 연구 대상자들처럼 열정을 갖고 자기 성찰을 지속한다면 자신에게 맞는 길을 만들어 가거나, 진로를 변경해 가면서 새로운 시도를 해 나갈 것이라는 사실이다. 이러한 결과들은 진로교육의 초점이, 진로상담의 주제가 무엇이 되어야 하는가에 대한 일종의 모범 답안을 제시한다. 자신에게 맞는 직업을 찾는 것보다 더 중요한 것은 진로 자기효능감을 확립하는 것이다. 진로 자기효능감은 어떤 분야에서건 목표한 과업을 완성하기 위해 필요한 행동을 계획하고 수행할 수 있다는 자신의 능력에 대한 신념이다. 그 자신감이 있다면 어떤 곳에서건 어떤 시점에서건 자신에 대한 희망을 꿋꿋이 고수하면서 직업적인 성취를 실현해 나갈 수 있다는 것을 연구 참여자들의 삶은 보여 주고 있다.

둘째, 연구 대상자들의 삶에서는 직업을 갖는 세 가지 목적(정철영, 1999), 즉 수단적 의미, 사회적 의미, 본질적 의미가 상호 연결되면서 그리고 중첩되어서 나타나고 있었다. [그림 3-1]은 이를 도식화한 것이다.

'생계 유지'의 의미는 자기 본위의 직업관으로, 직업을 생계 유지를 위한 활동이며 입신출세를 위한 수단으로 본다. '소명과 운명', '보람 찾기', '경력 개발'은 사회 본위의 직업관으로, 사회의 구성원

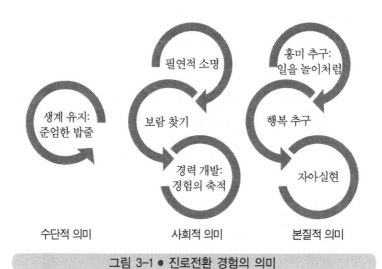

그림 3-1 ● 진로전환 경험의 의미

으로서 부여된 사회적 신분과 지위에 따른 역할을 수행함을 목적으로 자기 자신의 이익을 넘어선 어떤 누군가를 위한 봉사의 의미와 사회적 의미를 갖는다. 프로테스탄트 윤리에 따른 직업관에서는 노동의 의미가 자기 목적을 지닌 소명으로서의 활동, 즉 소명으로서의 직업관을 제시하고 있다. 개인이 일생을 거쳐 일과 관련하여 얻게 되는 경험을 통해 자신을 개발해 나가는 경력 개발과정은 직업을 통하여 지속적으로 사회에서 부여된 신분과 지위를 유지하고자 하는 진로 행동이다. '행복 추구', '자아실현', '흥미 추구'는 자아를 실현하는 과정인 일 본위의 직업관으로, 개인은 직업을 통하여 개성의 발현이나 자아실현의 욕구를 열망하며 흥미를 추구하는 과정에서 행복감과 만족감을 느끼게 된다. 이는 삶의 목적적·본질적 의미를 갖는다.

또한 '생계 유지'는 생계 유지를 위해 진로전환을 제지하는 특성을 보이며, '흥미 추구', '행복 추구', '자아실현'은 추구하고 지향하는 적극적 행동 특성을 나타낸다. 현재의 직업이 흥미를 만족시키지 못하고 행복을 느끼지 못하게 하더라도, 그리고 자아실현이 이루어지지 않아도 우리는 현재의 직업을 전환하고자 시도하지 않을 수 있다. 그런 면에 있어서 수단적 의미는 진로전환에 있어 필요요인이며, 본질적 의미는 추구 행동으로서 진로전환의 충분요인이 되는 것으로 보인다.

이렇게 직업의 목적과 진로전환의 의미를 연결 짓는 것 외에도, 연구 참여자들의 전환요인 간에도 상호 연결고리를 확인할 수 있었다. 4S 외에 우연적인 요인은 어찌 보면 이 네 가지 요인을 포괄할 정도로 강력한 요인에 해당한다고 할 수 있다. 이를 그림으로

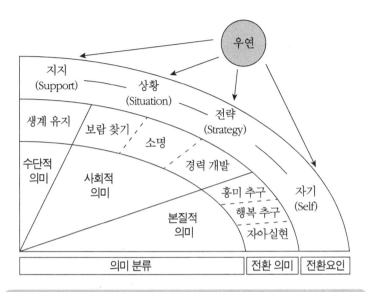

그림 3-2 ● 진로전환 의미와 진로전환 요인 간의 관계

표현하면 [그림 3-2]와 같다.

진로전환의 의미와 전환요인을 일대일로 연결하는 것은 지나치게 작위적일 수 있지만 실제적으로 연구 참여자들의 진로전환 과정에서는 전환이 발생해야 하는 이유에 대한 상황적 지각과 이를 행할 수 있는 능력에 대한 자기인식, 지지원 탐색 그리고 전략의 탐색과정이 곳곳에서 발견되며, 각 요인을 촉발시키는 데 작용하였던 우연 또는 행운의 요소들도 여러 군데 숨어 있었다.

50대 남성 직장인의 진로전환 과정에서 나타나는 불규칙성과 무질서함은 기존의 진로교육이 갖고 있는 한계를 적나라하게 보여 주고 있다. 4차 산업혁명의 시대가 도래하여 현재 직업이 20년 후에 어떤 모습으로 남아 있거나 변화될지 아무도 예측하지 못하는 상황에서 지나치게 계획적인 방식으로 자기 삶의 청사진을 만들라고 독려하는 진로교육의 방식이 과연 적합한 방식인가의 문제를 다시 한번 제기할 수밖에 없다. 어디로 흐를지 모르는 인생의 바다 속에서 살아갈 수 있는 방법은 힘을 주어서 내가 계획한 대로 밀고 나가려는 뚝심이 아니라, 물의 흐름에 몸을 맡기고 융통성 있게 흘러가는 대로 떠 있다가 안전한 정박지를 찾아보는 것일 수도 있다. 제1장에서 살펴본 진로무질서이론에서 제시된 네 가지 유인 중 우연 유인의 영향이 5명 모두의 삶에서 나타난 것은 우연이 아니며, 어쩌면 현실에 대한 투명한 반영일 수 있다는 사실을 기억해야 할 것이다.

제4장

명사와 청년 직업인의
삶에 드러난
우연과 필연

앞의 두 장에서는 직업을 가진 중년기 여성과 남성의 진로사를 통해 계획과 우연이 어떻게 실타래처럼 꼬여 그들의 현재를 만들었는지를 찾아보고 그 의미를 살펴보았다. 이 장에서는 사회적으로 저명한 인사들의 인생사 속에 어떤 우연과 필연이 보석처럼 박혀 있는지를 찾아보고 더불어 지금 막 직장생활을 시작한 청년들의 대학 시절과 직장생활 초기 경험을 살펴봄으로써 과거가 현재 그들의 모습에 어떤 영향을 남겨 놓았는지를 알아보고자 하였다.

1 연구의 배경

진로는 말 그대로 인간이 어떠한 경로를 통해 자신의 삶을 구성해 갔는지를 보여 주는 결과물이라 할 수 있다. 그런 의미에서 진로라는 말은 과정의 언어이지 결과의 언어는 아니라 할 수 있다. 진로는 개인이 인생 전반에서 나타나는 여러 가지 이벤트나 사건에 대해 어떻게 반응하고 적극적으로 실행해 왔는지를 보여 준다고 할 수 있다. 따라서 어떤 개인의 진로를 살펴보는 것은 녹록지 않은 일이지만 매우 의미 있는 작업이 될 것이다.

'진로상담'을 진행할 경우에는 다양한 진로이론을 이해한 후 이를 바탕으로 내담자를 다면적으로 이해하고 그에 적합한 상담 전략을 고안할 필요가 있다. 하지만 단순히 이론들을 이해한다고 해서 진로상담을 잘할 수 있는 것은 아니다. 오히려 이론은 상담자의 전략 선택을 방해할 때도 많다. 기존의 진로 이론들은 대부분 전통적인 틀, 즉 자기 이해, 직업 이해, 진로선택이라는 3단계의 절차를 가정하고 있거나, 심리적 결정론에 근거하여 심리적 요인에 대한 탐색이 잘 되면 무엇이든 할 수 있다는 식의 논리를 나타내고 있기 때문이다. 이로 인해 막상 상담 장면에서 내담자와 상담하다 보면 벽에 부딪힐 때가 많다.

저자는 대학원생들과 진로상담이론, 직업심리학 등에 대해 공부하면서 일종의 프로젝트를 진행하였다. 그것은 다음의 질문에 대한 해답 찾기 작업이라 할 수 있다. 그 질문으로는 '개인의 진로문제에 대해 어떻게 접근해야 하는가?', '각기 다른 개인의 특성과 환경적 맥락에서 보다 중요하게 작용하는 진로결정 요인들은 무엇인가?', '사회적으로 성공한 명사들의 진로결정 요인은 과연 무엇인가?'가 있다. 명사들의 진로사 탐색은 이 세 질문에 대한 해답 찾기 과정이라 할 수 있다. 성공적인 직업인 모델로 평가되는 명사들의 삶을 들여다보면서 그들의 진로에 결정적 영향을 준 요인들이 무엇인가를 탐색해 보고, 그 결과를 진로이론들에서 제시한 진로결정 요인과 비교 분석해 보았다. 이 장의 내용은 이러한 프로젝트의 결과물이다.

이러한 1차 프로젝트 이후에 저자는 아직 비범하지는 않지만 우리 곁에 있을 법한 청년 직업인의 삶을 엿보기로 하였다. 불만족스러운 직업, 구해지지 않는 직업, 진로 방향에 대한 모호성과 같은 진로문제들은 대다수의 청년이 인생에서 고민해 봤음직한 주제들이다. '이런 고민들은 인터뷰 대상자들의 삶에 어떤 영향을 미쳤는

가?', '그들은 이를 어떻게 해결해 왔는가?', '그들의 진로경험에 중
요하게 영향을 미친 요인들은 무엇인가?'를 살펴보려는 자세로 인
터뷰 기록을 담은 책을 읽고 필요한 내용들을 추출하였다.

이 장에서는 이렇게 대비되는 두 집단의 진로사 분석을 통해서
진로상담에 도움이 되는 팁을 얻고 우연과 계획의 조우가 어떻게
수많은 변주를 만들어 냈는지 볼 수 있기를 바랐으며, 또한 진로이
론이라는 렌즈로 그 의미를 해석해 보고자 하였다.

연구 절차

연구의 내용은 크게 두 부분으로 구성되며, 각각의 내용에 따른
연구 절차는 다음과 같다. 명사 대상 연구는 2015년 1학기에 진행
되었으며, 대학원의 진로상담이론 수업의 팀 프로젝트로 진행되
었다. 연구팀은 우선 각기 다른 분야에서 직업적 성공 경험을 가
진 네 명의 명사를 선정하였다. '명사(名士)'의 뜻은 세상에 널리
알려진 사람으로 저명인사와 유의어로 쓰인다. 명사의 기준은 각
기 달리 적용될 수 있으나 통상적으로 영향력을 줄 수 있는 사람
혹은 대중에게 신뢰와 존경을 받는 사람이라고 볼 수 있다. 본 연
구 대상으로서의 명사는 직업 측면에서 사회적 성공을 이루었고,
자신의 진로경험을 토대로 TV 특강이나 공개특강을 했으며, 저작
활동을 한 사람들로 선정하였다. 이러한 기준으로 김정운, 박칼
린, 유수연, 조용갑의 4인의 명사를 연구 대상으로 선정하였다. 김
정운과 박칼린은 지상파와 종합편성채널의 특강과 예능 프로그램

에 다수 출연하였으며, 유수연은 글로벌 리서치에서 조사한 2012 한국 캠퍼스 핫 브랜드 어워드에서 토익 강사 부문 1위의 전력이 있다. 조용갑은 복싱 선수에서 오페라 가수로 파격적인 진로전환을 한 후, 다수의 TV 특강에서 자신의 진로경험을 강의하였다.

명사들을 선정한 이후, 연구팀은 명사들의 진로 관련 결정요인을 찾기 위해 인쇄매체(책, 신문기사), 인터넷 동영상 인터뷰 자료, TV 특강 자료에 대해 사전 조사를 진행하였고, 연구자 간 합의를 거쳐 명사들의 TV 특강 동영상 자료 내용을 분석하기로 결정하였다. 분석은 3단계의 과정을 거쳐 진행되었다. 1단계에서는 각기 선정한 명사들의 TV 특강 및 인터넷 동영상 특강 자료를 검색한 후 시청하였다. 2단계에서는 진로결정 요인을 추출할 수 있다고 판단되는 영상 자료 1편을 선정하고, 3단계에서는 선정된 영상 자료를 재시청한 후 축어록을 작성하였다.

마지막으로, 연구팀은 연구 자료의 내용을 질적으로 분석하는 연구 방법을 사용하였다. 매체 자료 분석과 관련하여 참고할 만한 선행 연구가 그다지 많지 않고, 연구 대상의 사례 수가 한정되어 있으며, 연구 절차상 양적 분석보다는 질적 분석이 유용할 것을 고려한 선택이었다. 우선적으로 자료들을 질적으로 분석한 후 각 내용과 관련된 이론적 배경들을 제시하는 방식으로 결과를 제시하였다. 이는 연구 과정과 흐름을 그대로 반영하여 기술하고자 한 것이다. 질적 분석은 연구자가 중요하다고 생각하는 연구 결과를 효과적으로 만드는 작업으로 수집한 많은 자료를 재검토하고, 요약하고, 다른 방법으로 입증해 보고, 양식을 살펴보고, 의미를 찾는 과정이다(Wolcott, 1994). Huberman과 Miles(1994)는 질적 자료 분석

활동은 자료의 감소, 자료의 배열, 결론 도출 과정이라고 하였는데 그 마지막 단계는 주제의 발견이다. 주제는 초점, 의미, 핵심의 경험이며, 우리가 이해하고자 하는 현상을 포착하는 형식이라고 볼 수 있다. 자료의 분석과 해석은 상호 보완적으로 교차하면서 복합적으로 작용하는 '과정 분석'의 형태로 일어난다. 본 연구에서는 명사들의 TV 특강 동영상 자료와 축어록을 토대로 반복적인 시청과 자료의 분석 및 해석의 작업을 순환적으로 수행하였다. 또한 질적 연구에서의 타당도 작업을 진행하였다. 타당도 작업은 연구자가 자신의 연구 결론이 연구하려던 주제를 타당하게 연구했는지 평가하는 과정이다. 본 연구에서는 타당성의 확보를 위해 충분한 기간의 집중적인 관찰(TV 시청 및 축어록 의미 추출의 반복), 동료 연구자에 의한 조언과 지적 등을 사용했다.

청년 직업인을 대상으로 한 연구는 1차 연구가 진행된 이후에 저자 스스로 진행하였다. 먼저 연구의 대상이 되는 청년 직업인은 케이엔피북스에서 2011년 출간된 『그들의 청춘을 질투하기엔 넌 아직 젊다』에 포함된 30명의 30대 남녀 직장인들이다. 기업의 홍보, 마케팅 담당자이자 자기개발 커뮤니티를 운영하는 임희영이라는 면담자가 선정한 30명의 직업은 겹치는 경우 없이 다양하다. 임희영은 각양각색의 배경을 지닌 직업인과의 인터뷰 기록을 두 권의 책으로 출간하였다. 본 연구에서 이 자료를 활용한 것은 다음의 이유에서였다. 40대 여성, 50대 남성들 외에 30대 남녀 직장인들을 대상으로 한 탐색이 필요했다. 또한 제2장과 제3장의 연구 대상자들이 전문성을 바탕으로 한 비교적 고학력자였음을 감안하였을 때, 약간 대중적인 관점, 즉 보통의 학력과 능력을 갖춘 사람들을 대상으로 한 면담과 분석이 필요했다. 둘째, 엄격한 절차에 의해 선정된 것은 아니지만 이 책의 저자가 면담을 진행함에 있어서 독자를 고려하여 상식 선에서 직장인들을 선택하였을 것이라는 믿음이 있었다. 저자 임희영의 변에서 나타난 바와 같이 인터뷰 대상자들은 각 분야에서 최고의 위치에 오른 것은 아니지만 끊임없이 노력하고 정진하는 직업인들이었다. 따라서 일종의 또래 멘토가 되기에 충분한 자질을 갖춘 면담 대상자들의 삶을 추적해 보는 것은 진로선택에 있어서 우연과 계획의 조우과정을 잘 보여 줄 수 있을 것으로 여겨졌다.

30인의 인터뷰 기록은 남녀로 구분되어 두 권의 책『그들의 청춘을 질투하기엔 넌 아직 젊다』로 출간되었다. 본 연구에서는 책에 담긴 내용들을 읽고, 그들의 인생 역정에서 공통점이 나타난 사례들에 이름을 붙이고 그 삶의 여정들을 토대로 생애 주제들을 찾아내고자 애쓴 임희영의 시각을 존중하기로 하였다. 따라서 임희영의 분석 결과를 1차 자료로 하여 2차적 분석을 시도하였다. 연구 자료에 대한 질적 분석은 끊임없는 연구 자료의 검토와 요약 과정 그리고 분류 및 의미화 과정을 요구한다. 본 연구에서도 30명의 직장인의 진로에 나타난 중심 주제와 진로경험의 의미를 도출하기 위하여 자료의 분석과 해석 과정을 순환적으로 수행하였다. **구성주의적 진로이론**에 의하면 개인은 직업적 선호를 표현하는 과정에서 자신을 어떤 사람이라고 생각하는지 직업적 용어를 활용해서 나타내고, 어떤 직업에 들어가서 자신의 자아개념을 구현하려고 노력하게 된다(Savickas, 2005). 다시 말해, 직업의 선택을 통해 자아개념이 구체화되며 그 일을 하는 이유가 드러나는데, 그것을 생애 주제라 칭한다. 각 개인은 각자의 생애 주제를 갖고 있으며, 고유한 생애 주제를 활용하여 의미 있는 선택도 하고 직업인으로서의 역할도 수행하게 된다. 이런 생애 주제를 담은 개인의 진로 관련 경험담은 진로 이야기로 명명할 수 있다. 임희영은 30인의 진로 이야기에 드러난 생애 주제가 드러나는 제목을 제시하였으며, 인터뷰 내용 중 중요한 주제들을 강조하여 제시하였다. 본 연구에서는 그의 시각을 토대로 하여 드러난 사실들에 옷을 입히고, 진로를 연구하는 학자로서의 견해를 덧입히는 작업을 실시하였다. 이 과정에서 주요하게 사용된 이론은 진로무질서이론과 무경계 진로, 프로티언 커리어의 관점이기 때문에 간단하게 그 내용을 소개하고, 그 틀을 토대로 해석하였다.

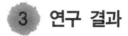

3 연구 결과

1) 명사의 진로결정 요인

4인의 명사를 선정한 이후, 적합한 강연을 선택하여 이를 축어록으로 풀고 그들이 한 말 중 의미 있는 요소들을 추출하였다. 김정운의 강연에서 31개의 요인, 박칼린은 20개의 요인, 유수연은 19개, 조용갑은 28개의 요인을 찾을 수 있었으며, 이를 진로결정 요인으로 지칭하여 〈표 4-1〉에 제시하였다. 명사들이 제시한 요인 중 4명에게서 공통적으로 나타난 요인은 실선, 3명이 제시한 요인은 점선으로 표시하였다.

연구 자료는 간단한 약력 소개, 명사 선정 이유, 강연물의 출처를 소개하는 방식으로 기술하였으며, 개별 명사들이 제시한 결정요인 중 눈여겨보거나 독특하게 드러난 면담 내용을 제시하고 이를 진로이론 혹은 진로 개념과 연결 지어서 설명하였다.

| 표 4-1 | 명사별 진로결정 요인

명사	진로요인
김정운	결단성, <u>우연</u>, 과제집착력, 관찰력, 구체적이고 현실적인 사고능력, 기다림, 나만의 관점, 내적 확신, 능동성, <u>도전</u>, 독창적 사고, 몰입, <u>불확실성에 대한 인내</u>, 여유, <u>열정</u>, 실패를 두려워하지 않는 용기, 유머, <u>자기효능감</u>, 자신감, 자신에게 질문하기, 자신에 대한 솔직함, 자율성, 재미, 정서적 각성, <u>주도성</u>, 진취성, 집요함, 창의성, 치열한 탐색, 호기심
박칼린	<u>우연</u>, 과제집착력, 내성적, <u>내적 동기</u>, 능력에 대한 믿음, 대인관계를 통한 생산성과 성장력, <u>도전</u>, 리더십, 배려, 선택과 책임, <u>열정</u>, 인내, 인화지향적 능력, 자기성찰, <u>자기주도성</u>, 자율성, <u>자기효능감</u>, 타인에 대한 신뢰, 혼자만의 시간, 흥미와 능력에 대한 탐색과 수용
유수연	결과에 대한 기대, <u>우연</u>, 과제접근 기술, <u>과제집착력</u>, 낙관성, <u>내적 통제</u>, 내적 동기, 노력, <u>도전</u>, 모호함과 불확실성에 대한 인내, 목표설정, 불분명한 진로에서의 노력의 지속성, <u>열정</u>, 인내심, 위험 감수 능력, <u>자기효능감</u>, 장애 극복, 적극적 태도, 학습경험
조용갑	<u>우연</u>, <u>과제집착력</u>, 긍정성, 기적, 끊임없이 노력하고 연습(<u>인내심</u>), 미래에 대한 낙관성, <u>내적 동기</u>, 노력, <u>도전</u>, 대안 만들기, 만족감, 몰입, <u>불확실성에 대한 인내</u>, 순차적이고 구체적인 목표설정, 애착, 열정, 외모를 수용하면서 희화하고 장점을 잘 활용함, 유머, 용기, <u>자기효능감</u>, <u>자기주도성</u>, 자아탄력성, 장애 극복, 적극성, 집념, 집요함, 타고난 재능, 희망

(1) 김정운

김정운은 1962년생으로 심리학을 전공하였으며 전 명지대학교 교수이고 '여러 가지 문제 연구소' 소장이며 심리학 박사이다. 그는 2012년에 교수직을 그만두고 활발한 강연활동과 더불어 일본에서 어릴 때 꿈이었던 만화를 전공하고 있다.[1] 긍정적이고 밝은 성품으로 심리학이라는 학문에만 빠지지 않고 사람과 학문을 연결하고 사람들을 행복하게 하는 것에 초점을 맞추는 그의 삶이 독특해서 연구 대상으로 선정하였다. 그는 삶에서 중요한 것이 재미이며 관계라고 말할 줄 알고 웃을 줄 아는 심리학자이며 자신의 삶을 선택해서 살아가며 이를 특유의 유머와 재치로 풀어내는 능력을 갖춘 사람이다.

삼성이 주최하는 토크콘서트인 '청춘이 묻고 멘토가 대답하는 열정락서' 중 2013년 3월 22일 방영분을 연구 자료로 활용하였다. 강연의 수식어가 보여 주듯 '열정락서'는 젊은이들에게 멘토들이 하고 싶은 이야기를 청중 앞에서 들려주는 특강으로서 총 강연 시간은 15분 21초이다. 모든 자료는 인터넷에 게시되어 있다. 김정운의 강연에서 찾아낸 첫 번째 진로결정 요인은 '재미'이다. 그는 삶에 있어서 중요한 것은 '재미' 또는 즐거움이라는 사실을 여러 번 강조한다.

나는요, 내 인생에서 가장 잘한 결정이 교수를 때려친 거예요. 왜? 내가 쉰 살이 되면서 내가 백 살까지 살 건데 지금부터는 내가

---

[1] 이 내용들은 2015년 기준이며, 현재 그들의 삶을 반영하고 있지는 않다.

하기 싫은 일은 안 해야 되겠다 결정을 했어요. 내가 쉰 살이 되면서 수첩에 나는 올해부터 나는 내가 하고 싶은 일만 한다. 쉰 살인데 왜 못하느냐 딱 썼어요.

그도 하고 싶어 하는 일을 쉽게 찾아내지 못했기에 제일 먼저 하기 싫은 일 그만두기를 결정의 중요 기준으로 삼고 자신의 진로결정을 하게 된다. 자신이 하고 싶은 일을 쉽게 찾을 수 있는 사람은 많지 않을 것 같다. 좋아하는 일을 알고 그것을 선택하며 살아온 사람은 많지 않기 때문인데 이때 선택한 방식이 '하기 싫은 일 멈추기'였다.

재미있는 사람만 오래 할 수 있는 거예요. 지속 가능한 경영을 얘기하는데, 지속 가능한 경영이 중요한 게 아니라 지속 가능한 삶이 중요하더라고. 내 삶이 지속 가능하려면 재미있는 삶이 오래 버티는 거야. 참고 인내하는 사람은 몇 년 못 가요. 인생을 어떻게 내동 참고 살아? 그런데 중요한 게 뭐냐. 내가 재미있는 걸 찾아야 하는 거지.

그리고 그 재미가 하기 싫은 일을 참고 견디는 것보다 오래가는 힘이 있다고 말한다. 광고 카피처럼 '오래가는 건전지' 안에 채워져 있는 에너지원은 인내가 아닌 재미라고 말하고 있는 것이다.

그가 말한 두 번째 진로결정 요인은 '내적 확신'이다. 자신이 하고 있는 일에 대해 확신이 있으면 그 일에 의미가 덧붙여진다. 재미는 단편적이거나 사회와 대치되는 것이 아니라 어우러지는 것임을 일

컨고 있는데, 사람이 혼자 살 수 없기에 사회 안에서 그것이 수용되고 지지될 때 지속 가능한 에너지가 동반 상승한다. 진로를 결정할 때 개인적 재미를 넘어서 내적 확신이 필요함을 알 수 있다.

> 내가 하는 일이 사회적으로 어떤 의미를 갖느냐 하는 거지. 왜냐하면 사회적인 피드백이 없으면 내가 아무리 재미있어도 오래 못 간다고. 재미있으라고 하니 연예인 흉내만 내고 이러고 다닌다고. 그것만 있는 게 아니지, 세상에. 다양한 사회적 시스템 속에서 피드백을 받는 요 두 가지 재미와 의미의 이 공간이 끊임없이 죽 올라가야 내 인생이 죽 올라가면서 지속 가능해지지.

김정운의 세 번째 진로결정 요인은 '과제집착력'이다. 이는 개인의 특성과 관련된 것으로 집요함, 조급해하지 않는 태도, 불확실성에 대한 인내와 관련된다. 내가 아직 부족함을 알기에 당장의 결과에 연연하지 않고 불확실성 속에서 확신을 가진 채 그 일에 죽 매달려 보는 것, 그것이 과제집착력이다.

> 대체 불가능한 인간의 조건이 뭐냐. 첫째, 오직 나만의 데이터베이스를 구축하는 건데 열심히 해야 한다는 거예요, 집요하게! 두 번째로, 다양한 문화적 경험에 투자해야 돼요. 그러니까 대학 다닐 때 음악회도 많이 다니고 여행도 많이 다니고 가능한 한 동아리 활동도 많이 하고 다른 과의 수업도 많이 들어 봐야 해. 그러니까 고등학교 때 배운 지식으로 내 인생을 결정하지 말라고. 고등학교 3년 공부한 것밖에 더 있어? 3년 공부한 거 가지고 내 인생

의 80년을 결정하는 것만큼 어리석은 일이 어딨어? 인생은 길어
요. 셋째, 관점이 생길 때까지 절대 조급해하지 마라.

그는 네 번째 진로결정 요인으로 '운'을 얘기한다. 그가 말하는
운은 그냥 하늘에서 뚝 떨어진 운이 아니다. 개인이 갖고 있는 것
뿐만 아니라 개인이 통제할 수 없고 의도할 수 없는 요인을 염두
에 두고 있다. 즉, 운이라는 게 사람의 개별적인 특성과 별개로 작
용하고 있지만은 않은 것 같다. 그는 대체 불가능한 사람으로서의
자질을 갖춘 개인이 재미있게 살다 보면 분명 운이 오게 되어 있
다는 경험적 확신을 갖고 이야기하고 있다.

내가 노는 만큼 성공한다는 책을 썼더니 사람들이 와서 물어
요. 정말 놀면 성공하냐고. 성공은 우연이에요. 네, 나 성공했잖
아. 내가 이렇게 잘나가리라고 한 번도 생각해 본 적 없어. (중략)
　대신 내 인생을 길게 보고 재미있게 살다 보면 그런 다양한 성
공할 기회들이 더 많이 오더라, 내가 보니까. 왜? 나만의 데이터베
이스가 있어요. 남들과 다르게 보는 관점이 있다고. 대체 불가능
한 인생이 된다는 거예요. 왜 성공의 기회가 안 오겠어요.

(2) 박칼린

다음의 명사는 예능 프로그램 KBS 〈남자의 자격〉을 통해 카리
스마 넘치는 모습으로 강렬한 이미지를 남긴 박칼린이다. 그녀는
현재 예술감독 겸 교수로서 많은 연극 작품의 감독으로, 연극 무대
를 꿈꾸는 학생들의 스승으로 활동하고 있다.

박칼린을 택한 것은 파란 눈의 외국인이면서 우리말을 너무 잘 하고, 주어진 상황에 있어 열정적으로 해 나가는 모습과 순간의 대처 능력, 사람들의 재능을 이끌어 내는 탁월한 능력이 돋보였기 때문이다. 그녀는 평소 사람들이 원하던 리더의 모습이 아닐까 할 정도로 카리스마 넘치는 모습을 갖고 있다.

분석 자료는 2012년 4월 20일 YES24와 연세대학교 학술정보원이 함께하는 희망콘서트 강연의 일부분이다. 이 강연은 많은 학생과 YES24의 회원들을 대상으로 한 특강으로 인터넷에 편집되어 올려진 자료를 선택하였다. 강연물의 길이는 총 13분 48초이다.

박칼린이 말한 첫 번째 진로결정 요인은 '자기효능감'이다. 성장과정 동안 내향적인 성격으로 혼자만의 시간을 많이 가졌던 그녀는 온통 자신의 책임으로 지내야 하는 혼자 있는 시간 동안 새로운 시각으로 세상을 보게 되었다고 말한다. 그녀 자신이 그런 시간 속에서 온전한 책임과 독특한 시각으로 세상을 관찰할 수 있는 경험을 가졌던 것이다. 시간을 잘 보낼 수 있다는 자신감과 삶에 대한 통제력을 지닌다면 상황이 바뀌어 가더라도 이를 잘 관리해 갈 수 있다는 자신감, 즉 자기효능감을 경험할 수 있게 된다.

> 제자들을 특히 보면 뭐 하루도 혼자 있는 것을 못 견뎌하는 사람들이 있어요. 혼자 밥먹는 것? 혼자서 아무런 방해 없이 무언가 관찰할 때 굉장히 다른 것 같아요. 너 자신을 위해서 제대로 챙겨서 식단을 쫙 차려놓고 즐기고, 갈비를 먹고 싶으면 혼자 가서 먹어 보고, 자기 자신이 책임질 수 있는 행동, 책임질 수 있는 시간을 가져 봐야 하거든요. (중략) 하고 싶은 일을 해라, 안 그러면 태

어날 때부터 죽을 때까지 후회하면서 살거든요. 근데 그게 너무 심한 영향을 미치게 돼요. 다른 게 다~ 핑곗거리가 되는 거예요. 난 이거 하고 싶지 않았는데 그래서 연습을 덜하게 된다거나 하고 싶은 일을 했을 때는 일이 아니에요, 노는 거지.

그녀가 말한 두 번째 진로결정 요인은 '자기주도성'이다. 자기 선택과 행동에 대해 책임지는 태도이다. 그렇게 책임지는 행동을 할 수 있으려면 자신이 하고 싶어 하는 일을 선택해야 한다고 강조한다. 하고 싶지 않은 일을 선택했을 때는 핑계로 시간을 낭비해 버리기에 진정 책임 있는 행동을 하기 위해서는 하고 싶은 일을 선택해야 한다는 것이다.

그 혼자 있는 것을 좋아하는 사람이 하필 그러니까 합창이면 합창, 오케스트라면 오케스트라, 아시겠지만 음악이라는 게 한 명이 화음 다 맞다가 틀리면. 음악은 주파수가 틀려서, 음은 주파수의 원리잖아요~ 춤추는 사람은 백 명이 춤추면 못 추는 사람을 뒤에다 놓는 것이 요령인데, 발동작 하나 틀려도 그렇게 거슬리지 않아요.

아마 내가 혼자, 혼자 있다고 해 놓고 완전 반대로 얼마나 누구랑 약속 지키면서 뭔가를 하고 있다는 게 얼마나 중요한지를 반대되는 것을 이야기하는 건데. 음악에서…… 음악 공부를 할 때요~ 혼자 솔로로 열심히 연습하는 거 좋죠~ 그러나 세 명, 네 명, 한 명과 더 뭔가를 했을 때보다 음악 공부가 엄청 달라지는 거예요.

그녀는 많은 사람과 함께 일을 하고 조화를 이끌어 낼 수 있는 내적 자원으로 자기주도성과 자기효능감을 갖고 있는 것이다. 자신의 중심이 서 있는 사람은 다른 사람과의 관계에서 많은 융통성과 유연성을 발휘할 수 있게 되며, 이는 곧 진로 적응으로 연결된다. 이것은 발달 과업을 수행할 수 있는 준비도와 자원(태도, 신념, 능력)을 적재적소에 활용하는 능력을 의미하는데, 그녀는 이를 갖추고 있었다.

박칼린의 세 번째 진로결정 요인은 '자기성찰'이다. 삶이 주는 여러 과제를 수행하면서 얻는 결과에 대해 반추하고 많은 느낌을 생성해 내며 자신의 변화에 대해 성찰하는 과정을 거쳐야 인간은 성장하고, 이로 인해서 또 다른 성취가 가능해진다. 그녀는 이런 성찰과 성장의 순환과정을 감사하는 마음으로 지속해 나갔다.

> 방황이 없었으면 나 이거, 내 일을 너무 쉽게 생각했었을 거 같아요. 그리고 감사할 줄 몰랐을 것 같아요.
> 내가 만났던 모든 사람들이 저한테 자극을 줬다고 생각하고 이 길을 흘러오게 한 게. 근데 방황이 없었다면 이렇게 소중하게 생각하지 않았을 것 같아요. 누구나 다 있는 것이고 필요한 것이고 하지만 방황이 방향으로서 존재하면 안 되고 그 방황 속에서 그 자기를 리스테이블(재안정)해야 되는 거죠.

그녀의 네 번째 진로결정 요인은 '우연'이다. '계획된 우연', '필연적 우연'이라는 표현이 보다 정확할 수 있다. 개인이 할 수 있는 부분에서 최선의 노력을 기울이는 태도와 개인이 통제할 수 없는 부분에 대한 겸허함, 그 예측불가능함을 즐기고 수용하는 태도가 그녀의 강연에 녹아 있었다.

> 누누이 여러 번 제 인생에 있어서 음악은 취미로 하고 딴 거를 하자, 음악은 취미로 하고 딴 거를 하자, 근데 저는 자연스럽게 이걸로 끌려왔다 뿐이지 물 흐르듯이 흘러왔다고 생각하거든요.

다섯 번째 진로결정 요인은 '타인에 대한 신뢰'이다. 그녀는 인생에서 멘토의 역할을 강조하고 그들로부터 적극적인 조언을 구해야 한다고 말하고 있다. 멘토의 자격은 누구라도 상관없다. 멘토를 구하는 것도 어렵지만 그들을 믿는 것은 더 어렵다. 타인을 믿고 그들의 조언을 열린 자세로 받아들이고 변화하려는 태도가 더 중요한데, 그녀는 이러한 자세를 갖고 있었다. 그녀는 배움에 대해 열려 있고, 도움이 되는 조언을 적극적으로 구하는 것을 통해 개방성과 융통성을 모두 보여 주고 있다.

> 정말 곰곰이 생각해서 그리고 믿는 멘토 찾아야 되고 그 사람들의 좋은 조언들을 찾아야 되고. 많은 사람들이 오피니언은 있지만, 많은 오피니언은 있지만 많은 사람들이 소중하게 생각하는 그런 어른들의 멘토가 있어야 되고, 그게 가족이든 선생이든 선배든 저는 또 그런 좋은 분들을 몇 분을 십 년씩 걸쳐서…… 오늘도 여기 또 오기 전에 우리 연주자, 생긴 거는 산적같이 생겼어요, 드럼의 귀재거든요. 광학상, 광학인데 나 이거 어려워 어떻게 해야 되나 상황 설명하고, 그 친구는 원체 믿는 친구니까 저보다는 어리

지만 저는 많은 조언을 구하고요.

(3) 유수연

유수연은 1972년 출생으로 고등학교 졸업 후 간신히 수도권의 한 대학교에 후기 입학하였다. 1학년 때 학사경고를 받고 3학년 때 모 신문사 자유기고가로 글을 쓰기 시작한 후 학교와는 담을 쌓고 살았다. 그렇게 우리 사회의 '열등생'으로 분류되어 좌충우돌 하다가 졸업을 앞둔 4학년 때 불현듯 호주로 떠난다. 어학연수생 으로 시작해 대학생 통역관으로 호주생활을 했다. 뒤늦게 공부에 대한 열정이 생겨 영국 애스턴 대학교에서 경영학 석사과정을 밟 고 미국 하얏트 호텔에서 근무했다. 2001년 우리나라로 돌아와 강 사로 첫발을 내딛었다. 귀국한 지 8년 만에 '억대 연봉', '30대가 되 고 싶은 골드미스', '스타 강사'라는 화려한 수식어를 가진 명사가 되었다.

그녀는 작지만 카리스마 넘치는 독설가로 유명하며 인생의 첫 진로를 선택하는 20~30대의 청춘들에게 토익 강의를 하면서 진로 멘토로서의 역할을 다부지게 하고 있다. 어찌 보면 그녀는 '영어 강 사'라기보다 '진로 멘토'에 가깝다. 사교육 영어시장에서 스타 강사 로서 이름을 날리고 있지만, 그녀는 청춘들의 현실의식과 실행 능 력을 집요하고 끈질기게 자극한다. 그녀의 제자임을 당당하게 밝 히며 TV 특강 게스트로 참여한 사람들의 증언은 그녀가 단순히 토 익 스타 강사가 아님을 증명해 준다. 자신의 진로에 대한 도전과 노력 그리고 개인적인 성공을 넘어 방황하는 청춘들에게 치열한 현실의식과 따끔한 충고를 아끼지 않는 그가 불분명한 시대의 청춘들에게는 최고의 리더이고 명사라고 생각하여 선택하였다.

유수연의 TV 특강은 종합편성채널 TVN 〈스타특강쇼〉에서 총 3편으로 진행되었다. 2012년 2월 8일에 1편이 방송되었고, 2013년 6월에 3편이 진행되었다. TVN의 스타특강쇼는 청년 백수 100만 시대에 취업 준비생과 성공을 꿈꾸는 이들을 위해 국내의 명사들을 초청하여 맞춤형 특강을 진행하는 프로그램이다. 프로그램명에 나와 있듯이 '스타 강사'를 초청하여 20~30대 청춘들의 인생 설계를 조력하고 그들에게 도전과 성공의 로드맵을 제시하자는 취지로 기획되었고, 공개특강 형식으로 방송되었다. 유수연의 TV 특강은 1~3편(편당 50분)의 내용을 요약하고, 그의 자서전적 에세이 『유수연의 독설』(2012) 등을 참고로 편집하였다.

유수연의 첫 번째 진로결정 요인은 '과제접근 기술'이다. 그녀는 당면한 여러 가지 문제를 다루는 독특한 방법을 보여 준다. 문제를 해결할 때, 다른 사람의 것을 참고하는 것이 아니라 자신에게 가장 적합하게 새로운 시각에서 선택하는 기술을 발휘하고 있다. 이를 사회학습이론에서는 과제접근 기술로 개념화하고 있다. 자신에게 중요한 것이 무엇인지를 명료화한 후에 대안을 찾아보는 것이 그 기술의 중요한 영역이다. 유수연은 꿈을 꾸기보다는 상황에 맞게 꿈을 변화시킬 수 있다는 관점으로 현실의 문제에 대응해 나갔다.

꿈이 꼭 있어야 하나요? 난 목표나 꿈을 잘 정하지 않아요. 섣부르게 목표를 정하고 불안한 미래를 걱정하기보다 먼저 '나'를 만드는 인고의 시간을 가져야 해요. 그래서 미래를 선택할 수 있는 존재가 되는 거죠. 나에게 맞는 꿈을, 상황에 맞는 꿈을 꾸어야 해

요. 남들과는 다른 꿈을 꾸고 그것을 지켜 나가는 것이 나를 특별
하게 만드는 것이죠.

그녀의 두 번째 진로결정 요인은 '우연'이다. '계획된 우연'이론
에서는 특별한 계획 없이 예기치 않은 사건이나 우연하게 일어난
다양한 일을 자신의 진로에 적극적으로 유리하게 만들어 가는 능
력과 기술을 중요시한다. '계획된 우연'이론에 제시된 호기심, 위
험 감수, 인내심, 낙관성, 융통성이라는 다섯 가지 기술 중, 유수
연의 사례에는 인내심과 위험 감수 기술과 관련된 내용이 잘 드러
나 있다.

왜 하필 강사가 되었냐는 질문을 받아요. 글쎄요. 나한테는 선
택의 여지가 없었어요. 그냥 계획 없이 유학을 갔고, 열심히 공부
하고, 귀국해서는 우연히 시사영어사 강사 아르바이트를 시작했
어요. 아르바이트 삼아 강의를 시작했지만 무슨 일을 해야 할지
쉽게 결정할 수가 없었죠. 그때 난 여자고, 서른 살이 넘었고, 아
무런 인맥도 없었어요. 그래서 '나'라는 브랜드는 어떨까? 내가 가
지고 있는 유일한 자산인 내 자신을 브랜드로 만드는 것이 매력적
이겠다 생각했어요.

세 번째 진로결정 요인은 '자기효능감'이다. 유수연은 특히 자기
효능감을 강조하고 있다. 자신에 대한 신뢰, 특히 어떤 일을 선택
하고자 할 때 '나'로부터 시작해야 함을 강조하며, 자신의 능력이
어디까지이고 사회적 맥락 내에서 어떻게 해야 자신의 능력이 잘

발휘될 수 있는지를 알고 시작해야 한다고 말한다. 그녀의 특강에서 이 부분은 지속적으로 등장한다. 결국 나를 신뢰하지 않고, 사회적 기준이나 시류에 휩쓸려 스펙 쌓기에 열중하는 젊은이들에게 끊임없이 자신의 능력을 믿고 시작하라는 메시지를 전달하고 있는 것이다.

나를 브랜드로 승부수를 띄워 볼 만한 시장이 바로 교육시장이라고 생각했어요. 내 스스로가 브랜드가 되겠다는 목표로요, 다른 어떤 것보다 경영해 볼 만한 가치가 있는 내 자신을 키워 나에게 맞는 판을 새로 짜 보자고 결심한 거죠. 내 능력을 믿었죠.

'과제집착력'과 '노력'은 그녀가 말한 네 번째 진로결정 요인이다. 과제집착력과 노력 요인은 개인의 내적 요인으로, Csikszentmihalyi가 주장한 몰입을 토대로 이루어진다. 주의를 집중하고 어려움이 있어도 과제를 포기하지 않으며, 개인적 통제가 가능한 노력을 최대한 기울임으로써 성공적인 결과를 가져올 수 있었다.

직업의 이름이 아니라 진짜 내가 원하는 것을 찾아요. 아무것도 가진 게 없어도 난 우직한 실행력을 가졌어요. 20대의 독기, 외로움과 노력, 끝까지 치열함으로 버텨 낸 날들이 나를 만들어요. 20대의 치열함은 머리가 아니라 몸으로 나와요. 일단 뚫고 나가는 것 말고는 방법이 없어요.
운은 가만히 앉아서 기다리는 사람에게는 결코 찾아오지 않아요. 내게 운이 따랐다고 하는 건 그만큼 쉬지 않고 부지런히 움직였기 때문이에요. 운도 기회도 움직이는 사람의 것이죠. 노력하는 사람은 반드시 성공합니다. 내게는 특별한 노하우가 없어요. 그저 죽어라 움직이고 끝까지 포기하지 않고, 노력했다는 것……

다섯 번째 진로결정 요인은 '적극적인 도전의식'과 '불확실함을 인내할 수 있는 능력'이다. 내적 동기가 매우 중요하며 삶에서 외부 요인들은 매우 불안정하고 불확실하고 모호하기에 항상 예측하기 어렵다. 유수연은 이런 점을 잘 이해하고 모든 선택과 결정의 근거를 '나' 안에서 찾고 있다. 다음 내용에서 유수연은 모든 의사결정이 '나'로부터 비롯된다는 것을 보여 준다.

도전과 성취는 중독성이 있어요. 내 마음과 의지와 뜻이 있는 곳에 길이 생기고 그 길의 끝에 내가 보고 싶어 하는 내 모습이 있다는 것을 알기에 도전은 새로운 나를 열어 주는 일이 되는 거죠. 도전은 나에게 시련을 주고 나를 채울 시간과 경험을 줘요. 그렇게 채워진 나를 외부에 드러내어 생기는 부수적인 결과가 돈이고 명예일 뿐인 거죠.

(4) 조용갑

조용갑은 1970년생으로 전 복싱 선수이며 현재는 성악가로 왕성한 활동을 하고 있다. 알코올중독인 아버지로 인해 불우한 어린 시절을 보낸 그는 끝날 것 같지 않은 가난 속에서도 꿈을 잃지 않고 살면서 운동선수를 거쳐 현재는 성악가로 인생 역전을 이룬 사람이다.

그를 명사로 선택한 것은 불우함에 주눅들지 않고 새로운 분야에서 도전을 계속하여 성과를 만든 투지가 느껴졌기 때문이다. 그 삶의 편린 속에서 청중은 많은 것을 배우고 단단해져 가는 것을 느낄 수 있다.

연구 자료로는 CBS의 프로그램 〈세상을 바꾸는 시간, 15분〉에 출연하여 강연한 영상물을 활용하였다. 이 프로그램은 우리 사회의 다양한 영역의 강사들이 트렌드, 교육, 경제, 청년, 평화 등의 주제로 '15분' 동안 시청자들과 이야기하는 프로그램이다. 강연물의 길이는 총 28분이고 이 중 21분의 영상물을 분석 자료로 사용하였다.

조용갑의 진로결정 요인 중 첫 번째는 '긍정성'이다. 조용갑은 자신의 처지를 비관하며 살다가 우여곡절을 거치면서 스스로 인생을 보는 관점과 인생을 대하는 태도를 바꾸었다. 자살을 하려고 고향인 가거도 절벽에 여러 차례 서 보기도 했다는 그는 좀 더 긍정적이고 적극적인 자세를 갖추려 한다. 그런 전환과정에서 두드러진 것은 인생에 대해 긍정적인 태도를 취하는 것이다. 그러한 긍정성은 콤플렉스였던 외모를 수용하고 이를 희화할 수 있으며 나아가 장점으로 인식하는 낙관적인 방식으로 표현된다.

실제로 보니까 너무 잘생겼죠? 고맙습니다. 참 제가 생각해도 제가 참 잘생겼어요. 저는 옛날에 저의 외모에 대한 콤플렉스가 많았습니다.

그런데 제게 치명적인 단점이 있었어요. 분명히 나는 피한다고 피했는데 얻어맞는 것이요. 알고 보니까 얼굴이 너무 큰 거였어.

권투에 보면은 여러분도 아시다시피 원투 스트레이트 하고 동시 타를 때리거든요, 그런데 저만 얻어맞아요. 이유가 뭘까요? 너무 강하게 얘기하지 마세요. 손이 좀 짧습니다. 그래서 많이 얻어맞았습니다.

이게 정말 저의 운명적인 단점이라고 생각했습니다. 그렇지만 권투에서 제가 오페라로 가니까 단점이 다 장점으로 바꼈습니다. 얼굴이 큰 게 그렇게 좋은 줄 몰랐어요. 무대 갔더니 무대가 너무 크니까 얼굴이 큰 게 유리합니다. 합창을 쫙 서는데 저 혼자만 튀어요, 얼굴이 크니까. 얼마나 좋은지……

저의 단점인 줄 알았습니다. 모든 것이 다 단점인 줄 알았습니다. 그렇지만 모든 게 다 장점이었습니다.

그의 두 번째 진로결정 요인은 '도전정신'이다. 조용갑은 절망적인 순간에도 포기하지 않는 태도를 보이고 있으며, 진로장벽을 비롯한 역경이나 좌절에 닥쳤을 때 굴하지 않고 희망을 놓지 않고 끈질기게 노력하는 모습을 보이고 있다.

제가 잠깐 좀, 저에 대해서 좀 더 하면은 권투를 마치고 스물일곱 살 갑자기 제가 성악 오페라에 도전을 합니다. 스물일곱 살이었습니다.

여러분, 뭐든지 삶이 어떠한 환경에 있어도 포기하지 마십시오. 반드시 역전이 있습니다. 희망이 있습니다. 끝까지 포기하지 않으면 우리의 꿈들은 이루어질 수 있습니다.

폭력적인 아버지, 가난한 가정환경에도 불구하고 도전의식, 자아탄력성을 갖고 조용갑은 진로를 개척하였다. 운명을 한번 변화시켜 보자 하는 노력, 자기결정성과 자기주도성, 현실적인 행동력 등이 뒷받침되어 그는 성공할 수 있었다.

저의 아버지는 재산을 엄청나게 할아버지 때부터 물려받아가지고 (저는) 빚이라는 재산을 물려받았어요. 아버지가 사업을 하다가 망해서 어렵게 지냈습니다.

제 성격은 비뚤어져 가기 시작했고 꿈은커녕 아무것도 없었습니다. 단지 꿈이 있었다면 돈을 좀 벌어서 고생하는 어머니를 호강 좀 시켜 드릴까 했지만 생각대로 되지 않았습니다.

그때 제가 왜 운명 주어진 대로 살았지만 내가 왜 이렇게 살아야 하는가, 그래서 그때 생각을 바꿨습니다. 내가 이렇게 원망하고 불평하지 말고 내가 삶을 바꾸고 운명을 변화시켜 보자.

세 번째 진로결정 요인은 '우연'이다. 조용갑은 좋아하는 일에 대한 몰입의 즐거움을 이야기하면서, 낙관적인 기대를 놓지 않으며 끊임없이 노력하고 연습하는 과정을 실천하였다. 이러한 과정을 기반으로 결국 불가능하리라 생각되었던 후원자도 만나게 된다. 이러한 우연과 기적을 이끌어 낸 건 그 자신이며, 이 힘은 결국 행운을 불러오고 환경까지 변화시는 힘을 창출하였다.

그 과정에 제가 우연찮게 기타를 배우게 됩니다. 기타를 우연찮게 배우게 되면서 노래를 시작하게 되었습니다. 그래서 우연찮게 제 노래가 너무 멋있는 거예요. 내 목소리가 너무 멋있었는데 나 혼자 듣기에는 너무 아깝다 싶었죠.

그래서 제가 교회를 갔습니다. 그 교회에서 혼자서 노래를 했더니, 많은 분들이 와, 정말 너무 노래 잘한다고 그러면서 하는 말이 성악을 해 보라고 권유하였습니다. 성악에 재능이 있다고…….

그래서 기적과 같은 일이, 후원자가 나타나서 1억이라는 돈이 후원이 돼서 제가 이태리로 떠나게 돼서 꿈을 이루게 되었습니다.

포기하지 않으면 환경도 바뀌고 상황도 바뀌고 그리고 모두가 밖에서 여러분의 후원자가 되고 그 열정이 퍼져서 감동을 시키고 변화해서 꿈을 이뤄 나가야 될 것입니다.

2) 청년 직업인의 진로결정 요인

연구 자료로 활용한 책의 저자 임희영은 20대 후반에서 30대 초반에 이르는 남녀 직장인들의 인터뷰 기록을 통해서 드러난 진로결정 요인을 큰 활자체나 강조 서체로 만들어서 제시하고 있다. 책에는 너무 많은 강조어가 나타나고 있기 때문에 이를 일일이 세거나 기록하기보다는 청년 직업인의 삶을 단적으로 드러낸 제목을 통해서 진로결정 요인들을 찾아보기로 하였다. 인터뷰 대상자들의 직업과 주제어 그리고 추출된 진로동인은 〈표 4-2〉와 같다. 가급적 제목을 토대로 진로동인을 선정하였지만, 제목에서 그 내용을 가늠하기 어려운 경우에는 내용을 읽고 나서 그 사람을 대표하는 동인을 연구자 임의로 선정하였다. 이 경우에도 주관성을 가급적 제한하기 위하여 임희영이 제시한 강조어를 중심으로 선정하고

자 노력하였으며 한 사례에서 최소 2개 이상 3개 이내의 동인이 선
정될 수 있도록 구성하였다.

| 표 4-2 | 청년 직업인의 진로동인

번호	직업명	제목	진로동인 (Agent)
1	회사원	안정 대신 도전과 모험을 선택한 열혈청년	도전, 모험, 열혈
2	관세사	숨겨진 독기와 끈기로 인생을 180도 바꾼 말썽꾸러기	독기, 끈기, 말썽
3	은행원	끊임없이 발전을 꿈꾸는 바른 생활 사나이	계속성, 발전, 올바름
4	뮤지컬 배우	자신을 사랑할 줄 알기에 무대 위에서 더욱 빛나는 남자	자기, 사랑
5	엔터테인먼트 사업가	사람들의 가슴속에 울림을 전하는 청춘 사업가	감수성, 자신[2]
6	자동차 디자이너	넓은 시야로 세상을 디자인하는 컨버전스*형 인재**	넓은 안목, 컨버전스
7	벤처기업 CEO	보다 재미있는 에듀 세상을 그리는 아이디어꾼	재미, 아이디어
8	여행상품 기획자	여행에 스토리와 추억을 입히는 길잡이	스토리, 추억, 구성
9	컨설턴트	자유분방함과 열정으로 일을 즐기는 남자	자유분방함, 열정, 즐김
10	자동차 딜러	당당함과 노력으로 성공을 거머쥔 승부사	당당함, 노력, 승부

2) 밑줄 친 단어는 저자 임의로 선정한 진로동인임.

11	광고회사 마케터	예술과 글쓰기를 즐기는 광고쟁이	예술, 즐김
12	청바지 사업가	상품에 날개를 다는 남다른 감각의 소유자	다름, 감각
13	엔지니어	어릴 적 꿈을 이룬 순수 청년	꿈, 순수함
14	외식업 회사 사장	음식을 통해 사람과 소통하는 경영자	소통, 경영
15	항공사 세일즈 마케터	자신만의 지도를 그리는 꿈꾸는 트래블 크리에이터**	자기, 꿈, 창조
16	작가, 북칼럼니스트	다이어리 속 꿈의 목록으로 미래를 만들어 나가는 창조자	꿈, 구성, 창조
17	와인회사 브랜드마케터	뒤늦게 시작한 와인 공부로 인생의 판도를 바꾼 여자	시작, 바꾸기
18	쥬얼리 사업가	하나의 아이템에서 숨은 보석을 찾아내는 예술가	찾아내기, 예술
19	피처 기자	풍부한 감수성으로 새로운 콘텐츠를 탄생시키는 감성 에디터	감수성, 탄생, 감성
20	피부 관리실장	호기심과 배움으로 스스로를 다듬어 가는 인생 경영자	호기심, 배움, 구성
21	취재 리포터	마이크로 세상의 따뜻한 소식을 알리는 방송인	<u>열정</u>, <u>도전</u>
22	증권 마케터	타고난 열정으로 사람들에게 긍정의 메시지를 전하는 카탈리스트**	열정, 긍정
23	외과 의사	머리가 아닌 마음으로 아픔을 치료하는 의사	마음, 치료
24	오디언 피디	행복해지는 방법을 행동으로 옮기는 실천가	방법, 행동, 실천

25	홈쇼핑 호스트	도전과 신념으로 똘똘 뭉친 야무진 여자	도전, 신념, 야무짐
26	영어 강사	다양한 경험에서 얻은 노하우로 좋아하는 일을 찾아낸 노력가	다양한 경험, 좋아하는 일, 노력
27	건축기사	따뜻함이 묻어나는 집을 짓기 위해 부단히 움직이는 당찬 건축가	행동, 당참
28	홈쇼핑 MD	상품에 생명을 불어넣는 중소기업 전문 가이드	다양한 경험, 열정, 용기
29	영상 번역가, 파워블로거	번역과 홍차로 인생의 시나리오를 엮어 가는 알파맘	경력, 성실함, 감수성
30	NGO 홍보팀 직원	나눔의 가치를 알리는 준비된 홍보 전문가	가치, 준비

* 컨버전스는 통합, 융합을 의미함.
** 저자 임희영이 제시한 제목을 그대로 제시함.

〈표 4-2〉에 나타난 진로동인들을 순서에 상관없이 나열하면 〈표 4-3〉과 같은 단어들이 나타난다. 수집된 75개의 주제어를 유의성과 시의성을 토대로 분류한 결과, 17개의 군집과 22개의 낱말이 남게 되었다. 단, 주제어 선정에 있어서 임희영이 가진 주관성과 본인의 주관성이 반영되었음을 고려하고 이러한 결과를 이해할 필요가 있다.

| 표 4-3 | 진로동인 분류

원 자료
도전, 모험, 열혈, 독기, 끈기, 말썽, 계속성, 발전, 올바름, 자기, 사랑, 감수성, 자신, 넓은 안목, 컨버전스, 재미, 아이디어, 스토리, 추억, 구성, 자유분방함, 열정, 즐김, 당당함, 노력, 승부, 예술, 즐김, 다름, 감각, 꿈, 순수함, 소통, 경영, 자기, 꿈, 창조, 꿈, 구성, 창조, 시작, 바꾸기, 찾아내기, 예술, 감수성, 탄생, 감성, 호기심, 배움, 구성, 열정, 도전, 열정, 긍정, 마음, 치료, 방법, 행동, 실천, 도전, 신념, 야무짐, 다양한 경험, 좋아하는 일, 노력, 행동, 당참, 다양한 경험, 열정, 용기, 경력, 성실함, 감수성, 가치, 준비

분류된 자료
1. 열정, 열정, 열정, 열정, 열혈
2. 도전, 도전, 모험, 도전, 승부
3. 감수성, 감수성, 감수성, 감성, 감각
4. 계속성, 성실함, 노력, 노력, 끈기
5. 즐김, 즐김, 재미, 좋아하는 일
6. 꿈, 꿈, 꿈
7. 구성, 구성, 구성
8. 자기, 자기, 자신
9. 행동, 행동, 실천
10. 당당함, 당참, 야무짐
11. 다름, 바꾸기
12. 창조, 창조
13. 다양한 경험, 다양한 경험
14. 예술, 예술
15. 시작, 탄생
16. 찾아내기, 호기심
17. 말썽, 자유분방함
18. 기타: 용기, 경력, 가치, 준비, 독기, 사랑, 넓은 안목, 컨버전스, 아이디어, 스토리, 추억, 발전, 올바름, 순수함, 소통, 경영, 배움, 긍정, 마음, 치료, 방법, 신념

〈표 4-3〉을 보면 가장 많이 나타난 주제어는 '열정, 도전, 감수성, 노력, 즐김'이다. 이 말들을 늘어 놓고 그 의미를 파악하는 데는 채 1분이 걸리지 않는다. 자신들이 즐거워하는 일을 민감하게 파악하고(감수성), 그 일을 추진해 가는 과정에서 경험해야 하는 여러 가지 도전과 어려움을 감내해 가는 한편, 열정이라는 장작불을 지속적인 에너지원으로 삼아 성실하고 꾸준하게 노력하는 것이 청년 직업인들이 진로경로를 밟아 가는 주된 동인이라는 점이다. 그 밖의 주제어를 살펴보아도 이들의 삶이 방향성을 갖고는 있지만 계획에 의해서 움직이는 것만은 아님을 알 수 있다. 인터뷰 내용에서도 그 특징들은 단편적으로 드러나고 있다.

우연이라는 것이 제 삶에 얼마나 큰 영향을 미쳤는지 누구보다 잘 알기에 직관, 가슴의 소리에 굉장히 충실하게 돼요(사례 5, 1권, p. 145).

저는 한순간, 찰나, 감을 믿어요. 대신 그것에 따라 선택을 하면 …… 해 내려는 의지가 강해요(사례 17, 2권, p. 56).

제가 좀 무모한 면이 있어요…… 뭔가 시작하는 데 있어 두려움이라는 게 없어요(사례 16, 2권, p. 20).

정성을 쏟고 노력한 것은 언젠가 나에게 다시 기회로 돌아올 수 있겠다는 생각을 많이 해요(사례 9, 1권, p. 255).

단점이 오히려 장점이 될 수도 있어요. 한 가지를 꾸준히 하고
열심히 하다 보면, 원하는 일을 하게 된다는 진리를 깨달을 수도
있을 거예요(사례 23, 2권, p. 249).

'꿈, 구성, 자신, 행동, 당당함'이라는 단어들은 자신의 내면을 꼼
꼼히 들여다보고 꿈을 꾸지만, 그 꿈을 만들어 가기 위해 실천해
가고, 자신과 환경의 상호작용을 통해서 당찬 패기를 갖고 큰 그
림을 구성해 가는 모습을 보여 주고 있다. 계획에 의해서 정해진
각본을 구현하려 애쓰기보다는 삶의 흐름에 유연하게 몸을 맡기
되 자신을 잃어버리지도 않고 패배의식에 사로잡혀 머릿속으로만
이상화하지도 않는 청년들의 모습을 보여 준다. 당당하게 실천하
면서 삶을 만들어 가는 모습 속에서 적극적인 이미지를 발굴해 낼
수 있다.

사람이 살면서 '플랜 A'만으로 살기보다는 '플랜 B'도 있는 거니
까…… 하고 싶은 것을 그때마다 수정하면서 목표를 향해 노력하
면 되지 않을까요(사례 1, 1권, p. 38).

꿈이라는 것은 살면서 변할 수도 있으니까 좋게 생각하고……
변하는 것에 대해 너무 연연해하지 말고 변화를 두려워하지 않았
으면 해요(사례4, 1권, p. 129).

제 삶의 좌우명은 '행동하자'입니다……. 살면서 이보다 더 중
요한 것이 있을까 싶어요(사례 16, 2권, p. 44).

가장 중요한 것은 직접 움직이면서…… 느끼는 거예요(사례 14, 1권, p.388).

내 마음의 소리에 귀를 기울였던 것 같아요. '하고 싶니?' 이렇게요(사례 21, 2권, p. 187).

이렇게 빈도수가 높은 단어들 외에 2번 이상 제시된 주제어들(다름, 창조, 다양한 경험, 예술, 시작, 찾아내기, 호기심, 자유분방함 등)을 살펴보면 앞서 제시한 내용에 살을 붙여 주는 청년들의 진로 행동이 드러나게 된다. 자유분방하고, 다양한 경험을 통해서 자신에게 맞는 무엇인가를 찾아내려는 노력이 이어지고, 그 노력은 기존의 보수적인 시각에서 벗어나 탈바꿈하려는 변신을 요구하며, 이러한 요구에 부응하여 새로운 무엇인가를 만들어 내는 과정에서 이들은 자신의 삶을 공학적으로 규격화된 무언가가 아닌 색다른 예술가의 모습으로 구성하게 된다. 현대에 들어와서 발명가는 예술가의 이미지를 지니게 되었다. 무엇인가 다르게 만들어 보고 새롭게 시도해 보려는 의지는 예술성을 동반해야 함을 암묵적으로 보여 주는 것이다. 이들은 자신의 진로를 발명해 나가는 창조자이기에, 발명가의 행위와 자못 닮아 있다고 할 수 있다. 이들이 만들어 낸 예술이라 할 수 있는, 인생이 어떤 모습을 지닐지 지금의 시점에서는 아무도 알 수 없지만, 각각의 자리에서 만들어 낸 예술 작품(진로발달)에 자부심을 느끼고, 그동안의 노고에 스스로 격려해 가면서 자가발전해 나갈 것임을 이들 삶의 단면에서 느낄 수 있다.

다양한 활동을 하면서 점점 제 자신이 무엇을 잘하고 어떤 것을 원하는지 알게 됐어요(사례 10, 1권, p. 295).

앉아서 책으로만 경험하지 말고 밖으로 나가서 경험해 보는 거예요……. 모든 상황은 똑같고 결과는 그것을 받아들이는 사람의 몫이거든요(사례 19, 2권, p. 137).

뭐든지 해 보라고 얘기하고 싶어요……. 당장 저지르란 말을 하고 싶네요(사례 20, 2권, p. 162).

잘 모르니까 주저주저하고 있는 것이 아니라 잘 모르니까 부딪히면서 많이 배웠어요(사례 25, 2권, p. 291).

인생이라는 영어 단어인 life에는 if라는 단어가 숨겨져 있다. 수많은 우연을 만나면서 그들의 삶이 새로운 모양새를 만들어 나가고, 그 모양새에 필연이라는 이름 또는 운명이라는 이름을 붙여 가면서 생애를 만들어 가는 것이다. 생애라는 한자어에 한계 애(涯)가 사용된 것은 살면서 자신의 가능치를 확대해 나가고 잠재력을 고양하고 능력을 확장해 나가려 노력하는 것이 인생이며, 결국 인생은 내가 만들어 간 길을 나아간다는 진로(進路)와 동의어인 것이다.

4 연구 결과를 토대로 한 논의

1) 명사의 진로에 대한 논의

명사들의 강연에서 공통적으로 드러난 주제들은 총 5개였다. 이 5개의 주제를 진로상담이론 또는 직업심리학 이론과 관련지어서 이들의 성공요인을 살펴보았다.

첫째, 이들의 진로선택은 계획된 우연으로 이해될 수 있다. 사회학습 진로이론을 주장한 Krumboltz는 삶에서 나타나는 다양한 우연적인 사건에 주목하면서 한 사람의 진로발달 과정에는 예기치 않은 사건이 일어날 수밖에 없고, 이러한 사건은 그 사람의 진로에 긍정적으로 또는 부정적으로 작용하게 된다고 주장한다. 이러한 사건이 긍정적으로 작용하는 경우를 계획된 우연(planned happenstance)이라고 한다. Krumboltz는 실제로 수많은 비즈니스 종사자를 조사하였다. 성공한 사람들 중 계획적으로 노력하여 성공을 이룬 경우는 불과 20%에 지나지 않았고, 나머지 80%는 우연

| 표 4-4 | 진로결정 공통요인

진로결정 공통요인	이론적 배경
1. 우연	사회학습 진로이론
2. 과제집착력, 열정	몰입이론
3. 인내심	진로무질서이론과 긍정적 불확실성
4. 내적 통제, 자기주도성	내외적 통제소재 성격이론
5. 도전, 자기효능감	사회인지적 진로이론

하게 만난 사람이나 우연히 겪은 일들을 통해서였다고 한다.

계획된 우연에는 다섯 가지 기술이 적용될 수 있다. 즉, 우연을 내 편으로 만들기 위해서는 다음과 같은 다섯 가지의 마음가짐이 필요하다. ① 호기심(새로운 학습 기회를 탐색하는 것), ② 인내심(좌절에도 불구하고 노력을 지속하는 것), ③ 융통성(태도와 상황을 변화시키는 것), ④ 낙관성(새로운 기회가 올 때, 그것을 긍정적으로 보는 것), ⑤ 위험 감수(불확실한 결과 앞에서도 행동화하는 것)이 바로 그것이다. 명사들의 삶에서는 이 다섯 가지 기술 모두가 드러났다. 이들은 무언가를 학습하거나 시도하는 데 주저함이 없었으며(호기심), 어떤 사태를 만나더라도 그 결과에 연연하지 않고 이를 도전으로 받아들였다(낙관성, 위험 감수). 그리고 자신들이 상황에 수동적인 반응자가 아닌 적극적인 개입을 통한 창조자가 될 수 있다고 생각하여(융통성), 어려움에 좌절하기보다는 지속적으로 노력해 가려는 태도를 보였다(인내심).

몰입의 즐거움은 두 번째 요인이다. 40년간 시카고 대학교 교수로 재직한 Csikszentmihalyi는 창의성과 행복이라는 주제를 지속적으로 연구해 왔다. 그가 창조적인 사람의 세 가지 요건으로 꼽은 것은 전문 지식, 창조적 사고, 몰입이다. 그는 삶을 고양시키고 훌륭하게 가꾸어 주는 것은 단순히 행복하다는 불확실한 감정이 아니라 깊이 빠져드는 몰입이라고 말한다. 실제로 옆에 있는 것들이 눈에 들어오지 않을 정도로 몰입해 있는 상태에서는 어떠한 행복감을 느낄 겨를이 없다. 온전하게 빠져서 자신을 잊어버릴 뿐이다. 오히려 일이 마무리된 다음에야 자신이 한 일을 돌아보며 뿌듯함과 보람을 느끼게 된다. 그리고 행복하다고 생각한다. 이렇게 몰입이 주는 행복함은 맛있는 음식을 먹으며 느끼는 만족이나 재미있는 드라마를 보면서 느끼는 기쁨과는 분명 다른 차원의 것이다. 어떤 의미에서 몰입은 극도의 고통을 수반하기도 하지만 우리의 삶과 정신을 끌어올려 충만한 삶으로 이끈다는 점에서 발전적 삶을 위한 원천이 된다. 그래서 몰입에 도달하는 길은 다소 어렵지만 즐겁고 보람된 경험을 주기 때문에 그러한 경험을 주는 일을 찾아 나서야 하는 것이다.

네 명의 명사 역시 지속적인 몰입 경험을 통해 성장하였으며, 열정과 끈질긴 과제집착력을 유지하면서 진로의 성공을 이루어 냈다고 볼 수 있다. 몰입은 개인 내적 진로결정 요인으로서, 결국 주의 집중하여 과업에 열정을 가지고 임하게 하며, 포기하지 않고 과업을 완결 짓게 만드는 건강한 동력이라 할 수 있다.

세 번째 요인은 불확실성에 대한 인내심이다. 급속히 변화하고 발전하는 현대 사회에서 개인이 미래를 예측하는 것은 불가능할뿐더러 유연하게 변화에 동참하고 적응할 수 있는 능력을 퇴보시키는 결과를 낳을 수 있다. 이 시대에는 계획성과 합리성을 강조하기보다는 개인으로 하여금 변화에 민감하게 반응하고, 불확실성과 모호함을 견디면서 적응적인 반응 양식을 새롭게 개발할 수 있어야 한다.

Gelatt(1989)의 긍정적 불확실성 이론에서는 의사결정자들이 확실성과 합리성에 대한 맹목적인 추구에서 벗어나 보다 유연한 태도로 의사결정 과정에 임할 것을 강조한다. 의사결정 과정에서는 예측할 수 있는 사태보다는 예측할 수 없는 사태의 영향이 더 크게 나타날 수 있다. 불확실성에 대한 감수와 인내심이 발휘되기 위해서는 정보에 대한 인식을 바꾸어야 한다. 다시 말해, 때로는 객관적이고 합리적인 의사결정이 최선이 아닐 수 있음을 인지해야 한다. 또한 행동화 과정에서는 합리성과 융통성의 조화가 필요하다. 긍정적 불확실성, 불확실하고 모호함을 감수하고 인내하는 것은 역동적인 삶을 유지하게 하며, 적극적인 행동을 유도한다. 끊임없는 변화 속에서 유일하게 변하지 말아야 할 것은 오히려 불확실성에 대한 긍정적 수용이다. 명사들의 삶은 불확실성을 긍정적으로 받아들이고 인내하는 것이 중요하다는 사실을 실례로 보여 준다. 따라서 상담자들도 비합리성과 직관, 불확실성에 대한 긍정적 태도를 상담의 내용에 포함해야 하며, 주관적 의미 만들기를 강조하는 구성주의적 시각들을 수용할 필요가 있다(Savickas, 1993).

네 번째 요인은 주도성과 내적 동기이다. 진로에 대한 의사결정에서 개인의 내적 동기와 내적 가치를 기반으로 한 선택은 맥락적 요인과 상호작용하여 성공적인 진로나 직업을 결정하는 데 크게 기여할 수 있다. 이는 내외 통제 소재, 자아존중감의 개념과 함께 살펴볼 수 있다. 외적 통제 소재는 자신의 행동과 일어난 사건 사이의 관계에 대한 일반적인 믿음 중에 자신의 행동이 운명이나 행운과 같이 자신의 통제를 넘어선 힘에 의해 통제된다는 인식이다. 이와 대치되는 개념은 내적 통제 소재이다. 내적 통제 소재자들은 사건을 통제할 수 있다고 믿는 반면, 외적 통제 소재자들은 모든 것의 결과를 운이나 기회 등 그들을 통제하는 다른 외부의 힘으로 돌려 일반적으로 내적 통제 소재자들보다 자신감이 부족하다고 평가된다.

Wanberg와 Muchinsky(1992)는 내외 통제 소재, 자아존중감과 진로 미결정과의 관련성을 살펴보았는데, 진로결정을 내린 사람들 중에서 확신에 찬 진로결정자들은 내적 통제 소재를 가지고 있었다. 그렇기 때문에 다른 사람이나 우연에 의해 자신의 삶이 통제되지 않는다고 생각하여 자아존중감이 높은 반면, 걱정하는 진로결정자들은 내외 통제 소재가 중간 정도에 해당되는 사람들로 자아존중감이 낮은 특성을 보이는 것으로 나타났다. 따라서 운이나 우연의 영향을 인정하되 이를 자신이 통제할 수 있는 영역으로 이해하는 능동적 자세가 중요하다는 사실들을 연구결과는 보여 주고 있다. 결국 명사들은 삶의 여러 장면에서 사건들이 발생하고 위기가 등장하더라도 자신이 변화시킬 수 있는 부분이 있다는 믿음을 굳게 지켜 가는 사람들이라 할 수 있기 때문에 내적 통제 소재자이며 자아존중감이 높은 사람이라 할 수 있다. 다섯 번째 요인은 자신에 대한 확신과 자기효능감이다. Bandura의 사회학습이론에서는 어떤 과제를 수행해 내는 것에 대한 자신감이 실제 알고 있는 것과 실제 행하는 것을 매개하고, 어떤 것을 성취할 수 있는 능력에 대한 신념이 실제 실행할 행동을 결정한다고 가정하고 있다. 자기효능감은 "어떤 정해진 수행을 해내기 위해 필요한 활동들을 조직화하고 실행해 낼 수 있는 자신의 능력에 대한 개인의 판단"으로 정의된다(Bandura, 1985, p. 391). Bandura의 사회학습이론을 진로 의사결정 과정에 적용한 사회인지적 진로이론(Hackett & Betz, 1981)은 진로선택에서의 자기효능감의 역할을 강조한다. 사회인지적 진로이론에서는 자기효능감이 장애물에 부딪힐 때 얼마나 노력하고 믿고 나가고 생각하고 느끼는지를 결정할 뿐만 아니라 개인이 어떤 활동과 환경을 선택할 것인가를 결정한다고 가정한다.

사회인지적 진로이론의 상담모형에서는 가능한 진로 대안을 고려하지 못하게 막는 낮은 자기효능감을 높여서 스스로 적극적으로 변화할 수 있도록 도와주려 한다. 이때 사용되는 전략에는 새로운 성공 경험을 하게 하거나, 과거의 경험을 재해석하거나, 재귀인에 도움이 되는 구체적 자료를 수집하거나 제시하는 것 등이 속한다(Brown & Rent, 1996). 이러한 전략을 바탕으로 내담자가 발달적 진전을 이루어 냈다는 것에 스스로 강화하고, 성공의 원인을 자신의 능력에 제대로 귀인할 수 있게 되는 것이다. 명사들이 상담자들의 도움이 없이 스스로의 노력에 의해서 자기효능감을 높여 왔다는 점은 높이 평가할 필요가 있다.

서로 다른 이력을 가진 네 명사의 진로에서 공통점으로 드러난 것은 스스로 자기 삶을 '구성'해 갔다는 것이다. 명사들 모두 자신의 환경을 변화시키고 변화된 환경 속에서 영향을 받으며 진로를 발달시키고 결정하고 있었다. 즉, 개인의 특성이나 환경적 요인에 의해서만도 아니고 이들 모두의 영향이라는 설명으로도 충분치 않은 '변화와 영향', '구성'의 차원이 드러나고 있다. 마치 보이지 않는 차원에 큰 톱니바퀴가 서로 맞물려 거대한 운명을 운영하는 것 같다.

명사 중 조용갑의 경우 불우한 환경 속에서 많은 것을 전환시키는 강력한 힘을 발휘하였다. 그것은 개인이 갖고 있는 유기체적 역량 이상의 영향력을 발휘하도록 하였다. 이를 단순히 개인적 역량이라고 한정 지을 수는 없다. 진로전환을 이루어 불우한 환경임에도 긍정적이고 적극적인 삶의 태도를 유지해 가는데, 이런 태도는 주변의 사람들로 하여금 조용갑에게 주의를 기울이고 도움의 손길을 건네게 만든다. 이런 주변의 변화는 조용갑의 진로를 전환시킨다. 유수연과 박칼린, 김정운의 강연에서 이들은 '운'이라는 표현을 사용하는데, 말의 표현 방식은 달라도 이들이 이야기하는 운은 맥락이 있는 운을 말하고 있다. 쉬지 않고 부지런히 움직였기에 운이 찾아온다는 유수연, 대체 불가능한 사람이 되면 성공의 기회가 더 많이 찾아오게 되어 있고 성공이란 그저 운에 의해 이루어진다고 하는 김정운의 말은 변화를 주도하고 유도하는 것이 개인임을 밝히고 있다. 하지만 이는 개인으로 끝나지 않고 이러한 개인의 변화가 주변의 여건들을 변화시키고 있다. 개인과 환경이 서로의 톱니바퀴가 되어 상승작업을 일으키는 것이다.

이는 '우리 스스로 실재를 구성해 나간다'는 인식론적 구성주의를 경험적 차원에서 드러내는 것이다. 진로발달에 영향을 주는 요인이며 진로를 결정하게 만드는 요인은 개인이나 환경 또는 이들의 상호작용이라고 단언할 수 없으며, 이 세 가지가 서로에게 영향을 미치며 진로를 구성해 가고 있는 것이다. 개인이 만들어 가는 진로 이야기가 곧 자신의 진로가 되는 것이다.

2) 청년 직업인의 진로동인에 대한 논의

청년들의 진로 사례에서 드러난 진로동인들은 프로티언 커리어,[3] 무경계 진로, 진로무질서이론 등의 이론이나 개념을 통해 보

---

3) 프로티언 커리어는 학계에서 여러 가지 용어로 번역되고 있기 때문에 원어 그대로 사용하였음.

다 명확하게 그 영향을 파악할 수 있다. 4차 산업혁명의 시대를 맞이하게 된 우리는 보다 불확실한 미래를 살아가야만 한다. 일터 내에서의 이동뿐만 아니라 일터 간의 경계도 모호해졌고, 직장의 이동성은 증가하게 되었다. 두 권의 책에 등장하는 청년들의 진로경로 또한 보다 복잡하고 예측 가능하지 않은 형태로 이루어지고 있었다. 치열한 자기 관리와 성장을 위한 노력으로 이들의 삶이 지금 자리매김하였다고 해서, 장차 그들이 어느 위치에서 어떠한 모습으로 살아가게 될 것이라고 감히 예측할 수는 없다. 이러한 불확실성은 두려움이기보다는 도전이자 가능성의 확장으로 이해해야 이를 즐기고, 견디고, 또 대처할 수 있다. 이러한 관점을 제공하는 것이 프로티언 커리어 개념이다.[4]

프로티언 커리어는 개인이 주도해 가는 경력을 지칭한다. Hall이 1976년부터 사용한 이 용어는 그리스 신화에 나오는 프로테우스의 모습처럼 개인이 자신의 의지에 따라 자유자재로 자기 모습을 변화시켜 간다는 의미를 보여 주기 위한 은유이다. 즉, 지속적인 학습, 전 생애에 걸친 관점, 적응을 위한 자아정체성의 변화 등으로 특징지어지는 진로관리 행동을 의미한다. 승진과 같은 객관적인 성공보다는 자부심, 만족, 성취감과 같은 주관적인 성공의 기준 등을 중요시하며 일에 두는 가치에 따라 자신이 주도적으로 움직여 가는 행동과 태도를 포괄적으로 지칭한다. 이는 전통적인 커리어에서 중시되던 조직, 승진, 낮은 이동성, 급여를 토대로 한 성공

---

[4] 이하 프로티언 커리어, 무경계 진로에 대한 내용은 임은미 등(2017)의 『진로진학상담기법의 이론과 실제』의 12장 '진로 무질서 이론(손은령 저)'의 내용 중 일부를 발췌 · 요약하였음.

기준, 단선적 경력 경로 등에서 탈피하여, 개인이 경력 개발의 책임을 지고 자유와 성장을 핵심 가치로 하여 주관적인 성공을 중시하며 전 생애적 관점에서 주도적으로 학습해 나가는 태도를 의미한다(Hall, 2004).

주도성에 초점을 둔 프로티언 커리어와 함께 주목해야 할 개념이 무경계 진로이다. 이는 하나의 고용환경에서 벗어나 여러 조직에서 경력을 이어 나가는 것이다(Arthur & Rousseau, 1996). 즉, 조직의 경계를 넘나들면서 다수의 고용 기회를 갖는 것으로 조직 간 이동을 의미한다(DeFilippi & Arthur, 1996). 산업의 변화가 빨라짐에 따라 새로운 직무들이 생기고 없어지는 과정에서 직장 간의 이동성이 늘어 가고 근속 연수는 짧아지게 되었다. 이에 따라 무경계 진로는 일상화되는 측면이 있다. 그리하여 심리적으로 의미 있는 일을 하고 있는가가 성공의 기준이 되며, 진로관리의 책임도 조직이 아닌 개인으로 이전되고, 지속적인 학습을 통해 자신의 전문성을 확보해 나가야 하는 책임을 갖게 된다(Sullivan, 1999).

무경계 진로는 변화하는 직업 세계가 제공하는 무한한 가능성을 강조하고, 그러한 기회를 통해 성공에 이르는 방법을 찾고, 이점을 극대화하려는 태도를 강조한다. 무경계 진로의 가장 중요한 특징은 이동성이라 할 수 있다. 이는 두 가지 차원에서 이해될 수 있는데, 하나는 **물리적 이동성**이고 다른 하나는 **심리적 이동성**이다 (Briscoe & Hall, 2006; Sullivan & Arthur, 2006). 이를 다른 측면에서 이해하고자 한 Briscoe와 Hall(2006)은 조직 이동성 선호(조직에 남아 있고자 하는 의지의 정도)와 무경계 사고방식(조직의 경계를 넘어서서 일하고자 하는 일반적인 태도)을 구분하기도 하였다. 어떤 방식으로 구분하든지 간에, 무경계 진로는 공간적 이동만이 아니라 자율성, 유대감, 참신성과 같은 심리적 측면에서의 영향을 중시한다는 점에서 프로티언 커리어와 연결점을 갖는다.

30개의 사례에서 보여 주는 청년 직업인의 행동에서는 프로티언 커리어와 무경계 진로의 특성들이 다수 나타나고 있다. 그들은 자신이 선택한 일들에 대해 가치를 부여하고, 외부 기준에 따라 성공을 가늠하기보다는 자신의 주관적 만족이나 의미, 성장 가능성 등에서 성공의 기준을 찾고 있으며, 그 모든 것을 스스로 만들어 갈 수 있다는 것에 대해서 자부심을 갖고 있다.

이는 프로티언 커리어의 두 가지 차원과도 맞닿아 있다. 프로티언 커리어에서는 가치지향성(value-driven)과 자기주도성(self-directed)이 주요한 두 개의 차원이며 각각 2개의 요소로 구성되어 있다. 가치지향성은 진로를 개발할 때 자신의 고유한 가치에 기반을 두고자 하는 정도를 의미한다. 이는 자신의 욕구, 동기, 능력, 가치, 흥미에 대한 명확성(자아정체감)과 개인의 진로를 안내하고 성공을 가늠하는 개인적 가치 소유(가치지향성)로 구분된다. 자기주도성은 진로를 개발할 때 주도적인 역할을 담당하고자 하는 정도를 의미하며, 유능해짐과 동시에 변화하는 환경을 배우고 그에 적응하려 동기화되는 경향(적응성)과 독립심을 갖고 자신의 진로에 책임을 지려는 경향(자기주도성)으로 구분된다. Hall(2004)은 프로티언 커리어가 친활동성(pro-activity), 변화에 대한 개방성, 낙관주의 적응 능력과 같은 개인적 특성과 연관된다고 제안하였다.

본 연구의 사례들은 여러 번의 직장 이동과 함께 심리적인 이탈 및 궤도 수정을 동시에 보고하고 있다. 영화 마케팅에 참여하다가

컨설팅 회사의 인턴, 외국계 컨설팅 회사 입사 후 게임 회사로 이동하는 등(사례 1)의 물리적 이동만이 아니라, 현재 자신이 만족하고 있는 직업군에서도 새로운 도약을 꿈꾸거나(사례 4), 탐색과정을 통해 전직을 꿈꾸기도(사례 21) 한다. 이러한 그들의 모습을 과거에는 부적응자의 모습으로 해석하였지만, 현재에는 지향해야 할 행동으로 인식된다는 점에서 진로 행동에 대한 관점의 전환, 발상의 변화가 요구되고 있음을 새삼 상기하게 된다.

본 연구의 대상자들을 이해하기 위해 알아야 할 관점에는 진로무질서이론도 포함된다. 진로무질서이론에서는 우연과 변화가 우리 삶을 특징짓는다는 전제하에 수렴적인 관점과 함께 확산적인 관점도 고려하자고 제안한다. 확산적인 의사결정 과정은 가능성을 중시하며, 다음의 특징들을 갖고 있다. 개인적 책임감의 수용, 선택지의 구성, 행동을 실행하는 데 두려움을 갖지 않음, 긍정적인 행동의 유지, 낙관주의와 흥미를 지닌 채 미래를 바라보기, 새롭고 계몽적인 지식을 추구하기, 상황에 대해 동시에 여러 가지로 묘사하기, 불확실성을 인식하고 이를 환영하기, 불완전한 지식으로 실행하고 항상 그럴 수밖에 없음을 인정하기, 호기심을 따르기, 위험을 감수하기, 실패로부터 무언가 학습하기, 열정을 추구하기, 자신의 직관에 귀 기울이기 등이다.

앞서 살펴본 30개 사례에서 드러난 진로동인들 중에는 이러한 특징들이 다수 포함된다. 따라서 앞으로는 진로상의 여러 어려움에 직면한 사람들이 겪는 고민들을 문제로 바라보기보다는 의미를 찾는 과정, 열정 추구, 유목적적인 탐색과정이라는 긍정적인 이름으로 이해하며, 그 행위를 격려할 필요가 있다. 진로무질서이론은 의사결정에 있어서 두 가지 관점을 상호 보완해서 활용해야 한다는 점을 강조하고 있다. 인간의 삶에 있어서 정답은 없으며, 어차피 무질서 속에서 잠시의 질서가 만들어지고 또다시 무질서함으로 움직여 가기 때문이다. 현재는 예측 가능한 것과 예측 불가능한 것들이 복잡하게 얽혀 있는 실재하는 세계이므로, 우리는 논리성과 함께 우연적 요소가 개입할 여지를 충분히 인정하고 그 가능한 범위 안에서 적응하고 도전하며 시도하고 실패하는 일들을 자연스럽게 받아들여야 한다.

다시 말해, 우연의 존재를 인정하고 변화를 수용할 수 있어야 한다. 이들의 삶은 복잡성, 변화, 기회(우연), 구성, 기여 또는 의미와 같은 요인들을 한두 개 이상 포함하고 있었다. 대부분의 사람은 삶의 복잡성으로 인해 노력의 결과가 실패로 끝나게 된다(복잡성). 때문에 변화는 우리의 숙명이다. 변화에는 두 측면이 있는데, 하나는 변화에 수동적으로 반응하는 것이고 다른 하나는 내담자가 변하도록 도전하는 것이다(변화). 이때 프로티언 커리어 태도가 필요하다고 할 수 있다. 지속적으로 변하면서 적응하는 과정은 인내심을 요구하며 자기검열과 적응 과정을 계속 요구하게 된다. 그 틈에 기회와 운이 들어설 여지를 만들어야 한다(기회/우연). 무질서이론에서 제시한 우연 유인의 행동 방식은 열린 사고방식을 취하기 때문에 과거가 현재를, 또 현재가 미래를 보장하지 못한다는 점을 수용한다. 이렇게 운이나 기회가 들어설 여지를 만들기 위해서는 현실에서 나타나는 여러 문제를 위험이나 통제해야 할 대상으로 보지 않고 창조의 기회로, 극복할 장애물로, 탐색해 볼 가능성으로, 적응해야 할 변화원으로, 드러내야 할 의미로, 받아들여야 할 숙명으로

의미화해야 한다(기여 또는 의미). 이를 위해서는 개방적이고 확산적
인 사고가 필요하며 물리적 이동성과 심리적 이동성을 토대로 하
여 무경계 진로를 참신한 기회로 재구성해서 의미화하는 작업이
필요하다(구성). 내담자가 '편안한 무질서'로 옮겨 갈 수 있는 유일
한 방법은 진정으로 원하는 것을 알고 그 우선순위에 따라 움직일
때뿐이기 때문이다(Harvey & Herrild, 2005). 의미, 목적, 헌신, 영적
포부, 기여하고 싶은 열망은 개인의 정체성, 동기, 사고, 행동을 명
료화함으로써 자신을 조직해 가는 주요한 원칙이 됨을 명심해야
한다.

제5장
내 삶의 이야기

1 생애사 분석을 시작하며

　생애사 분석은 역사학, 사회학, 인류학 등의 분야에서 주요한 연구 방법론의 하나로 다루어지고 있다. 물론 교육학 분야에서도 질적 연구의 한 방식으로 연구되고 있다. 생애사 연구는 개인이 살아온 삶의 경험과 이야기에 주목하고, 그 삶의 경험이 표현하고 있는 이야기의 밑바닥에 놓인 의미와 진실을 새롭게 드러내려는 노력의 하나이다. 교육 현상을 연구하는 구체적인 방식의 하나로 이해한 많은 연구자가 이 방법을 통해 개인의 삶을 교육적인 관점에서 분석하거나 교사의 삶을 통해 교육적 의미를 도출하려는 노력을 지속하고 있다.

　생애사 연구가 중요한 교육 현상의 연구 방법으로 활용되고 있다면 진로상담 분야에서도 이러한 방법을 시도할 필요가 있다. 진로발달 과정에서 우리가 경험한 여러 진로 사건이 무엇이었고, 그런 사건들을 개인이 어떻게 이야기하고 의미화하는가를 드러내는 작업은 진로발달 과정과 진로경로 그리고 그 과정에 미치는 여러 맥락적 환경의 영향을 잘 드러낼 수 있기 때문이다. 하지만 아직까지 진로상담 분야에서는 생애사 분석을 통한 의미화 작업이 많이 시도되지 않고 있다.

　그 이유는 여러 군데에서 찾을 수 있다. 우선, 진로는 일종의 삶 전체를 아우르는 용어이기 때문에 진로발달 또는 진로경로라는 프리듬을 통해 인생을 들여다본다는 것 자체가 너무 큰 작업으로 다가올 수 있다. 두 번째는, 기존의 내러티브 연구들은 기본적으로 삶 전반을 다루고 있기 때문에, 군이 진로를 중심으로 이를 탐구하려는 시도 자체가 모순이 될 수 있다. 마지막으로, 그동안 학자들은 주로 양적 연구에 관심을 두고 있었으며, 질적 연구에서도 주로 대학생이나 특정 직업군의 진로 등 제한된 연구 주제들을 다루고 소수의 연구 방법을 적용하는 데 그쳤다. 그렇기 때문에 종단적으로 시간의 경과에 따라 개인의 삶이 어떻게 전개되어 갔는지를 다루는 것은 약간은 무모한 일이 될 수도 있었다. 또한 그 결과를 가늠하기 어려웠기 때문에 엄두를 내지 못하였을 거라 생각한다.

그럼에도 불구하고 나는 40대 중반부터 끊임없이 내 삶의 여정을 기록으로 남기고 이를 의미화하고 싶다는 생각을 품고 있었다. 진로상담을 가르치는 교수로 살고 있는 내 인생이 별달리 특이할 것이 없다고 할 수도 있지만, 내 자신은 여러 변곡점을 거치면서 지금의 이 자리에 왔다고 평가하고 있기 때문이다. 가끔씩 지금 내가 서 있는 이 자리와 나의 모습이 오버랩되면서 꿈처럼 느껴질 때가 있다. 그만큼 어려서 내가 꿈꾸던 삶과 지금의 내 모습 간에는 차이가 컸기 때문이다. 또 앞으로 나의 미래도 감히 꿈꾸기 어렵다고 표현하는 것이 맞다.

대학원에 진학해서 상담을 전공하게 된 것도 우연이고, 진로 쪽에서 연구 주제를 잡아서 박사학위를 따게 된 것도 계획에 따른 것이 아니었으며, 결혼 및 취업과 관련해서도 어느 하나 내 뜻에 의해 이루어진 것은 없는 것 같다. 이렇게 내 자신의 인생 경로를 우연이 점철된 것으로 바라보았기 때문에 진로 선택 및 결정에 있어서 우연의 역할에 관심을 갖는 것은 어쩌면 필연적인 결과일 수도 있다. 정교수가 되면 논문을 반드시 써야 한다는 의무로부터 해방될 터이니 그때는 내 삶을 다룬 내용이 들어가 있는 책을 꼭 쓰리라 다짐을 했다. 막연한 다짐이었기 때문에 어떻게 쓰겠다는 틀이나 방법에 대한 취사선택은 이루어지지도 않았다. 운 좋게도 한국연구재단의 출판지원사업의 과제에 선정이 되었고, 나는 이것을 내 삶을 회고해 보라는 계시로 받아들였다.

지금 내가 쓰려는 글들이 생애사가 될지 삶의 이야기가 될지 잘 모르겠다. Goodson(1992)이 말하듯이 사회적 조건(맥락) 내에 위치한 삶의 이야기, 즉 생애사(life history)를 쓸 수 있을지 자신할 수 없다. 하지만 삶의 이야기(life story)가 개인에 의해 말해진 삶 혹은 삶의 단편이라면 그 이야기는 할 수 있을 것이다. 아니, 가능성이 있다는 것이 아니라 꼭 하고 싶다. 소망의 차원보다 더 크게는 당위적 차원에서 삶의 이야기를 써야 한다고 생각한다. 삶의 이야기건 생애사건 간에 개인이 살아온 삶의 이야기적 특징을 연구하고, 개인 경험의 개별성과 복합성에 관심을 가진다면(김영천, 허창수, 2004), 내 삶의 편린들을 모아 나만의 조각보가 이렇게 아름답게 꾸며져 있음을 보여도 좋다고 생각한다.

나는 다채로운 색깔들이 모여 내 인생이 아름답게 꾸며졌다고 감히 단언한다. 나는 참 잘 살아왔고 참 좋은 몫을 받았다고 생각한다. 그 모든 것이 내 노력에 의한 것이었다고 얘기할 수 없기에 오히려 나는 이 글을 써야 한다고 생각했다. 많은 삐걱거림과 주저앉음이 있었고 갈팡질팡하는 순간들이 있었기에 지금의 내가 존재하고 내 삶이 모양 지어졌다. 이것이 내 인생에 대한 나의 해석이

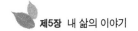

고, 진로 사건들에 또 다른 나의 해석을 더해 준다면 그것은 생애사라 할 수 있다. 생애사는 삶의 이야기를 그것이 자리 잡은 맥락에서 해석한다(김영천, 허창수, 2004). 삶의 이야기가 삶의 경험을 해석한 층위를 포함하고 있다면 생애사는 삶의 이야기에 대한 또 하나의 해석이기 때문이다(Goodson & Sikes, 2001).

② 생애사 분석의 틀

나는 단순히 자서전을 쓰려는 것이 아니다. 자서전이 자기 삶을 반추한 결과물이라는 점에서 보면 내 이야기도 자서전의 범주에서 배제될 수는 없다. 하지만 지금 내가 쓰고 분석하려는 내 삶의 이야기는 진로경로에서 발생된 여러 사건을 선택하고 이를 진로발달의 과정에서 그리고 진로이론들의 틀 안에서 분석해 보려는 시도이며, 이를 통해 진로 사건의 의미화를 도모하려는 것이다. 내 삶의 이야기를 신변잡기식으로 나열하려는 것이 아니다. 때문에 이를 드러낼 수 있는 가장 좋은 구조를 만들고, 그 얼개에 내 삶의 사건들을 배치할 필요가 있다.

생애사는 기본적으로 개인의 삶의 이야기가 갖는 시간성에 주목한다. 따라서 내 삶의 이야기도 이러한 시간적인 토대를 보여 줄 필요가 있다. 이를 위해서 나는 양영자(2013)가 재독 한인노동 이주자의 생애를 분석하는 데 활용하였던 틀을 차용하였다. Rosenthal(1995)의 내러티브-생애사 인터뷰 분석의 과정에 따라 연구한 양영자(2013)의 방식을 전적으로 따르는 데는 제한점이 있다.

나는 화자이면서 분석자라는 이중의 역할을 담당해야 하기 때문이다. 하지만 이러한 제한점은 동시에 장점이 되기도 한다. 기억의 왜곡은 어떤 인터뷰에서도 존재하지만, 나의 삶은 그러한 왜곡과 함께 기억의 복구라는 작업도 동시에 가능할 수 있기 때문이다.

내러티브-생애사 인터뷰 분석은 생애사적 데이터의 연속적 분석, 텍스트 분석과 주제적 영역 분석, 체험된 생애사의 재구성과 연속적 세밀분석, 이야기된 생애사의 비교분석, 유형 형성이라는 다섯 단계로 이루어진다(Rosenthal, 1995). 하지만 나의 생애사는 이런 모든 절차를 담고 있지 않다. 나의 생애사는 다음의 세 단계로 축소되어 제시될 것이다. 첫 번째 단계는 생애사적 데이터 추출이다. 이 단계에서 나는 50년간의 내 삶을 반추하고, 의미 있거나 삶의 방향성에 영향을 미친 진로 사건들을 추출한 후 이를 표로 제시하였다. 두 번째 단계는 생애사적 데이터와 그에 기초한 여러 가설의 구성 단계이다. 이는 일종의 해석적 데이터 수집 단계라 할 수 있다. 인생(life)이란 단어 안에는 if(만약에)가 숨겨져 있다. 내 삶 속에도 수많은 변수가 존재하였으며, 그 변수들은 내 진로를 조금씩 변경시켜 왔다. 너무 당연한 듯 보이는 일들도, 그 이면에는 우리가 감지하지 못한 여러 요인이 있어 왔고 우리는 그 요인들의 영향력을 지나쳐 버릴 때가 많다. 두 번째 단계에서 나는 생애사적 데이터와 그에 기초한 가설, 대항 가설, 후속 가설들을 만들어 보는 작업을 시도하였다. 이 과정을 통해 진로 사건들의 영향력이 드러나게 되면 마지막 단계에서 나는 체험된 생애사를 재구성하게 될 것이다. 이 과정은 일종의 의미화 단계로서 다음의 틀을 갖는다. 우선, 어떤 상황에서 진로 사건들이 발생하였는지를 제시하고, 그 사건이 준 영향과 의미를 명명하게 된다. 진로 사건들이 발생하게 된 맥락들은 일종의 거시적 관점에서 개인의 진로 사건들을 바라볼 수 있는 시각을 제공해 준다. 발생한 사건들이 어떻게 후속 사건들을 이끌어 내었는지를 파악하는 작업은 진로환경 안에서 개인의 작은 행위 하나가 단순히 방점으로 끝나는 것이 아니라 수많은 결과의 시작점이 될 수 있다는 진리를 되새김질하게 만들 것이다.

③ 생애사 분석

1) 생애사적 데이터 추출

내가 살아온 50년 인생에서 발생한 주요한 진로 사건들은 〈표 5-1〉과 같다. 이러한 생애사적 데이터에는 객관적으로 발생한 사실과 주관적으로 경험한 사실이 섞여있을 수밖에 없다. 따라서 데이터 중 가급적 객관적인 사실은 생애사적 데이터로 분류하고, 그 당시에 일어난 교육사적 에피소드나 정치사적 변화 등은 밑줄을 그어 간단하게 제시함으로써 그 둘 간의 관계가 연결되는지를 확인할 수 있도록 하였다.

〈표 5-1〉과 같이 연표상으로 생애사적 데이터들을 작성해 보니 인생의 변곡점이라 할 기념비적 일들이 상당히 많이 등장하는 것을 알 수 있었다. 하지만 이러한 데이터는 실제적으로 드러난 사실에 한정된 것으로서, 나의 의지에 의해서만 발생한 것이 아니기 때

| 표 5-1 | 손은령의 생애사적 데이터

연도 (연령)	생애사적 데이터/한국사 · 교육사적 데이터[1]
1966 (0세)	• 군의관이었던 아버지와 전업주부였던 어머니 사이에서 논산 군인 훈련소에서 출생-[이름값 하는 내 인생][2] • 2남 1녀 중 장녀(남동생 2명) • <u>윤 3월이 있었던 해</u>
1967 (1세)	• 군의관을 마친 아버지의 근무지(대전)로 이전
1972 (6세)	• 원동 국민학교 조기 입학-[예정에 없던 7세 입학] • <u>10월 유신, 7 · 4남북 공동선언</u>
1974 (8세)	• 국민학교 3학년 • <u>중학교 입시 폐지(고교평준화 조치: 서울)</u>
1975 (9세)	• 국민학교 역사상 최초의 여자 반장(4학년 2학기)-[70년 역사 상 최초의 여자 반장]
1977 (11세)	• 학생회장 선거(6학년, 3월)-[부정선거의 기억]
1978 (12세)	• 국민학교 졸업, 졸업식 답사 연설(2월) • 무작위 추첨을 통해 대전여자중학교 입학(3월) • 1979년 박대통령 시해 사건
1980 (14세)	• 중학교 3학년, 대전 연합고사 실시(고교평준화정책 시행)-[7 · 30 과외금지조치라는 선물] • <u>5 · 18 민주화 운동</u> • <u>7 · 30조치(과외금지 조치, 본고사 폐지), 원동국민학교 폐교</u>
1981 (15세)	• 중학교 졸업, 학업 우수상 수상(2월) • 연합고사 제도를 통해 충남여자고등학교 입학(3월) • <u>전두환 정부, 졸업정원제 실시</u>

1) 한국사 · 교육사적 데이터를 간단하게 제시하고 밑줄을 그어 구분함.
2) 생애사 분석에 에피소드로 기록된 내용을 연표에 제시함.

1984 (18세)	• 고등학교 졸업, 국회의원상 수상(2월) • 서울대학교 교육학과 입학(3월)-[1점이 가른 운명] • 대학입학 선시험 후지원 제도
1987년 (21세)	• 선경 입사 결정(4월) • 서울대학교 사범대학 부속 초등학교, 부속중학교 교생실습 (5~6월, 6주간)-[내 길을 알려 준 교생 지도교사] • <u>6월 항쟁, 6·29선언</u>
1988년 (22세)	• 대학교 졸업(2월) • 개포중학교 사회과 교사 발령(3월 2일자)-[나비 효과] • <u>노태우 정부</u>
1989년 (23세)	• 개포중학교 2학년 8반 담임 발령 • <u>해외여행 자유화 조치</u>
1990년 (24세)	• 대학원 입학, 개포중학교 휴직(3월)-[엄격한 교장선생님!] • 한국 행동과학 연구소 임시 연구원(6~9월) • 아버지 사망(10월)-[아버지의 이른 죽음이 남긴 것]
1991년 (25세)	• 사랑의 전화 학습상담 진행-[역경을 뒤집으면 경력] • MBTI 자격증 취득
1992년 (26세)	• 개포중학교 복직 • 허리 디스크 발병
1993년 (27세)	• 개포중학교 퇴직(3월 5일자)-[지도교수의 전화 한 통: 잘못된 명 명] • 교사 자격증 박탈 • <u>김영삼 정부</u>
1994년 (28세)	• 서울대학교 대학원 석사학위 취득(2월) • 서울대학교 학생생활연구소 연구원 취직(9월) • 서울대학교 대학원 박사과정 입학시험(11월)-[노교수의 말 한 마디/대학 동기의 어처구니없는 실수] • <u>김일성 사망</u>
1995년 (29세)	• 서울대학교 학생생활연구소 퇴직(2월) • 서울대학교 대학원 교육학과 박사과정 입학(3월)-[계산을 이

	긴 아둔함]
	• 결혼(5월)-[사랑은 오해를 타고] • 우송정보대학 교양 강의 시작(최초의 시간강의)
1996년 (30세)	• 첫째 아이 출산(2월) • 박사과정 휴학(3~8월) • 한남대학교 교직과정 시간강사(3~8월)
1997년 (31세)	• 박사과정 수료(8월) • 지도교수의 해외 파견 • IMF 구제금융(12월)
1998년 (32세)	• 둘째 아이 출산(4월) • 서원대학교 시간강사(9월) • 김대중 정부 출범
2000년 (34세)	• 충북대학교 학생생활연구소 객원 연구원(8월까지) • 박사논문 계획서 발표-[딴 우물 파기] • 한국연구재단 신진연구인력 지원사업 선정-[무모한 시도]
2001년 (35세)	• 서울대학교 대학원 교육학과 박사학위 취득(8월)
2002년 (36세)	• 전주대학교 강의전담 교수(9월부터) • 한국심리학회 산하 상담 및 심리치료학회 상담심리전문가 자격증 취득
2003년 (37세)	• 서원대학교 강의전담 교수(3월부터) • 청소년 상담사 1급 자격증 취득(11월) • 노무현 정부
2004년 (38세)	• 충남대학교 교육학과 전임강사(2월 15일 부터)
2006년 (40세)	• 한국연구재단 신임교수 연구지원사업 선정 • 전문상담교사제도 실시
2007년 (41세)	• 충남대학교 해외파견 교수 선발

2008년 (42세)	• 위스콘신 대학교 교환교수(2009년 2월까지) • 이명박 정부
2009년 (43세)	• 충남대학교 입학관리본부 부본부장 • 대학입학사정관제 실시
2010년 (44세)	• 충남대학교 입학관리본부 부본부장 • 충남대학교 사범대학 승인
2011년 (45세)	• 학교폭력 예방과 대책 교과개설
2012 (46세)	• 충남대학교 교육연구소장 • 한국상담학회 연차대회 준비위원장 • 대전충남상담학회장(2013년 12월까지) • 한국연구재단 중견연구자 지원사업 선정
2013년 (47세)	• 충남대학교 교육학과 학과장(3월부터) • 한국상담학회 윤리위원장(2014년 12월까지) • 박근혜 정부
2014년 (48세)	• 충남대학교 교육학과 학과장 • 충남대학교 교육연구소장 • 한국상담학회 윤리위원장 • 한국연구재단 저술출판집필사업 연구 과제 선정 • 중학교 진로와 직업 교과서 집필(비상출판사)
2015년 (49세)	• 충남대학교 사범대학 부설 교육연수원장(3월부터) • 충남대학교 교육연구소장 • 충남대학교 교육대학원 진로진학상담교육전공 신설 제안서 제출 • 중학교 진로와 직업 교과서 책임 집필 • 중학교 자유학기제 시작 • 「진로교육법 발효」 • 「인성교육법 발효」
2016년 (50세)	• 연구년(9월부터) • 충남대학교 사범대학 신축건물 이전 결정 • 생애개발상담학회 부회장(2017년 12월까지)

2017년 (51세)	• 충남대학교 교육대학원 진로진학상담교육전공 신설 • 진로진학상담총서(진로진학상담교육론) 집필 완료 • 중학교 진로와 직업 교과서(비상 출판사) 인정 통과 • 문재인 정부

문에 수많은 우연적인 사실과의 교집합에 의해 변형되고 일그러지면서 내 기억 속에 남아 있을 것이다. 따라서 이러한 데이터를 중심으로 어떤 일들이 발생할 수 있었을지 그 가설들을 설정해보고 그로 인한 결과들을 유추해 보는 것은 실제 일어난 사실과 가능한 사실 간의 간극을 가늠해 볼 수 있는 좋은 자료라 할 수 있다. 또한 상식적으로 유추 가능한 가설과 함께 그에 적대적인 대항 가설과 이로 인한 후속 가설을 설정해 보는 과정을 통해 우리 삶이 얼마나 많은 우연과 필연의 접점들이 찍은 좌표들로 구성되었는지를 알아볼 수 있다. 그 좌표들은 가족에 의해서, 사회문화적 환경에 의해서, 그리고 경제적 상황이나 시대적 흐름에 따라서 또 다른 좌표들을 만들 수 있지만, 지금 여기서 고정되었음을 가정하고 찍어 보는 것도 큰 의미가 있을 것이라 생각한다.

2) 생애사적 데이터와 이에 기초한 가설 (해석적 데이터의 추출)

생애사적 데이터들을 추출한 이후의 작업은 그때 그 시점에서 어떤 다른 선택이나 가능성이 있었을지를 추론하는 과정이다. 이 과정에서는 꼬리에 꼬리를 무는 이야기들이 펼쳐질 수 있다. 이런 이야기들은 그 시점에 발생한 생애사적 데이터에 필연성을 선물하고, 그 선택에 강한 의미를 부여하게 된다. 하지만 이러한 가설들은 온전히 허구적인 것이기 때문에 그러한 허구성에 반하는 새로운 가설들도 가능하다는 한계를 고스란히 안고 있다. 따라서 본 연구에서는 이를 대항 가설로 설정하고 그에 대한 논리도 제시하였다. 대항 가설에 꼬리를 무는 이야기들도 물론 가능하다.

이렇게 저자의 삶에 나타난 여러 생애사적 데이터와 그 가설들을 기록하는 과정에서 일종의 의미군들이 추출된다. 마지막 절은 그런 의미군에 대한 서술이 주요 내용이며, 이 과정에서 한 개인의 생애사에 점철된 우연과 필연의 조우가 명확하게 드러날 것으로 기대한다. 〈표 5-2〉의 내용들은 〈표 5-1〉의 생애사적 데이터들을 중심으로 가설, 후속 가설들을 설정하고 그에 반하는 대항 가설과 그 이후의 스토리를 간단하게 적어 본 것이다.

〈표 5-2〉에 제시된 내용들을 살펴보면 생애사적 데이터에 대해서 여러 가설이 존재하며, 이 가설들은 또 다른 결과물을 만들었을 가능성이 있음을 말해 준다. 이는 후속 가설의 이야기로 축약되는데, 그 내용을 살펴보면 내 삶의 좌표는 지금 이시점에서 이 모양새가 아니라 전혀 다른 좌표에서의 전개과정을 보여 줄 수도 있었음을 알 수 있다. 연표를 통해서 수많은 if와 그에 대한 내 선택, 그리고 그 선택에 대한 수용과정을 거치면서 지금의 내 자리가 만들어지는 것임을 다시금 알게 된다. 이러한 if 중에는 내가 선택할 수 있었던 것도 있지만 실제적으로는 주어진 것, 선택의 여지가 없는 것이 더 많았다. 지금 내 모습이 내가 원한 모습보다 훨씬 좋은 모습이었음에 감사하지 않을 수 없는 것은 이런 이유에서일 것이다.

| 표 5-2 | 생애사적 데이터와 이에 기초한 가설

연도 (연령)	생애사적 데이터 및 가설, 후속 가설, 대항 가설	
1966년 (0세)	1. 의사였던 아버지와 전업주부였던 어머니 사이에서 논산 훈련소에서 출생-2남 1녀 중 장녀(남동생 2명)	
	1) 남아선호사상이 심한 대구 경북 출생의 부모님 슬하에서 첫 딸이 태어났기 때문에 부모님은 두 번째는 아들이어야 한다는 생각을 가졌을 것임.[3] 1.1) →[4] 아들이 아니라는 실망감은 있었지만, 첫딸은 살림밑천이라는 믿음으로 이후 자녀들의 양육에 일정 부분 책임을 지우고자 하는 의도가 있었을 것임.	1.1) ↔[5] 딸이 하나였기 때문에 고명딸로서의 역할을 기대하고, 그에 걸맞는 성장과정을 거쳤을 것임.
1967~ 1971년 (1~5세)	2. 군의관을 마친 아버지가 레지던트 과정을 하기 위해 대전 도립병원에 근무하게 됨(대전으로 이주).	
	2) → 가족 모두가 새로운 환경에 적응해야 했고, 경제적 어려움으로 인해 힘든 시절이었을 것임. 2.1) → 부모의 스트레스를 덜어 주기 위해 어른스럽게 역할을 감내하는 과정에서 애어른 같은 모습을 가졌을 수 있음.	2) ↔ 3년 먼저 태어났지만 생일이 같은 남편과 고향이 같았기 때문에 비슷한 곳에서 어린 시절을 보냈다면 그로 인해 인생 행로가 달라질 수 있었을 것임.

---

3) 가설에는 객관적 사실과 그 이유에 대한 추론이 동시에 기술되었음.
4) → 후속 가설에 해당됨을 의미함.
5) ↔ 대항 가설에 해당됨을 의미함.

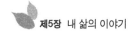

1972~1974년 (6~8세)	3. 국민학교 조기 입학(7세)	
	3) 빠른 입학으로 인해 학교 적응에 어려움을 겪었을 가능성이 있음. 3.1) → 낮은 학교 성적을 보였을 수 있음.	3) ↔ 빠른 입학으로 초기에 혼란은 있었겠지만 적응을 잘하기 위해 노력하는 계기가 되었을 것임.
1975년 (9세)	4. 4학년 1학기에 최초로 1등을 하고, 2학기에는 최초의 여자 반장이 됨.	
	4) 지지부진하던 성적이 4학년 때 급상승하게 되면서 자신감이 높아졌을 것임. 4.1) → 자신감 상승으로 인하여 리더십을 발휘할 기회를 갖게 되고 이로 인해서 2학기에 반장으로 선출되었을 것임.	4.1) ↔ 준비되지 않은 상태에서(2학기)의 급작스러운 반장 선출로 역할 행동에 어려움이 있었고, 주변의 격려와 지원도 부족한 상태에서 낙담을 경험했을 가능성이 있음.
1976~1977년 (10~11세)	5. 5, 6학년 동안 담임이 같았으며, 6학년 때 학생회장 부정선거를 목격함.	
	5) 치맛바람의 폐해를 목격하고 치맛바람의 덕이 아니라 공정한 경쟁에 의해 우수성을 드러내려는 노력을 기울였을 것임. 5.1) → 과외 열풍이 불 때였지만 대학생이 가르치는 과외만 했음. → 상대적으로 빈곤감을 느꼈을 가능성이 있음.	5) ↔ 자신의 어머니가 학교생활을 적극 지원해 주지 않음에 대해 원망하는 마음을 가졌을 것임. 5.1) ↔ 남동생이 사립학교에 가게 된 것을 남녀 불평등으로 받아들이고 더욱 노력했을 가능성이 있음.
1978~1980년 (12~14세)	6. 대전여자중학교 입학(무작위 추첨 선발), 사립학교를 나온 친구와의 갈등, 과외금지 조치 경험, 고교 평준화로 인해 연합고사 실시 후 고교 배정	
	6) 입시제도가 자꾸 바뀌는 과정에서 원하는 중학교에 입학	6) ↔ 잦은 입시 변화를 통해 열심히 해도 좋은 고등학교에 입

1978~ 1980년 (12~ 14세)	하게 되어 연줄이나 빽이 아니어도 자신에게 유리하게 상황이 바뀔 수 있다는 믿음이 생기고, 자신은 운이 좋다고 느꼈을 가능성이 있음. 6.1) 사립학교를 나온 친구에 대해 질투심을 느낌. → 앞서기 위해 공부에 매진했을 것임.	학할 가능성이 낮아졌기 때문에 공부를 게을리했을 것임. 6.1) ↔ 남동생에 비해 적극적으로 지원해 주지 않았던 부모에 대한 원망감이 공부로 표출되었을 수 있음.
1981~ 1983년 (15~ 17세)	7. 충남여자고등학교 입학, 고등학교 정책상 외국어 선택과목으로 독일어 선택, 문이과 중 문과 선택	
	7) 고교 평준화로 인해 입학한 학교가 과거 2차 학교였음에 실망하였을 것임. 7.1) → 고등학교 선택교과를 영어가 아닌 독일어로 정했기 때문에 노력에 비해 좋은 점수를 받아 서울대학교에 입학할 수 있었을 것임. 7.2) 문이과 선발과정에서 우수한 학생을 피해 문과를 선택함 → 이로 인해 문과 1등이 되었고, 학교의 기대를 받아 더욱 열심히 노력했을 것임.	7.1) ↔ 영어만 선택하는 분위기였다면 성적이 높게 나오지 못하여 서울대가 아닌 대학으로 진학했을 가능성이 있음. 7.2) ↔ 이과로 진학해야 한다는 학교 또는 가정의 압력이 있었을 경우 좋은 성과를 내지 못하였을 것임.
1984년 (18세)	8. 서울대학교 사범대학 교육학과 입학, 26명 정원, 여자 7명	
	8) 여자들에게 교사가 최고라는 분위기에서 사범대학 입학을 권유받았을 것임. 8.1) → 특정 교과교육을 선택하는 것이 어려워 범학문적인 교육학과에 입학했지만 적성이 맞지 않아 어려움을 겪었을 것임.	8.1) ↔ 교사 이외에도 다양한 진로 가능성을 가진 학과에 입학했기 때문에 적극적으로 진로 가능성을 모색했을 가능성이 있음. 8.2) ↔ 인류학과에 대한 무지로 인해서 재수를 선택하고, 그 과정에서 성적이 올라 법과대

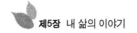

1984년 (18세)	8.2) 졸업정원제로 인하여 30% 추가 인원을 선발하지 않았으 면 대학입시에 실패했을 가능 성이 큼 → 1지망은 안 되어도 2지망 인류학과에는 선발되어 사회과학도가 되었을 가능성이 있음.	학 등에 입학했을 것임 → 법 조인이 되어 행정고시 등을 통 해 공무원이 되었을 것임.
1985~ 1986년 (19~ 20세)	9. 교육학과 생활, 사회교육을 부전공으로 이수, 다양한 과외활동	
	9) 낮은 성적으로 입학한 것에 대한 열등감을 가졌을 것임. 9.1) → 그에 대한 보상으로 열 심히 공부했을 것임 → 3학년 1학기에 과수석을 하였지만 공부에 대한 자신감을 갖지 못 했을 것임.	9.1) ↔ 열등감으로 인해 대학 원 진학을 포기하고 사회 진출 을 고려했을 가능성이 있음.
1987년 (21세)	10. 선경 입사 결정(4월), 교생 실습(5월)	
	10) 동기생에 비해 교육학과 전공과목 점수가 나오지 않는 것을 보고, 원래 경영대에 가 고싶었던 고등학교의 꿈을 실 현하기 위해 선경에 입사하기 로 결정했을 것임. 10.1) → 대기업 생활을 시작했 다면 여성 차별적인 분위기와 우월한 여성에 대해 비우호적 인 직장 분위기로 인해 성공적 인 직장생활이 어려웠을 것임.	10.1) ↔ 성격적인 특성이 기 업체에 적합하고, 행정적인 능 력을 갖추고 있었기 때문에 대기업 생활에 잘 적응해서 고 위직으로 승진했을 가능성이 있음.
1988~ 1989년 (22~ 23세)	11. 개포중학교 교사생활 시작	
	11) 준비되지 않은 교사생활과 사회과 부전공이라는 한계로 인해서 수업 준비에 노력을 많	11.1) ↔ 6개월간의 교직 대기 기간을 가졌다면 맘이 바뀌어 대학원에 진학할 준비를 하였

1988~1989년 (22~23세)	이 해야 했고, 교사 정체감 형성에 어려움을 겪었을 것임. 11.1) → 학교 행정 조직에 대한 이해도가 낮아 교육 전문직과의 관계에 어려움을 겪었을 가능성도 있음. → 대학원 진학을 고려했을 것임. 11.2) 수업 준비에 대한 필요성으로 교사 모임에 적극 참여하여 훗날 전국 교직원 노동조합원이 되었을 것임.	을 것임. → 대학원 진학이 1년 빨라짐으로 인해서 교사생활에 어려움을 겪었거나, 대학원을 포기하였을 가능성이 있음. 11.2) ↔ 해직 교사가 되어 대학원에 진학한 후 상담이 아닌 교육학의 다른 분야를 전공했을 것임.
1990~1991년 (24~25세)	12. 서울대학교 대학원 입학, 부친 사망	
	12) 대학원 생활 중 부친 사망으로 공부에 전념하지 못했을 것임. 여러 개인사들로 인해 석사학위 논문을 작성하지 못하였을 것임. 12.1) → 2년 휴직기간 동안 석사학위를 취득하지 못하였기 때문에 복직을 해야 하는지 고민했을 것임.	12) ↔ 부친의 사망으로 독립적인 여성의 삶에 대해 고민하게 되고, 교사로 살기로 결심하였을 것임. 12.1) ↔ 부친 사망으로 인해 독한 마음을 갖고 공부에 전념하여 학위를 취득하고, 성공적인 직업인으로 살게 되었을 것임.
1992년 (26세)	13. 개포중학교 복직, 1년간 허리병으로 고생	
	13) 개포중 사직, 교사 자격증 박탈, 석사학위 논문 작성, 지도교수의 전화로 인해 급작스럽게 사표 제출, 의무복무 규정 위반으로 인한 교사자격증 박탈 13.1) → 지도교수의 전화를 오해하지 않았다면 충동적인 사표 제출이 없었을 것이고, 이후 1년간 학교에 복무하고 교사자	13) ↔ 교사자격증이 유지될 수 있는 방법을 찾아보았거나, 교사자격증을 박탈당하지 않았다면 석사학위 논문을 쓰기 위해 애쓰지 않았을 것임. → 다시 교직으로 회귀했을 것임.

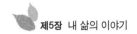

	격증을 유지하려는 노력을 기울였을 것임.	
1994년 (28세)	14. 석사학위 취득, 서울대학교 학생생활연구소 상담연구원 취직, 박사과정 입학시험, 남편을 만남
	14) 박사과정 입학생 수가 2명으로 정해졌으며, 남학생들이 2명 지원할 예정이었기 때문에 박사과정 입학을 못하였을 것임. 14.1) → 선배가 입학을 못하고 있었기 때문에 계속적으로 밀려서 상담연구원 생활만 지속하거나, 미국으로의 유학을 추진했을 것임. 14.2) 박사 입학시험 일정을 놓친 동기 남학생이 없었거나, 선배가 진학을 서둘렀다면 대학원 입학이 어려웠을 것임.	14.1) ↔ 박사과정 면접위원이 미혼 상태임을 걱정하지 않았다면 그 당시 2번 만났던 남편과의 결혼을 서두르지 않았을 것임. → 대전으로 이사하지 않았을 것이며, 이로 인해 학업에만 전념하지 않았을 것임. 14.2) ↔ 박사과정 입학에 실패했다면 학생생활연구소 연구원으로 더 근무했을 것임. → 상담 실무 경험이 쌓여서 상담소 개업 등 전문가의 길로 나갔을 수도 있음.
1995년 (29세)	15. 서울대학교 대학원 교육학과 박사과정 입학, 서울대학교 학생생활연구소 퇴직(6개월 근무), 퇴직, 임신, 우송정보대학 시간강의 시작
	15) 1학기 말의 결혼이었기 때문에 양해를 구하고 직장생활을 1년 정도 지속할 수 있었을 것임. 15.1) → 경력 단절로 인한 조급함이 줄어들어서 논문을 써야 한다는 압박감을 덜 느꼈을 수 있음.	15.1) ↔ 첫 시간 강의를 전문대에서 시작하지 않았을 것임. → 주말부부로 생활하면서 공부와 직장생활 등을 병행하려 고군분투하였을 수도 있음.
	16. 첫째 아이 출산(2월), 박사과정 휴학(3~8월), 한남대학교 교직과정 시간강사(3~8월), 박사과정 수료

1996~1997년 (30~31세)	16) 결혼도 늦지만 출산은 더욱 늦어질 것이라는 역술인의 말을 듣지 않았으면 계획임신을 했을 것이며, 이로 인해 휴학하는 일은 없었을 것임. 16.1) → 학업적 단절이 없게 됨으로 해서 박사학위 취득이 빨라졌을 수 있음 → 대학교수로서의 취업 문이 넓지 않은 시기였기 때문에 연구소 등에서 근무했을 수 있음.	16.1) ↔ 지도교수의 해외파견이 이 시기에 이루어짐으로 인해서 학업적 부담감이 상대적으로 감소하게 되었으며, 이로 인해 보다 자유롭게 수업을 들을 수 있어 박사과정 수료가 가능했을 것임.
1998~1999년 (32~33세)	17. 둘째 아이 출산(4월), 서원대학교 시간강사	
	17) 학업적 단절로 인해서 학위취득에 대한 열정이 사라졌을 것임, 두 자녀 양육과 개업의 부인으로서의 역할에 치여 연구자로서의 삶을 꿈꾸지 못하였을 것임. 17.1) → 지방에 살고 있고, 동료 연구자들과의 왕래가 뜸하였기 때문에 안정적인 삶을 영위하려는 생각을 유지하고 박사 수료로 학업을 종료했을 가능성이 큼. → 의사 부인 중 일을 하는 사람들이 드물었던 시대적 상황으로 인해 적극적으로 일을 하겠다는 의지를 펼치지는 못했을 것임.	17.1) ↔ 막내이지만 맏며느리로서의 역할을 감당해야 하는 현실적인 상황과 남편이 죽은 전업주부의 삶(엄마)에 대한 회의감으로 인해서 섣불리 남편에게 의존하겠다는 생각을 발설하지는 못하였을 것임. → 여성의 경제활동에 대해 적극적으로 지지하는 남편의 독려로 인해 박사 논문은 마무리하였을 것임.
2000년 (34세)	18. 충북대 학생생활연구소 객원상담원, 한국연구재단 신진연구인력 지원사업 선정(720만 원 지원금 받음), 매주 1회 서울대에서 상담 자원봉사 실시	

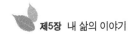

2000년 (34세)	18) 과학자 실무자 모델에 따라 공부와 상담 실제를 병행하는 것이 어려워 상담 실제에 대한 수련은 포기하였을 것임. 18.1) → 상담 전문가 자격취득에 실패하였을 것임. 이로 인해 상담 분야에서의 직업을 찾거나, 교수가 되는 데 어려움을 겪었을 것임. 18.2) 진로 분야의 연구주제를 선정하는 과정에서 지도교수와의 어려움을 한국연구재단 사업 선정으로 극복하였을 것임. → 제안서 작성에 대한 자신감을 가지게 되었을 것임.	18.1) ↔ 학위취득과는 별개로 상담자 수련이 어렵다는 것을 체험하고 상담이 아닌 다른 분야로의 진출을 모색하였을 수도 있음. 18.2) ↔ 진로가 아닌 심리상담 쪽의 학위 주제를 선택하고 논문 작성에 큰 어려움을 겪었을 가능성이 높음.
2001년 (35세)	19. 서울대학교 대학원 교육학과 박사학위 취득(8월), 충남대에서 시간강의 구직활동 실패, 충남대학교 학생생활연구소에서 상담 자원봉사 실시	
	19) 충남대에서 바로 강의를 받았으면 시간강사로 만족했을 것임. 19.1) → 전업강사에 머물렀을 것임. 19.2) 실업자가 될 가능성을 고려했기 때문에 연구 성과를 만들려 노력했고, 전문가 자격증 취득을 위해 애썼을 것임.	19.1) ↔ 바로 취업이 되지 않았기 때문에 시간적으로 여유가 있어서 며느리, 딸의 역할에 매몰되어 경력 단절이 길어졌을 것임.
2002~ 2003년 (36~ 37세)	20. 전주대학교 강의전담 교수(9월~), 한국심리학회 산하 상담 및 심리치료학회 상담심리전문가 자격증 취득, 서원대학교 강의전담 교수(3월~), 청소년상담사 1급 자격증 취득(11월)	
	20) 서원대학교에서의 전임강	20.1) ↔ 강의 교수 등의 활동

2002~2003년 (36~37세)	사 가능성을 더 많이 고려했다면 여러 대학의 교수직 공고에 지원하지 않았을 것임. 20.1) → 최종적으로 보면 서원대에서 교수가 되지 못하였을 가능성이 있음.	을 통해서 외부 활동에 대한 욕구가 채워지고 육아 부담이 커지는 시기였기 때문에 전업강사에 머물렀을 가능성이 있음.
2004~2008년 (38~41세)	21. 충남대학교 교육학과 전임강사(3월~), 한국연구재단 신임교수 연구지원 사업 선정, 충남대학교 해외파견 교수 선발, 위스콘신 대학 교환교수	
	21) 동기 교수 중에 교환교수로 선발된 사실을 알지 못했으면 시도하지 못했을 것임. 21.1) → 학과 사정상 파견 교수는 순번을 타기 어려웠을 수 있으며, 이로 인해 영어에 대한 열등감을 극복하기 어려웠을 것임.	21.1) ↔ 개인적으로는 교환교수를 갔던 것이 축복이었지만, 남편이 휴직을 한 이후 직업적인 하향세로 돌아서는 결정적 계기였음. → 남편의 전성기가 지속되는 관계로 남편의 건강에 문제가 생겼을 가능성이 큼.
2009~2011년 (43~45세)	22. 충남대학교 입학관리본부 부본부장, 한국상담학회 연차대회 준비위원장, 대전충남상담학회장	
	22) 입학본부장이 학과 교수에게 추천을 요구하지 않았으면 학내 인맥이 없었던 관계로 보직을 할 가능성이 낮았음. 22.1) → 보직 경험으로 인하여 행정적인 능력을 인정받을 수 있는 계기가 되었을 것임.	22.1) ↔ 학교 행정에 대한 부담감이 줄어들었을 가능성이 크며, 이로 인하여 자녀 양육 및 학회 활동에 보다 전념했을 가능성이 있음. → 학교 밖 활동 등이 확장되었을 가능성이 큼.
2012~2014년 (46~48세)	23. 충남대학교 교육연구소장, 충남대학교 교육학과 학과장(3월부터), 한국상담학회 윤리위원장	
	23) 선배 교수의 보직과 사범대학 신설이 없었다면 1년 정도 빨리 학과장을 하였을 것임.	23.1) ↔ 대외적·가정적으로 일들이 쌓여 가는 시기라서 일과 가정의 균형 잡기에 실패하

2012~ 2014년 (46~ 48세)	23.1) → 보직 경험 등으로 인하여 사범대학, 교육학과의 여러 현안 문제를 비교적 협력적으로 풀어 나갈 수 있었을 것임.	여 위기를 겪었을 수도 있음.
2015년 (49세)	24. 충남대학교 사범대학 부설 교육연수원장(3월부터), 충남대학교 교육연구소장	
	24) 2015년부터 공과대학에서 사범대학으로 교육연수원이 이관되었기 때문에 학과장을 마치고, 바로 연수원장으로 보직 발령을 받을 수 있었음. 24.1) → 신설 연수원과 마찬가지의 상황이었기 때문에 상담 연수기관 지정과 같은 여러 행정적인 변모를 시도할 수 있었음. 24.2) 신임 연수원장이었기 때문에 기념사업처럼 대전시 교육청 학습 코칭 사업을 수주 받음. → 예비교사들과의 교류가 늘어날 수 있었음.	24.1) ↔ 교육연수원장이 되지 않았다면 기초교양교육원의 교수학습센터장이 될 가능성이 높았음. → 학교 전체의 교육을 변화시킬 기회가 주어졌을 가능성이 큼. 24.2) ↔ 외부 사업 수주를 하지 않았다면 학과 내 위상이 격하되었을 가능성이 있음. 교사교육에 대한 비전을 만들어 낼 수 없었을 것임.
2016년 (50세)	25. 충남대학교 BK 사업 시작, 교육대학원 진로진학상담교육전공 제안서 채택, 한국상담학회 생애개발상담학회 부회장(차차년도 회장), 생애개발상담학회 수련감독자로 인정됨, 연구년 시작(9월부터)	
	25) 학과장 이후 바로 연구년을 진행하려 했으나 순서에 밀려 연구년을 늦게 하게 되었으며, 그로 인하여 보직을 수행하게 되었을 것임. 25.1) → 둘째 아이의 재수로	25.1) ↔ 불편한 마음으로 인해 쉬지도, 연구에 매진하지도 못하는 어정쩡한 한 해를 보낼 수도 있었음. 25.2) ↔ 슈퍼바이저로서의 역할에 충실하기 위해 상담활동

| 인해 불편한 연구년 기간을 보낼 가능성이 있음. → 쉬는 대신 연구와 저술 활동에 전념했을 수 있음.
25.2) 생애개발상담학회의 슈퍼바이저가 될 예정이 아니었지만 모학회의 엄격한 관리로 인하여 뜻하지 않게 2개 분과(학교상담, 생애개발상담)에서 슈퍼바이저급이 됨. → 부회장직을 선뜻 받지 않았다면 슈퍼바이저가 되지 못했을 것임. | 의 폭을 넓혀 나갔을 수 있음. |

나는 내가 꿈꾸지도 못하였던 길에 서 있고, 그 길에서 또 다른 길로 나아가려 준비하고 있다. 주어진 운명과 내가 취한 행동 간의 균형 잡기 과정에서 내 진로는 움직여 갔음을 새삼 깨닫게 된다.

3) 체험된 생애사의 재구성

〈표 5-2〉에 제시된 생애사적 데이터를 모두 나열하고 일일이 이를 해석할 수는 없다. 하지만, 실제로 보면 여러 가설 중에는 공통점들이 발견된다. 이들은 일종의 의미군들로 묶이고 그에 대해 적절한 명명이 가능해진다. 이렇게 의미화된 7개의 주제군은 '그 일이 없었다면', '그 사람이 없었다면', '분노는 나의 힘', '잘못된 정보의 선한 결과', 'Stay Foolish!', '우연은 필연이 되고'이다. 이들을 중심으로 체험된 생애사를 재구성하여 내 삶의 이야기를 꾸며 보았다.

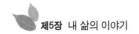

(1) 그 일이 없었다면

살면서 수많은 일을 겪게 되고, 대부분의 경우 그러한 일들은 예측할 수 없는 사건으로 다가오게 된다. 내 생애사의 데이터들 중에서 그런 사건들의 헤드라인을 모아 보면 다음과 같이 정리할 수 있다. '예정에 없던 7세 입학', '7·3 과외금지 조치라는 선물', '대학 동기의 어처구니없는 실수' 등이다. 이는 두 번째 의미군에 있는 에피소드들과 연결된다. 그 일은 그 사람으로 연결되며, 또다시 우연은 필연이라는 의미군과 맥을 같이한다. 각각의 이야기들은 편의에 따라 개별 의미군에 포함되었지만 결과적으로 삶의 우연성을 부각하려는 목적을 실현하고 있다 할 것이다. 간단하게 그 내용을 살펴보면 다음과 같다.

■ 예정에 없던 7세 입학

난 1966년 4월 30일에 태어났다. 그해는 윤달이 있는 해였고, 난 하필이면 윤 3월에 태어나는 바람에 매년 음력이 아닌 양력에 생일을 맞아야 했다. 첫딸로 태어난 내가 아들이 아니라서 엄마는 서운해하셨단다. 말띠 해에 태어난 불길한 기운—그건 팔자가 셀 운명이라는 말과 동의어였고, 남편이 벌어다 주는 돈으로 먹고살기보다는 내 손으로 내 밥벌이를 해야 한다는 말이었기에—을 누르기 위해 10살이 될 때까지 수수팥떡을 생일날 꼭 해먹었다고 한다. 하지만 불운하게도, 또한 역설적으로 운이 좋게도 난 내 인생을 스스로 책임지며 살고 있다. 수수팥떡은 괜히 만들어 먹은 것이다.

엄마가 바라던 아들은 내 뒤로 18개월 터울을 두고 두 명이 태어났다. 겉으로 드러나는 차별은 없었지만 은근하게 그리고 미묘하게 남동생들과 나에 대한 대접이 달랐음을 결혼을 하고 나서야 깨닫게 되었고, 그것이 지금까지 나와 엄마 사이에 일정한 거리 혹은 갈등을 만드는 불씨가 되고 있다.

난 7살에 입학한 조기 입학자이다. 특별히 내가 영특해서 조기 입학을 한 것은 아니다. 아래로 연년생인 남동생들을 챙기기엔 엄마 손이 너무 바빴던 것 같다. 그래서 뇌물로 담배 한 갑이 오갔고, 나는 예정에 없던 조기 입학을 하게 되었다. 내가 기억하는 최초의 우연은 이렇게 시작된다. 유치원에 보내기 싫어서 조기 입학시킨 것은 아니라는 엄마의 새빨간(?) 거짓말을 믿는다 해도 동생들이 연년생이 아니었어도, 아들이 아니었어도 나의 어린 시절이 1년이나 통째로 날아가 버릴 수 있었을까? 동생들이 유치원이라는 당시로서는 고급스러운 교육제도를 경험하고 사립학교에서 남들 안 입는 교복을 입고 등교할 때, 나는 70명도 넘는 학생들이 한 반에서 꼬물거리는 공립 국민학교를 다녔다. 내 머릿속에 국민(초등)학교 3학년까지의 기억이 남아 있지 않은 이유는 잘 모르겠다. 하지만 확실한 것은 그 시절의 나는 학교 공부를 따라가기에 벅찼다는 것이다. 내가 제 나이, 즉 1년 늦게 학교에 입학했다면 어떤 모습으로 성장하게 되었을지 모르겠다. 우연은 언제 어디서건 발생하고, 그 결과를 다양한 모양으로 남겨 놓기 때문이다.

■7 · 30 과외금지 조치라는 선물

지금도 매스컴에서는 거의 해마다 대입제도와 교육정책이 변하고 있음을 질타하고 있지만 나만큼 그 변화의 혜택을 받은 사람이 있을까? 아니면 내가 나에게 일어난 일을 너무 좋게 해석하고 있기

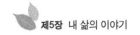

때문에 운이 좋은 사람으로 기억하게 된 것일까?

내가 국민학교에 입학하고 중학교에 다닐 때만 해도 대전에서는 고교 평준화 정책이 시행되지 않고 있었다. 중학교에 갈 때도 입시를 치러야 했고, 고등학교도 능력에 따라 정해졌다. 이러한 입시 경쟁은 치열함을 낳을 수밖에 없었다. 이런 치열함을 내가 비켜 갈 수 있었던 것은 고등학교 입시와 대학교 입시가 모두 달라졌기 때문이다.

국민학교 4학년 때 대전에서도 중학교 입시가 사라졌고, 고등학교 입시를 준비해야 하는 중학교 3학년 때 7 · 30조치가 취해져 고등학교도 무작위로 배정이 되었다. 연합고사를 치기는 했지만 그 결과가 나의 고등학교 선택에 영향을 주지 않았다. 어쩌면 선택권 자체가 사라졌다는 편이 맞겠다. 중학교 입학 당시에 은행알 추첨 결과가 라디오에서 들려오고, 대전여자중학교에 배치되었다는 사실을 알았을 때 아버지가 목청껏 외쳤던 "야호!" 소리가 지금도 귀에 쟁쟁하다. 시험 봐서 들어간 것도 아니었는데, 아버지는 무엇 때문에 그렇게 좋아하셨을까? 실력보다 운이 더 중요하다는 것을 미리 아셨던 걸까? 운이 무지하게 좋았던 나는 오랜 전통을 자랑하는 대전여자중학교에 들어갔지만, 처음에는 두각을 나타내지 못하였다. 사립학교 출신 아이들끼리의 무리 지음에 끼기도 어려웠지만, 엄마 말대로 난 '개구리 올챙이 적을 기억하는 유일한 아이'였을지도 모르기 때문이다. 중학교 1학년 말까지 방 한 칸에서 다섯 식구가 옹기종기 모여서 살았다. 그렇게 궁핍한 것도 아니었지만 내 기억 속의 어린아이는 잘 살았던 아이가 아니라 내어 주고 양보하는 아이인 걸 보면 아마 나는 못살았던 기억을 평생 품고 살아가야 할 것 같다.

중1때 만난 민아는 내 질투심을 자극했고 그 때문에 난 죽어라고 공부를 했다. 나는 대전에서 유일한 사립학교를 나와 공부 외에도 모든 면에서 탁월했던 민아를 질투하였다. 내가 해 보지 못한 걸 미리 다 해 보고 가져 본 아이에 대한 선망은 미움으로, 그리고 치열한 공부로 나타났다. 내 생애 가장 치열하게 살았던 1년을 꼽으라면 난 중학교 1학년 시기를 꼽는다. 그 시절의 나는 질투에 눈이 멀어 있었고, 그로 인해 내 성적은 쑥쑥 올랐다. 그럼에도 난 중학교 졸업 때까지 그 아이를 성적으로 단 한 번 이겼을 뿐이다.

7 · 30 조치로 과외는 없어졌고 일종의 공정 경쟁이 가능해졌다. 사교육에 의존하지 않고서도 좋은 대학에 갈 수 있는 기회가 생긴 것이다. 만약 과외금지 조치가 없었다면 내가 서울대학교에 입학할 수 있었을까? 난 아니라고 생각한다. 시대의 영향 그리고 환경의 영향을 벗어나 개인의 온전한 노력만으로 성과를 거둔다는 생각은 말이 안 되며, 일종의 백일몽이다.

■ 대학 동기의 어처구니없는 실수

달랑 2명에게만 주어지는 박사과정 입학은 당락이 이미 결정된 거나 다름 없었다. 남학생 2명이 지원한다고 말했기 때문이었다. 하지만 그럼에도 불구하고 포기할 수는 없었기에 무작정 원서를 내고 시험을 대비하였다. 그때 울린 전화 한 통. **였다. "원서 접수가 어제까지였냐……?" 타인의 실수에 이렇게 기뻐한 나는 나쁜 사람이겠지만, 그때 내 마음에는 웃음꽃이 피었다. '아! 가능할 수

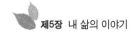

도 있겠구나.' 마감일을 착각한 **의 실수가 내게는 행운의 한 수가 될 수 있었다.

행운은 여러 가지 의미를 갖고 있다. 하지만 나는 이를 행해야 오는 운으로 풀어내고 있다. 시도하지 않으면 운은 오지 않는다. 그때 내가 가능성을 제로로 보고 시도조차 하지 않았으면 박사과정 입학에 많은 세월을 보냈어야 했고, 어쩌면 결혼도 어려워지고 상담자로서의 삶에도 많은 굴절이 있었을 것이다. 하지만 나는 시도했고, 그것이 당시에는 주효했다. 그 이후 해결중심 상담이론을 배웠을 때 나는 우리집 가훈을 만들었다. '해결부터 하자.' 이 가훈은 여러 개의 버전으로 변환되곤 한다. 세 개의 버전은 다음과 같다. '해 보고 나서 하든지 말든지.', '먹어 보고 나서 뱉든지 말든지.', '가 보고 나서 가든지 말든지' 이 모든 버전은 결국 하나의 철학으로 통한다. 결과에 연연하지 말고 일단 해 보라는 것이다. 그때 나는 행동을 했고, 그 행동은 운명을 이끌어 내서 행운으로 탈바꿈하여 내 앞에 나타났다. 그래서 지금 나는 이를 다르게 표현하고 싶다. 불행이란 행하지 않아서 오는 결과라고……

(2) 그 사람이 없었다면

'위기는 기회를 만든다'는 말이 있다. 위기는 기존에 하던 일들을 그대로 해 왔기 때문에 나타나는 부정적인 결과를 지칭하는 말이다. 이렇게 습관화된 패턴을 다르게 바꾸기 위한 시점은 갑작스럽게 온다. 그렇기 때문에 누군가 던진 말 한마디, 어떤 사람과의 우연한 만남 등은 삶을 돌아보게 하는 계기를 만들고, 이를 통해서 습관화된 패턴을 바꾸게 된다면 그 사람의 삶은 180도 다른 모습으로 전환하게 된다. 이로 인해 위기가 기회가 되는 것이다. 위기라는 말의 그리스어 어원은 krinein이다. 이는 병이 회복되거나 아니면 죽음에 이르는 분기점을 뜻한다. 다시 말해서, 그 시점을 잘 다스리면 회복될 수 있지만 그에 잘못 대응하면 바로 죽음에 이른다는 의미이다. 우리는 살면서 수많은 사람을 만난다. 그 사람들이 던지는 여러 가지 말과 행동들이 나에게 부딪혀서 또 다른 파장을 만들어 낸다. 이런 파장은 내가 안 좋은 상황에 있을 때, 즉 위기였을 때 더 크게 나타나는 것 같다. 내 인생에도 여러 번의 위기가 있었고, 그런 위기의 한가운데에는 사람이 있었다. 다음은 내가 만난 사람, 그리고 그들의 영향에 대한 것이다.

■ 내 길을 알려 준 교생 지도교사

나는 교육학에 대한 관심이 많지 않았던 아이였다. 점수에 맞추어 선택한 학과였고, 다양한 선택지가 있을 거라는 예상 때문에 입학한 학과였다. 하지만 동기들의 어마무시한 능력과 지식, 그리고 그들의 총명함에 압도당한 나는 대학 내내 일종의 열등감에 시달렸고, 대학원 진학은 꿈도 꾸지 않았다. 부전공을 하고 있는 사회교과에도 별달리 흥미를 느끼지 못했기에 졸업 이후에 기업에 입사하기로 마음을 먹었다. 4학년 4월에 학과 조교와 상담한 이후 지금은 SK라 불리는 선경의 인사팀 담당자와 면접을 보았다. 당시만해도 대학 입학생이 고등학교 졸업생의 약 20%였던 시절이었기 때문에 대기업 입사는 그리 어려운 일이 아니었다. 선경입사를 쉽게 결정한 후 교생 실습에 참가하였다.

그 당시 교생 실습은 지금과 달리 약 6주간 실시되었다. 2주 동안은 서울사대 부속 초등학교에서 관찰학습을 진행하였고, 이후 각기 배정된 부속학교들에서 실제 교생 실습을 하였다. 서울사대 부속중학교에 배정되었는데, 많은 교생이 한꺼번에 투입되었기 때문에 컨테이너 박스로 교생실을 만들고, 거기에서 수십 명의 교생이 함께 지냈던 기억이 새록새록 난다. 서울사대 체육교육과를 나온 분이 지도교사였는데, 그분과의 만남은 나의 진로를 회사원에서 교사로 급전환하도록 만들었다. 그분은 나의 교수 능력을 높이 샀고, 내 안에 있는 교사로서의 효능감을 일깨워 주셨다. 그분이 말씀하셨다. "내가 교생 지도 경력이 오래되었는데, 너만큼 목소리가 큰 여학생을 본 적이 없고, 너만큼 어려운 얘기를 쉽게 전달하는 학생을 본 적이 없다. 너는 타고난 선생이다." 이 말은 내가 좋은 교사가 될 자질이 있다는 얘기였고 그 덕분에 나도 가르치는 능력에 대해 자신감을 갖게 되었다. 교생 대표수업도 아주 잘했기 때문에 교생 실습이 끝난 후 나는 교직에 입문하기로 마음을 먹었다. 그분은 교사로서의 삶에 아주 만족해하는 분이었고, 학생들에 대한 애정이 깊은 분이었다. 그런 분이 내게 한 말씀은 금과옥조처럼 내 귀에 박혔고, 지금도 나는 남들이 뭐라고 하건 내가 잘 가르친다고 믿는다. 그게 착각이든 아니든 간에 말이다. 만약 그분을 만나지 않았다면 지금쯤 나는 무엇을 하고 있었을까? 여성 기업가로 이름을 날릴 수 있었을까? 모를 일이다.

■ 나비 효과

지금은 교사 되는 것이 하늘의 별따기만큼 어려워진 터라 임용시험이 임용고시라는 말로 회화화되곤 하지만, 1980년대에는 사범대학을 나오거나 교직을 이수한 학생들의 성적에 따라 순서를 매기고 그 순서에 따라 임용하는 방식이었다. 나는 교사가 되겠다는 마음이 없이 입학한 교육학과였고 또한 별다른 포부도 없었기 때문에 나는 자연스럽게 남들이 다 하는 부전공을 선택하였다. 사범대의 여러 교과교육학 중 어떤 것을 선택할까에 대한 고민은 의외로 쉬운 답과 연결되었다. 언어 쪽에 재능은 없는 것 같으니 어문계열 제외, 역사교육은 데모를 할 거라는 말도 안 되는 핑계로 나의 학과 선택을 가로막았던 사촌 형부가 있었기에 똑같은 이유로 제외. 그 이후 남는 것은 지리교육 아니면 사회교육이었다. 이 둘 중 나는 사회교육을 선택하였다. 교과의 내용상 정치경제, 사회문화 등 각종 다양한 교양을 섭렵하고 있었고, 나의 지적 호기심을 채워 줄 수 있을 것 같다는 얄팍한 계산이 앞섰다. 또한 당시 사회철학 분야에서 대중적인 인지도를 갖고 있던 손봉호 교수의 수업을 전공으로 들을 수 있다는 점도 매력으로 다가왔다.

어쨌든 나는 손봉호 교수의 수업 외에는 별 재미도 없는 과목들을 모두 수강하여 부전공 자격을 취득하게 되었다. 놀라운 사실은 모두가 어렵다고 했던 손봉호 교수의 수업은 모두 A+를 받았다는 것이다. 교육학과 전공 과목을 주로 B를 맞았음에도 사회과에서 높은 성적을 받아 졸업 당시 임용 순위로 9번째였다. 하지만 그때도 지금과 마찬가지로 사회과는 임용 대기자가 많았다. 내 앞의 8번까지 임용이 확정되었고, 나는 하릴없이 6개월을 기다려야만 했다. 대책 없는 기다림이 아니었기 때문에 별다른 감흥은 없었다. 동생이 대학에 입학했고, 나의 임지가 결정되지 않았기 때문에 이사할 곳을 정하지 못한다는 불편함이 있었을 뿐이었다.

하지만 내 인생에는 또 다른 우연이 대기하고 있었다. 1988년은 윤달이 있는 해였고, 나는 윤달에 태어난 아이이다. 그래서였나? 2월 29일 아침, 강남 교육청에서 전화가 온 것이다. 월요일이었다. 사회과 교사가 그날 아침에 사직서를 냈기 때문에 3월 2일부터 강남교육청 산하 개포중학교로 출근하라는 얘기였다. 기쁜 마음보다는 당황함이 컸다. 누군가 곁에 있었다면 그 결정(명령?)을 잠시 뒤로 미뤄 주면 안 되겠냐고 부탁하고픈 심정이었다. 이렇게 나의 첫 출근은 준비 없는 상태로 진행되었다.

누군가에게는 뜻밖의 선물이 되었을 테지만 나에게는 어쩌면 날 벼락과도 같은 운명이 날아온 것이었다. 뜻밖이란 말은 자기중심적인 말이다. 삶은 주님 또는 조물주의 뜻 안에서 이루어지는 것임을 우리가 깨닫지 못하고 이를 뜻밖이란 말로 포장하고 있는 것일 수 있다. 이처럼 삶의 모든 순간순간은 나의 경로를 조금씩 수정하게 만들고 그러한 궤적들이 모여서 큰 뒤바뀜을 만들어 놓는다. 만약 내가 그때 자연스럽게 임용이 되고 준비된 상태에서 교직생활을 시작했다면 나의 신임 교사 생활기간에 갈등요소들이 많이 줄었을 것이다. 하지만 준비하지 않은 상태에서 경험하게 된 조직생활에서 나의 미숙함으로, 또 조직의 경직성으로 여기저기서 마찰음을 만들어 냈고, 그것이 쌓여서 나의 갑작스러운 휴직 그리고 최종적으로 사표까지 연결된 것 아닌가 싶다. 만약 내가 교직 임용을 대기한 상태로 6개월을 지냈다면 그렇게 과감하게 휴직을 하고 사표를 내고 대학원에 진학할 수 있었을까? 그러지 못했을 거라 생각한다. 2년 후 아빠의 갑작스러운 암 진단과 맏딸로서의 책임감 등이 엉켜서 나는 그대로 중학교 교사로 주저앉았을 가능성이 더

컸을 것이라고 생각한다. 누군지도 모르는 그분의 갑작스러운 사표가 내 삶의 회전각도를 크게 만들었고, 그 여파가 또 다른 누군가에게는 교사 임용이라는 큰 기회로 마감되었을지 모를 일이다. 나비 효과는 삶의 어느 순간에도 적용된다. 나비의 날갯짓이 아마존에 비를 만들 듯, 오늘 나의 쓸모 있는(?) 또는 헛된 시도는 나와 다른 사람의 삶에 큰 파장을 만든다는 사실이 재미있지 않은가?

■ 엄격한 교장선생님!

사회과 교사의 삶은 재미도 있었지만 고달팠다. 한 주 동안 총 24시간을 담당해야 했는데, 17개 반이었던 2학년 각 1시간씩, 3학년 7개 반을 각 1시간씩 수업해야 하는 일은 무척 진이 빠졌다. 똑같은 말을 17번 반복하는 삶을 생각해 보라. 녹음기가 아닌 이상 그 지겨움은 말로 표현할 수 없다. 거기에 더해서 사회과 교과가 가진 좋게 말해서 다양성인 그 어수선함은 나를 많이 지치게 하였다. 세계사, 세계지리가 중심이었던 2학년을 가르치면서, 잘 알지도 못하는 세상에 대해 마치 내가 잘 알고 있는 것처럼 무수히 많은 용어와 지명 그리고 사건을 나열해야 할 때 내가 가진 소외감은 일종의 참담함으로 나를 짓눌렀다. 그때 정부가 밝힌 1989년 해외여행 자유화 정책은 나에게 한 줄기 빛이었다. '그래 나가 보자. 나가서 내가 글로만 전하고 있는 세상을 직접 경험해 보고 그걸 학생들과 나누어 보자.' 이런 생각으로 MBC에서 기획한 '대학생과 교사를 위한 해외문화탐방'에 신청하였다. 남동생이 대학생이었기 때문에 함께 참가하였고, 여름방학 중에 해외에 다녀오는 것이기 때문에 스스럼없이 결정하였다. 하지만 그 결정은 부메랑처럼 나

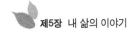

를 베고 지나가 버렸다.

자신이 공인이라는 생각을 해 본 적이 없던 스물네 살 젊은 교사의 선택은 교장선생님의 불같은 화에 화상을 입고 말았다. 나는 '선 결재, 후 신청'이 기본이라는 교장선생님의 지적을 이해하지 못하였고, 왜 내가 내 돈 내고 쉬는 기간에 여행 가는 것에 저렇게 화를 내는지에 대해서만 분노하였다. 지금 생각해 보면 참 어리석은 시절이었다. 그럼에도 그때 든 생각은 이렇게 꽉 막힌 교장선생을 피할 수 있는 방법을 찾아보자는 것이었다. 휴직이 가능한 것은 달랑 두 가지 경우였다. 하나는 출산이었고, 다른 하나는 대학원 재학이었다. 아직 미혼이었기 때문에 첫 번째 경우는 고려할 수 없었다. 그래서 여름방학 해외연수 이후 대학원 진학을 준비하였다. 동기보다 2년 늦고 교육학과 전공에 대해 그다지 매력을 느끼지 못한 상태였지만, 후배들이 많이 도와주어서 무난히 입학을 하였고 자연스럽게 휴직을 하였다. 무식하면 용감하다고 했던가.

만약 내가 동기들처럼 학부 졸업 이후에 바로 대학원에 진학하였다면 지금의 전공을 선택하지 않았을 것이다. 혹 선택했다 하더라도 지도교수와 갈등을 겪었을 가능성이 크다. 그 당시에는 상담 전공 교수가 한 명뿐이었기 때문이다. 하지만 2년 늦게 진학하였기 때문에 지도교수 선택에도 다른 여지가 생겼고, 사회 경험을 통해서 전공을 선택했으며 후배들과의 공부도 편안하게 했던 것이라 생각한다. 우리는 종종 빠른 선택을 좋은 선택으로 여긴다. 하지만 과연 빠른 것이 좋기만 한 걸까? 나보다 먼저 갔던 친구들이 때때로 나보다 뒤에 오기도 하고, 또 저만치 앞서갔던 사람들이 지쳐서 낙오되는 모습을 보게도 된다.

진로무질서이론이나 프로티언 커리어 개념에서도 이는 충분히 설명 가능하다. 무질서한 체계 속에서 나만 계획적으로 진로경로를 밟아 나간다고 해서 그것이 질서정연한 형태로 구성될 수 있다고 생각하는가? 무질서함이 삶의 정석이라면 그 무질서함을 즐기고, 그런 무질서 속에서 잠시 잠깐 질서가 주는 풍요로움에 감사하면 그뿐이다. 앞서 나가는 것 같다가도 다시 뒤로 처지고, 그 처지는 과정에서 또 다른 깨달음을 통해 쉬었다 가는 지혜를 실천하는 자세, 그것이 긴 인생을 살아가는 현명한 방법이 될 수 있음을 내 삶의 편린들에서 발견하게 된다.

■ 원로 교수의 말 한마디

이하의 에피소드에서 알게 되겠지만 중학교 교사직을 그만둔 이후 실직 상태로 1년을 지내다가 서울대학교 학생생활연구소의 연구원이 된 것은 내 나이 29세의 일이다. 지금은 그 나이가 많아 보이지 않지만, 당시에는 지금으로 치면 약 35세가 넘은 사람처럼 29세의 여성을 대했다. 다르게 표현하면, 사람들이 여자로서는 끝이고 시집 가기는 글렀다는 느낌으로 대하고, 나 자신도 그런 마음 자세였다고나 할까. 긴 인생에서 황금 같았던 젊은 시절이 얼마나 귀한지를 그 당시에는 몰랐다. 무언가를 하면서 보내기보다는 결혼을 기다리고 이를 준비하면서 보낸 헛된 시간이었던 것 같다. 삶의 여러 실패로 인한 상처들은 그만큼 컸고, 미해결된 상처로 인해 만남은 갖가지 색깔로 덧칠이 되어 원 모습을 찾기 힘들게 되었다. 그로 인해 거의 마음으로는 결혼을 포기한 상태로 대학원 진학을 고려하게 되었지만 그조차도 쉽지는 않았다. 주어진 대학원 정원은 달랑 2명뿐이었기 때문에 그것은 남학생의 몫이 될 가능성이 높았다. 무모한 선택이 낳은 불안한 현재라는 후회감도 컸다. '교직에 그냥 있었어야 했던가' 하는 자책과 '이젠 공부밖에 남은 게 없다'는 현실 속에서 나는 대학원 입학 시험을 보았다.

입학 시험의 면접장에 계셨던 세 분의 교수님 중 원로 교수님이 던진 한마디는 지금도 잊히지 않는다. 가장 나이가 많은 교수님이었기 때문에 나온 현실적인 지적이었겠지만, 그 말씀은 유독 따스함으로 그리고 절실함으로 내게 다가왔다. "은령아, 난 눈물이 앞을 가려서 너를 박사과정에 뽑을 수가 없다. 이렇게 학력을 높여서 시집을 어떻게 가려고 하니?" 이 말의 이면에는 아버지도 돌아가신 상태에서 학벌이 높은 고학력 여성이 되는 것에 대한 우려가 담뿍 담겨 있었다. 그때 방언처럼 터진 내 반응도 지금 생각하면 절절한 호소였다. "교수님, 제가 지금 만나는 사람이 있습니다. 뽑아만 주시면 그 사람과 결혼할게요." 그랬다. 나는 그때 지금의 남편을 2번 만났고, 시험이 끝난 후 3번째 만남을 가질 예정이었다. 결혼 얘기가 오가는 시기도 아니었는데 나는 왜 그런 답을 했을까? 그만큼 대학원 입학이 간절했던 것일까? 노 교수님은 몇 번의 확답을 구했고, 나는 확신에 찬 목소리로 "같이 가 보실래요? 고속터미널에서 기다리는데……"란 말로 진정성을 드러내었다.

만약 그때 교수님이 내게 그런 질문을 던지지 않았다면 남편과의 만남이 결혼으로 이어지지 않았을 수도 있었다. 대학원 진학이 결정된 후 떠오른 분은 원로 교수님이었다. 거짓말로 사기치는 학생이 되기는 싫었다. 여러 가지 이유가 나의 결혼에 더해지겠지만 이분만큼 분명한 원인 제공자도 없다. 그 이후 어떻게 되었는지는 이후의 에피소드에서 밝히기로 한다.

(3) 분노는 나의 힘

사람을 움직이는 힘은 어디에서 나오는가? 나의 경우에는 분노가 나를 적극적으로 움직이게 하는 것 같다. 울분과 억울함, 그리고 부당함에 대한 저항의식은 나의 의식을 일깨우고, 나로 하여금 주먹 불끈 쥐고 열심히 해야 한다는 투쟁 의지를 불태우게 만든다. 나도 안다, 긍정적인 기운으로 움직이는 것이 바람직하다는 사실을. 그런데 어쩌랴, 너무 평온한 상태에서는 내가 나른해지는 것을. 그렇다면 나는 어디에 분노하는가? 그 분노는 나에게 무엇을 남겨 놓았는가? 그 면면을 살펴보자.

■ 70년 역사상 최초의 여자 반장

어떻게 내가 반짝하고 등장한 것인지는 잘 기억나지 않는다. 내기억으로는 4학년이 되면서 내가 학교생활에 적응하기 시작하고 반 친구들 사이에서 부각되기도 했던 것 같다. 직접 선거로 부반장에 선출된 것을 보면 나름 친구관계도 괜찮았던 것 같다. 성적도 좋아서 4학년 첫 시험에서 1등을 했고, 당시에는 귀하다고 여겨지던 시계를 부모님께 선물받기도 했다. 2인자의 자리와 1인자의 자리는 확연히 구분된다. 부반장이었던 내가 갑자기 떠밀려서(?) 반장이 된 것은 우리 반 반장이 갑자기 남동생이 다니던 사립학교로 전학 갔기 때문이라고 한다면 나의 의지를 전적으로 부인하는 것일까? 남자가 앞에 서고 여자가 뒤에 있는 것을 당연시하던 시기였기에 담임선생님은 반장 선거를 실시하면 당연히 남자 부반장(부반장 두 명 중 한 명은 남자, 다른 한 명은 여자)이 자연스럽게 반장이 될 것으로 아셨다. 하지만 결과는 나의 압도적인 승리였다. 성격검사결과(ESTJ)를 통해서 볼 때나 행동적인 특성들을 토대로 유추해 볼 때 나는 사실 치마 입은 남자라 할 수 있다. 그러한 면면을 아이들이 알아차린 것이었을까? 나는 전무후무한 일을 만들어 낸 것이다.

70년 역사상 최초의 여자 반장! 그것이 내게 붙여진 별명이었다. 그 별명이 자랑스럽게 다가온 것은 아니었다. 아침 조회 시간에 도열한 학생들 앞에 서 있던 반장들 중에 나는 유일한 여자였다. 그때 선생님들이 툭툭 던지던 한마디를 지금도 기억한다. "왜 너는 한턱을 내지 않니?" 최초의 여자 반장에 대한 축하의 의미로 밥을 사라는 말을 수도 없이 들었고, 엄마에게 그 말을 전했지만 무엇 때문인지 엄마는 그 말에 반응하지 않았다. 심지어 '똥통이라도 대접하라.'는 말을 들었던 기억은 상당히 추운 기억으로 남아서 가끔 내 가슴속에 싸한 소리를 내며 할퀴고 지나간다. 아주 어려운 형편은 아니었겠지만 그럼에도 당시의 분위기는 어린 나에게 압박감으로 그리고 억울함으로 남아 있다. 때문에 그러한 사회문화적 폭력에 대한 저항의식이 내 기억 속에 남아 있어서 박사 논문의 주제를 여성 그리고 그들의 진로장벽으로 잡은 것은 아니었을까? 여성의 진로장벽에 대해 박사 논문을 쓰게 된 바탕에는 이러한 상흔이 있는지도 모른다.

■부정선거의 기억

4학년 때 반장을 하였지만 그건 갑작스럽게 주어진 선물이었을 뿐, 나도 내가 속한 학교의 환경도 성별 고정관념의 한계를 넘지는 못하였다. 때문에 5학년부터는 다시 부반장에 2년간 머물러야 했다. 그렇다고 그것이 치욕적인 일은 아니었기에, 나는 반장의 기억을 멀리하고 다시 본연의 자리로 돌아갔다. 하지만 6학년 3월달의 기억은 내내 나의 삶에 영향을 미쳤다. 원도심 공동화에 의해 1학년 때 10개 반(각 70명)이었던 학급 수가 줄고 줄어서 드디어 졸업반 때는 6학년이 4반(각 50명)으로 구성되는 초유의 사태에 이르렀다. 학생회장 선거가 갑작스럽게 교장실에서 실시된 것도 이런 이유에서였는지 모른다. 우리 반에서 소위 치맛바람이 가장 거세었던 반장을 포함해 총 12명의 각 반 반장, 부반장을 모아두고서 교장선생님은 그냥 **가 회장을 하는 것으로 하자며 우리를 몰아갔다.

선생님 말에는 이유 불문하고 따라야 했던 시기였던지라 아무도 이의를 제기하지 않았다. 하지만 난 뚜렷이 기억한다, 그 의미를. 공정한 경쟁이 아닌 낙하산. 선택할 기회조차 주어지지 않는 특혜. 그런 부당함의 기억이 내 삶 전체에 자리 잡게 된 것은 아마도 그때의 기억이 준 선물(?)이 아닐까 싶다. 노력에 의하지 않는 공짜는 거부하는 것이 마땅하다. 지금도 난 로또나 복권 등은 사지 않는다. 웃기는 얘기지만 당첨될까 봐 겁이 나서이다. 떡 줄 사람은 생각도 하지 않는데 김칫국부터 마시는 꼴이긴 하지만, 내 노력이 들어가지 않는 결과의 끝을 내가 알기 때문이다.

그때 부모 덕에 전교 회장이 되었던 친구는 어찌 되었을까? 대학 입학 후 그 친구를 만났다. 국민학교 때의 그 화려함은 사라지고 보통 사람이 되어 있었고, 화려한 시절의 추억이 그에게 참담함이라는 부산물로 남게 된 것은 누구의 죄(?)일까? 그가 받은 무투표 당선도 기회라면 기회였을까? 그 친구에게 그때 사건을 물었다면 어떻게 해석하고 의미를 부여했을지 궁금하다.

■ 노란 싹에서 피어난 꽃

부모님 모두 대학을 나왔지만 고향에서 멀리 떠나와 대전에서 핵가족의 삶을 유지하였기 때문에 친척 간의 왕래는 별반 이루어지지 않았다. 때문에 나는 집안의 장녀로서 모든 경험은 오롯이 최초의 것이었다. 줄곧 공부를 잘하기는 했지만, 고3이 되었을 때의 불안감은 자못 크기만 했다. 비교군도 없었고, 모델이 될 만한 친인척도 별로 없었다. 그래서 내가 과연 소위 일류 대학에 갈 실력을 갖추기는 한 것인지 가늠하기 어려웠다. 이런 불안감을 분노로, 투쟁 의지로 탈바꿈시켜 놓은 사건이 일어난 것은 3월 둘째 주 생물 시간이었다.

멘델의 유전 법칙에 대해 1주일 전에 잔뜩 배우기는 했지만 내 머리 속에는 아직 그것이 입력되지 않은 상태였다. 생물 시간에 선생님은 우리 반 1등부터 5등까지를 차례로 불러낸 후 칠판에 문제들을 주욱 적고 풀라고 하셨다. 풀어낸 사람이 없었다. 1등이었던 내가 대표로 많은 학생 앞에서 창피를 당했다. 선생님이 말씀하셨다. "어느 반에 **도 풀고, ##도 풀었다. 내가 고3을 지금까지 십수 년 맡아 왔는데 이 문제를 제대로 풀지 못한 사람치고 좋은 대학을 가는 꼴을 못 보았다. 처음부터 못 풀면 나중도 마찬가지다. 될성 부른 나무 떡잎부터 알아본다. 넌 싹이 노랗다. 네가 좋은 대학에 가면 내 손에 장을 지진다." 대충 이런 얘기들이 내 귀를 스치고 지나가고 있었다. 그때 어린 내 마음은 얼어 버렸다. '이런 얘기를 하는 선생은 사람도 아니다. 어떻게 이렇게 단정지을 수 있을까? 그래! 내가 당신 손에 장을 지져 주고 말 테다……'

분노는 열정의 불쏘시개가 되어 나를 활활 타오르게 했다. 그날 이후 난 맹렬하게 공부했다. 쉬는 시간도 아껴 가며 열심히 공부했다. 장 지질 수 있는 그날까지 쉴 수가 없었던 것이다. 당신은 알까?, 내가 무엇에 발동 걸려 고3을 그렇게 치열하게 지내었는지. 만약 그 차가운 말을 듣지 못했다면 나는 지금 어디에서 무엇을 하며 지내고 있을까? 그 선생님이 노랗게 보았던 나란 싹은 파릇파릇 뿌리내려 많은 열매를 맺어 가는 중이다. 나는 가끔 내 열정이 식어 갈 때 그때의 기억을 떠올린다. 그러면 분노는 내 기름통을 가득 채워 나를 움직이게 만든다.

(4) '잘못된 정보의 선한 결과'

진로상담을 진행하다 보면 내담자들은 '확실한 정보, 많은 정보를 얻으면 좋은 선택을 할 수 있다'는 신화를 갖고 있는 것 같다. 정보가 많으면 좋은가? 아니다. 많은 정보 속에서 우리는 허우적거릴 때가 많다. 백화점이나 시장에 갔을 때 막상 선택장애에 빠지는 자신을 본 경우가 허다하지 않은가? 오히려 잘못된 정보를 자신에게 유리하게 이해한 경우, 달리 말해 오해가 좋은 선택, 현명한 결정을 이끄는 경우도 많다. 나의 삶에도 오해가 만든, 착각이 만든 선한 결과가 많다.

■ 절반은 맞고 절반은 틀리다

내가 대학 입학과 관련해서 받은 또 다른 선물은 졸업 정원제이다. 신군부는 과도한 사교육 열풍으로 인한 폐해를 막는다는 허울을 쓰고 민심 달래기에 나섰는데, 대학의 입학은 보다 쉽고 졸업은 어렵게 만든다는 발상이었다. 1980년대에는 고교 졸업자의 약 20% 정도가 대학에 입학할 수 있었다. 지금처럼 모두가 대학 가는 분위기는 아니었지만 대학에 가는 것이 쉽지는 않았다. 신군부는 대학 입학 정원을 130% 확대하는 꼼수를 씀으로써 일종의 착시 현상을 만들었다. 당시에는 학력고사의 점수를 미리 공지한 후 대학에 지원을 하는 선시험 후진학 제도가 시행되었다. 때문에 대략적으로 지원 가능한 대학 및 학과를 알 수 있었다. 물론 정확한 것은 아니지만 말이다.

학력고사의 답안지에 적어 온 답이 맞다면 난 분명히 297점을 맞았어야 했다. 하지만 날아온 성적표에는 298점이 적혀 있었다. 사회문화과목에서 한 개를 더 맞은 것이다. 그 당시에는 한 개의 대학에서 1지망, 2지망, 3지망을 고른 후 70%를 1지망에서 선정하고 나머지는 2, 3지망에서 성적순으로 선발하였다. 나는 1지망을 교육학과, 2지망은 인류학과, 3지망은 가정관리학과를 썼다. 학과의 특성을 알고 쓴 것은 아니었다. 전년도의 입시 성적과 대략적인 학과 정보에 따른 것이었다. 고등학교 때 내가 가졌던 꿈은 경영대였다. 하지만 연대 경영대에 재학 중인 아들과 서울대 경영대를 지원하는 동 학년생 아들을 둔 담임은 "절~~대 불가하다"고 고개를 가로저었다. 이유는 단순했다. 경영대에는 여학생이 거의 없기 때문에 성공할 수 없다는 것이었다. 말도 안 되는 얘기라 생각했지만

지금 보면 그 말의 반은 맞고 반은 틀렸다. 남자가 없다는 불리함
은 유리함으로 작용하기도 한다. 나의 성격적 특성은 남성적이기
때문에 유리천장의 한계를 뚫을 수 있었을지도 모를 일이다.

내가 담임의 지적이 반은 맞고 반은 틀렸다고 한 것은 다른 이
유에서이다. 내가 여자라서 경영학에 부적합한 것이 아니라, 경영
학은 수학 중 확률과 통계를 가장 많이 필요로 하는 학문인데 나는
수학을 잘했지만 유독 확률과 통계만 젬병이었기 때문이다. 어찌
되었든 난 방향 선회로 인해 선택한 교육학과를 아슬아슬하게 합
격하였다. 그때 우리 과 커트라인은 298점이었다.

■ 지도교수의 전화 한 통(잘못된 명명)

교사 휴직 후 대학원 생활을 하던 중 갑작스러운 아빠의 위암 선
고와 사망 그리고 이어진 여러 사건으로 인해 나의 삶은 엉망진창
으로 헝클어져 버렸다. 마음이 안정되어야 논문도 쓰고 졸업도 하
련만 논문은 주제도 못 잡은 채 휴직이 종료되고, 다시 교직으로
복귀하게 되었다. 마음이 아프면 몸도 아프다고 하지 않던가. 내
몸은 나로 하여금 좀 더 쉬어 갈 것을 주문하면서 덜컥 허리 디스
크로 나를 붙잡아 버렸다. 1년 이상 이어진 몸의 고통은 나를 아무
것도 하지 못하게 막아 버렸다. 교실 수업을 겨우 마치고 나면 학
교 앞에 있는 집에 가서 쉬었다 와야 했다. 다른 일들은 생각할 겨
를이 없었다. 당연히 논문은 내게서 멀어진 상황이었다.

1993년 3월 4일 아침이었다. 새벽에 울린 전화 한 통이 내 운명
을 바꾸어 놓았다. "여보세요?" "은령이냐." 이렇게 나에게 말을 놓
을 수 있는 남자는 대학 동기들밖에 없었기 때문에 당연히 나는

"너 누구냐?"라고 답을 했고 그때 들려온 한마디…… "네 지도교수다." 그때의 당황스러움이라니. 급작스럽게 공손 모드로 돌아간 나는 "예, 교수님."이라고 말했고, 그 이후 이어진 모든 얘기는 나를 착각의 틀 속에서 모든 것을 해석하게끔 몰아가고 있었다.

"잘 지내냐? 논문은 안 쓸 거니?"란 지도교수의 질문에 나는 즉각적으로 "써야지요."라고 대답했다. 다시 이어진 "그럼 학교는 어떻게 하고?"란 질문에 아무 생각도 없이 "그만둘 거예요."라고 전혀 예상치 못한 대답을 하고, 다시 "그럼 언제?"라는 질문엔 "내일요."라고 답하는 이 기묘한 대답의 꼬리. 한 번도 생각지 않았던 사직에 대한 얘기를 왜 그날 지도교수의 질문에 대한 답으로, 마치 준비된 답변서를 읽듯이 제시한 것이었을까? 모든 것은 착각이 만든 오답이었다. 그날 나는 그동안 차갑게 느껴 왔던 지도교수가 이렇게 아침 일찍 전화한 것은 나를 염려하는 것이며, 이에 더해 '난 네가 공부를 잘할 수 있다고 믿는다. 너를 키워 주마.'란 숨겨진 메시지를 전하는 것으로 받아들였던 것이다. 이것이 착각이란 걸 알게 된 것은 얼마 되지 않아서였다.

같은 교무실을 쓰는 교사들의 만류에도 불구하고 나는 사직서를 제출하였다. 그 일은 사실 굉장한 돌출 행동이었음에도 불구하고 과감히 사직을 한 것이다. 그 당시 사대 졸업생은 일종의 국가 장학금을 4년간 받은 것이기 때문에 4년을 의무 복무하지 않으면 교사자격증이 박탈되는 시스템을 갖고 있었다. 지도교수에게 사표를 내겠다고 했을 때는 물론 이런 상황을 알지 못했다. 행정적으로 1년만 더 복무를 하면 자격증이 유지되니 조금만 더 있다가 사직하라는 선생님들의 조언도 당시 내 귀에는 들리지 않았다. 아버지도 없는 상태에서 실직자가 되는 길을 선택하려는 딸을 엄마도 말리지 못하였다.

그때 나는 왜 그랬을까? 정말 착각으로만 그 선택을 한 것이었을까? 나는 모른다. 지금 이 상황을 돌파하기 위해서는 맥락을 바꾸어야 한다는 생각을 한 것인지, 아니면 이 길이 아니라 저 길로 가면 다른 인생을 살 수 있을 거라는 환상을 가진 것인지. 우리는 이성적인 선택, 합리적인 결정이 최선이라 생각하곤 한다. 하지만 결정에 대해 연구한 많은 글을 보면 실상 많이 따지고 계산하는 과정을 거침에도 불구하고 막상 선택의 순간에는 감정이나 직관 등이 우선되는 경우가 많다고 한다. 오죽하면 직관은 그동안 쌓아 온 이성의 총체라는 이상한 정의를 내리겠는가. 그때 나는 직관을 선택한 거라 믿고 싶다. 이 직관은 때로는 착각의 옷을 입고 때로는 오해라는 틀을 씌우면서 우리 삶에 끼어든다. 긍정적인 착각은 삶을 계속 유지하게 만드는 중요한 동인이다.

그럼 지도교수는 그날 왜 나에게 전화했을까? 그 이유는 몇 년이 지난 후 알게 되었다. 내 멘토였던 선배가 이 모든 사건의 시작점에 있었다. 지도교수가 전화하기 전날 밤 두 분은 밤새 술을 마셨다고 한다. 그때 선배가 날린 직설이 지도교수의 가슴에 꽂힌 것이다. "지금 은령이가 어떤 상태인지 알아보기는 했나요? 아빠도 돌아가시고, 몸도 아프고, 논문도 못 쓰고 있는데, 상담 전공교수라면 자기 지도학생 안부는 살펴야 하지 않을까요?" 선배의 그 말이 지도교수의 마음을 움직여서 교수님이 손수 전화를 주신 것이었다. 선배님, 고맙습니다. 덕분에 지금의 제가 있습니다.

■ 사랑은 오해를 타고

남편과 나는 1994년 11월 13일에 만났다. 내 나이 29세의 일이다. 25세에 아버지가 돌아가신 후 나의 결혼 전선에도 비상이 걸렸다. 학벌이 높았기 때문에 만날 수 있는 사람에 제한이 있기도 했지만, 아버지가 안 계신 것은 결혼에 큰 장애물이 되었다. 직장을 갖지도 않은 상태의 20대 후반 서울대 대학원 졸업생은 결혼 시장에서 정말 매력적이지 않은 조건이었다. 더군다나 엄마와 나는 남자에 대한 기준이 달랐기 때문에 사사건건 충돌이 빚어졌다. 그 때 나는 29세까지만 결혼을 시도해 보고, 그 이후에는 유학을 가거나 서울대에서 박사를 하리라 마음먹은 상태였다.

충남대 의대를 나온 남편을 만난 것은 정말 우연이었다. 아버지가 충남대 의대 교수를 잠깐 했기 때문에 내 선택지에 그 학교 졸업생은 들어가 있지 않았다. 좁은 지역사회이기도 했고, 그만큼 내 기준을 낮춘다(?)는 상상을 하기 어려웠기 때문이다. 하지만 일이 만들어지려니 온 우주가 우릴 도와주었다. 남편 선배의 부인이 같은 반 학부모에게 남편 얘기를 하였고, 엄마가 살던 아파트 주민이 내 얘기를 하여 다리를 놓은 덕분에 우리는 일요일 오후 2시에 만나기로 하였다. 중간에 계신 분이 세 분이나 되었기 때문에 의사전달에 문제가 있어서 이 호텔에서 저 호텔로 다시 옮겨 가느라 우린 2시 반이 되어서야 겨우 만날 수 있었다.

첫인상은 좋았다. 오히려 너무 깔끔해 보이는 게 문제였다. 그런데 얘기를 하는 동안 탁자 아래를 보니 이 남자, 구두를 꺾어 신은 것이 아닌가! 이건 웬만한 털털함이 아니면 안 하는 일이다. 그것이 맘에 들었다. 약간 지저분한 내 스타일에 딱 맞을 것으로 보였다. 하지만 이는 오해였다. 남편은 발이 작아서 맞는 신발이 드물었기 때문에 큰 신발을 사서 꺾어 신는 사람이었던 것이었다. 남편은 무척 깔끔한 남자였다. '신발만 꺾어 신는 사람'이었던 것이다.

오해는 꼬리를 물던가. 첫 만남은 내가 대전에 가서 이루어졌지만, 이후 3주에 걸쳐서 남편은 계속 서울로 나를 만나러 왔다. 하지만 실상은 달랐다. 11월과 12월의 학회들이 계속 서울에서 개최되었기 때문에 거기에 참석한 후 곁다리로 나를 만난 것이었다. 나는 이런 행동을 나에 대한 정성으로 오해한 것이다. 거기다가 대학원 입학 시험 때 원로 교수님이 던진 말 한마디는 우리를 결혼으로 직행하게 만들었다. 오해에 눈이 먼 내게 겨우 얻은 직장(서울대 학생생활연구소 연구원)은 당시 안중에 들어오지 않았다. 6개월 만에 덜컥 사표를 써 버리고 대전에 내려와서 대학원 생활과 결혼생활을 병행하게 된 것이다.

진로결정에 있어서 배우자의 선택은 자신의 행로에 상당히 중요한 영향을 주기 때문에 신중하게 고려해야 한다. 하지만 그럼에도 불구하고 우리는 이 둘을 별개로 생각하는 경향이 있다. 당시의 나도 그랬다. 만약 내가 그때 신중하게 내 진로를 고려했다면 사표를 내지도 않았을 것이고, 대전에 내려와서 살아야 하는 남자와 결혼하지 않았을 수도 있다. 그렇다고 더 좋은 선택이 가능했을지는 알 수 없다. 많은 여성 직장인이 때늦은 후회를 하곤 한다. 그때 내가 일을 우선시하지 않고 결혼을 먼저 고려했다면, 출산을 중시했다면 내 삶이 이렇지 않았을 텐데……. 또 다른 일군의 여성들이 이런 미련을 갖는다. 그때 내가 결혼하기보다 일을 찾아봤어야 했는데……. 아이 때문에 직장을 그만두지 말아야 했는데…….

나도 그랬다. 결혼도 출산도 신중한 고려 없이 했기 때문에 이후의 내 진로는 암담한 상태였다. 박사과정은 수료했지만, 논문의 주제를 잡지도 못한 상태였고 아이도 둘이나 낳아서 길러야 하는 상황이었다. 그랬다. 그냥 주저앉으려 했다. 일하는 여자로 남아야 한다는 생각이 있었어도 육아의 어려움은 나에게 자꾸 공부를 포기하라고 부추기고 있었다. 그 당시 나에게 '그래도 박사학위는 마쳐야 하지 않겠냐.'고 격려한 사람이 남편이었다. 지금도 가끔 자신이 탁월한 선택을 한 것이라고 자화자찬하기도 하지만 그땐 그것이 동아줄이었다. 시댁이나 친정 모두 일하는 여성의 삶을 격려하지 않는 분위기에서 남편만이 나의 지원군이었다. 내가 아이들을 놔두고 하루종일 서울에 가서 상담하고 올 때에도, 공부에 정신이 팔려 집안일에는 신경을 쓰지 못할 때에도 공부를 포기하라고 한 적이 없었다. 오히려 이왕 시작한 것 끝까지 가야 한다고 용기를 북돋운 것은 남편이었다. 그만두면 안 되겠냐고 거꾸로 호소한 것은 '나'이기도 했다. 그만큼 힘들었기 때문이기도 했다. 만약 그때 남편이 나를 붙잡아 주지 않았다면 박사도, 교수도 되지 못했을 거라 생각한다.

내 박사 논문 주제는 '여자 대학생이 지각한 진로장벽'이다. 연구를 위해 찾아본 논문 중에는 이런 내용이 있다. 여성의 직업적 성취에 가장 중요한 요인을 종단적으로 본 스웨덴 학자의 연구였다. 성격, 능력, 학벌 등 우리가 생각할 수 있는 요인이 아니라 '타인의 도움을 이끌어 내는 능력'이 직업 유지에 가장 중요한 요인이었다. 이 말을 다르게 해석하면, 나를 지원해 주는 조력자를 만들어야 여성의 진로개발이 가능하다는 것이다. 내가 남편의 도움을 끌어냈는지, 남편이 자발적으로 나를 도와주었는지는 따지고 싶지 않다. 다만 진로상담 전문가로서 하고 싶은 얘기는 한 가지이다. 결혼 여부를 진로개발의 관점에서 이해하고 싶다면 지금 만나고 있는 사람이 얼마나 부유한가, 능력이 있는가를 판단하기보다는 나를 얼마나 지원해 주는가, 격려해 주는가를 고려해야 한다는 것이다.

(5) Stay Foolish!

스티브 잡스는 대학을 중퇴한 청년이었다. 그 청년이 놀라운 성과를 이루었기에 훗날 스탠퍼드 대학의 졸업식에서 축사를 하게되었는데, 그때 던진 말이 "Stay Hungry, Stay Foolish."였다. 이 말은 여러 가지 의미를 갖고 있지만 나는 'Stay Foolish'에 주목하고 싶다. 인생이라는 문제지를 풀 때 우리는 뭔가 치밀하게 계산해야 문제를 풀어낼 수 있을 것 같은 강박에 시달린다. 그렇기에 계속 준비하려 하고, 계획해서 앞으로 닥칠 일들에 대응하고자 한다. 하지만 실상 삶이 주는 과제는 너무 다양하기 때문에 그때 그때 즉흥적으로 반응하는 것이 더 좋을 때가 많다. 물에 빠진 사람이 계속 살려고 버둥대기보다는 몸의 힘을 빼고 물 위에 떠 있는 채 자신의 에너지를 아끼는 것이 생존 가능성을 높이는 것과 같다.

진로상담을 하다 보면 가장 자주 듣는 말이, "제가 어떤 길로 가는 것이 좋을까요?" 또는 "이 길로 가면 성공할까요?"이다. 상담자는 점쟁이가 아니다. 그렇기에 그 질문에 답을 할 능력이 없다. 내담자에게 필요한 한 가지는 계산이 아니라 묵묵히 그 길을 걸어가 보는 것, 그리고 필요에 따라 적합한 행동을 하는 것일 때가 많다.

하지만 움직이기 전에 우선 따지고 셈하는 데 시간을 많이 보내는 사람들이 더 많았다. 〈최종병기 활〉이라는 영화의 마지막 대사에 이런 말이 나온다. "두려움은 직시하면 그뿐, 바람은 계산하는 것이 아니라 극복하는 것이다." 난 이 말이 좋다. 내 삶에 있어서도 계산보다 아둔함이 나를 보다 좋은 방향으로 이끌었기 때문이다. 아둔함은 용기의 탈을 쓰고 성과를 만든다.

용기는 구태의연한 행동에서 탈피하게 만든다. 긍정심리학에서는 용기를 '내면적·외부적 난관에 직면하더라도 추구하는 목표를 성취하려는 의지와 관련된 강점'으로 정의하고 있다(권석만, 2012). 하지만 나는 용기가 난관을 만날 때만 발휘되는 것은 아니라고 본다. 새롭게 도전해 보려는 시도 자체가 용기이며, 계산을 하거나 따지지 않고 일단 저질러 보려는 마음 자세가 바로 용기이다. 용기(courage)는 어원상 'coeur'에서 왔다. 이는 불어로 '심장'을 뜻한다. 다시 말해, 해 보자는 마음이 생겨서 가슴이 쿵쿵 뛰고 그러한 추진력으로 새로운 일에 뛰어들 수 있는 것이다. 심장이 항상 뛰고 있는 것처럼 어떤 일을 시도해 보려는 자세를 갖추게 되면 그것이 동력이 되어서 좌고우면하지 않고 그 속으로 뛰어들게 되는 것이다. 이렇게 용기 있는 행동은 잦은 실패도 만들지만, 성과도 만드는 원동력이 된다. 누군가는 실패를 시도했음의 증거로 정의하지 않던가. 시도를 해 보아야 성패가 결정되는 것이다. 한 번도 실패하지 않은 사람은 한 번도 시도해 보지 않은 사람에 지나지 않는다. 내 삶에 있어서도 이것저것 재지 않고 저질러 버린 일들이 많다. 앞서 얘기한 여러 사건도 우연이라는 프리즘으로 보면 우연적 사건들이지만, 용기라는 틀로 보면 일종의 거친 행동들로, 현명함의 렌즈를 통해 보면 우직함으로 이해될 수 있는 측면이 있음을 알 수 있다.

■무지의 역설

대학원을 생각해 보지 않은 것은 아니었다. 하지만 동기들의 총명함과 박학다식은 나를 지레 겁먹게 했다. 근거 없는 두려움은 아니었다고 생각한다. 우리 동기들, 즉 84학번은 아마도 서울대 교육학과에서 가장 많은 수의 박사와 교수를 배출한 학번일 것이다. 졸업 정원제로 인해 30%를 더 뽑았던 몇 해 동안이긴 했지만 그 기간에 입학했던 선후배 학번들의 성과와 비교해서도 견줄 만한 상대가 없다. 그 이유만은 아니었다고 해도 내 머릿속에 공부를 더 하겠다는 생각은 들어 있지 않았다.

하지만 교직 사회의 경직성에 대한 반발과 교장선생님의 질책 등등은 나로 하여금 대학원 시험을 보게 만들었다. 그런데 시험에 붙을 생각만 했지 무엇을 전공하고 지도교수를 누구로 선택할 것인가에 대해서는 아무 그림도 그려 놓지 않은 상태였다. 이런 무식함은 용기를 만든다. 앞서 밝힌 것처럼 난 무모함의 다른 이름을 용기라 부른다.

시험 운은 좋았던지 대학원에 무사히 진학하게 되고, 과감하게 개포중학교에 휴직원을 내었다. 나는 그렇게 얻은 2년간의 유예기간을 자유롭게 지낼 수 있으리라 생각하였다. 그러나 그것은 헛된 기대였다. 일단 들어가고 보니 전공을 먼저 선택해야 했던 것이다. '전공? 난 아무 생각이 없는데 어떻게 하지?' 이런 고민을 한다는 것 자체가 대책 없이 대학원에 진학하였다는 반증이었다. 교수가 된 지금 이렇게 대책 없는 학생을 면접하였다면 당연히 입학시키지 않았을지도 모른다. 우리는 어떤 기본적인 청사진을 갖고 들어왔는지를 면접에서 물어봐야 한다는 정해진 틀을 갖고 있기 때문이다. 하지만 생각해 보라. 대학원에 들어가서 어떻게 공부를 하겠다는 포부가 명확하게 있다는 것은 공부가 이미 어느 정도 되었다는 얘기인데 이런 학생이 무엇하러 대학원에 진학하겠는가. 전제부터 다른 시점에서 우리는 학생을 대하고 있는 것이 아닌지 자문해 볼 일이다.

여하튼 나는 답이 없었다. 머릿속에서는 내 대학 성적표가 스캔되고 있었다. 전공 과목 중에서 내가 A+를 맞은 것을 떠올리다 보니 그대로 교육심리, 생활지도와 상담 과목이었던 것이 기억났다. '그럼 그중 하나를 하면 되겠구나.'라고 잠정적인 결론을 내렸다. 1년 후배가 지나가면서 "누나! 누난 뭐 전공할 거예요?"란 질문을 던졌다. 나는 질문을 되돌려 주며 "넌 뭐할 건데?"라 했고, 그 친구는 "난 상담하려고 대학원 왔어요."라고 했다. 이 말 끝에 나는 "그럼 나도 너랑 같이 그 전공 하면 되겠네."라고 말했다.

이것으로 전공 선택은 끝이났다. 상담에 특별히 관심이 있는 것도 아니었고, 인간의 심리를 이해하려는 마음 자세도 갖추지 못한 내가 덜컥 상담을 전공하는 대학원생이 된 것이다. 지금도 내 대학 동기들은 여러 가지 불가사의 중의 하나로 내가 상담을 전공한 것을 꼽는다. 그만큼 상담 분야는 나의 특성과 어울리지 않는 분야였다. 난 성격 특성상 남성적인 면이 많으며, 외향적이고, 직설적이기 때문에 무언가 마음에 담고 사는 사람이 아니다. 그런 내가 조용히 앉아서 타인의 고통스러운 얘기에 귀 기울이고 낮은 자세에서 그 사람의 입장이 되어 함께 아픔을 나누는 것을 상상하기 어려울 것은 당연하였다.

나도 안다. 상담을 전공하려는 사람들이 갖고 있는 여러 특성을 내게서 찾기 어렵다는 사실을. 그런 이질적인 특성이 내가 상담을 공부하는 데 걸림돌을 만들었지만, 또 나를 이 세계에서 살아남게 만드는 디딤돌이 되기도 했다. 내가 만약 이 분야에 대해 속속들이 알고 탐색하였다면 아마 상담을 전공으로 선택하지 않았을 가능성이 크다. 하지만 내 인생에서 가장 잘한 선택은 상담을 전공으로 한 것이다. 만약 상담을 전공하지 않았다면 나는 여러 번 이혼했을 수도 있고, 자녀와의 사이가 나빠졌을 가능성이 높으며, 삶의 여러 부침에 걸려서 좌절하게 되었을 것이다. 상담을 전공한 것은 축복이라 할 수 있다. 이러한 축복이 가능했던 것은 무지함, 즉 용기 때문이라 얘기하고 싶다.

■ 계산을 이긴 아둔함

내가 만약 대학원 시스템에 대해 보다 잘 알았더라면 지도교수 선정도 달라졌을지 모른다. 오랜 기간 상담 분야에서 대가로 인식되던 교수님이 계셨기 때문에 자연스럽게 그분 밑으로 들어갔을지도 모른다. 하지만 대학원 전공 선택에서도 그랬듯이 나의 무지함과 아둔함은 쌍두마차처럼 나를 젊은 교수에게로 이끌어 갔다.

교수의 그늘이 커야 그 안에서 내가 커 나갈 수 있다는 계산이 앞섰다면 미국에서 바로 돌아온 젊은 교수의 제자가 되는 결정을 내리지 못했을 것이다. 그때 내 계산은 단 하나였다. 당시 계셨던 상담 전공 교수님은 종교를 많이 따진다는 정보. 그것이 정확한 정

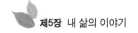

보였는지를 따지기도 전에 난 그분을 배제한 것이다. 그렇다고 해서 신임 교수가 무교도 아니었는데 말이다. 이렇게 하나만 생각하고 다른 것은 염두에 두지 않고 내린 선택은 나에게 결과적으로는 좋은 파장을 만들었다고 생각한다.

지도교수가 젊었기에 패기가 있었고 공부를 중요하게 생각했다고 생각한다. 젊은 시절에는 누구나 많이 가르치고 싶어 하고, 자신의 눈높이에 맞추어 제자들이 따라올 거라 기대하기 마련이다. 난 지도교수의 첫 번째 또는 두 번째쯤 되는 제자였다. 그렇기에 지도교수도 많은 시행착오를 했고, 제자였던 나도 마찬가지의 실수들을 저질렀다. 내가 대학원에 진학할 당시만 해도 여자가 교수가 된다는 것은 생각하기 어려웠다. 더군다나 상담 분야에서 학위를 따서 대학에 남을 가능성은 다른 분야보다 더 낮은 상태였다. 나도 내가 장차 교수가 될 거라 생각했다면 더 많이 그리고 더 열정적으로 수업에 임하고 학문하는 자세를 다졌을지도 모른다.

세월은 여러 가지 변화를 몰고 온다. 당시 잘 나가던 전공, 수요가 많던 전공은 쇠락하였고 상담 분야는 급부상하였다. 그렇게 뜨게 될 줄은 아무도 몰랐다. 만약 그것을 계산할 수 있었다면 좋았을 거라 생각하는 사람들도 있을 것이다. 어떤 줄에 서는 것이 좋을지를 생각하지 않았기 때문에 뜻밖에도 좋은 줄에 서 있는 나를 발견하는 즐거움은 자못 크다.

■ 딴 우물 파기

논문 주제 선정에서도 나의 과감성은 여실히 드러났다. 심리학적 기반이 없는 상태에서, 그렇다고 교육학적 지식이 풍부한 것도 아닌 상황에서 상담을 공부하는 일은 쉽지 않았다. 공부만 해야 한다면 그래도 할 만했겠지만, 상담 실습을 해야 했고 수련도 받아야 했다. 적성에 그리 맞지 않는다는 생각, 많은 내담자들의 이해하기 힘든 행동 등은 나로 하여금 지쳐 가게 했다. 거기다가 석사과정 시절에 겪은 개인적인 여러 사건들은 공부에 몰두하기 힘들게 만들었다. 교직을 그만두고 1년 만에야 석사학위를 취득할 수 있었기에 총 4년에 걸쳐 석사 논문을 쓴 것이다. 그렇다고 논문에만 매진한 것도 아니고 학문에 대한 감을 잡은 것도 아니었기 때문에 박사과정 진학은 꿈꾸지 말았어야 할 일이었는지도 모르겠다.

그럼에도 여러 가지 이유로 박사과정에 진학하였으면 공부에 매진했어야 했다. 하지만 그러질 못했다. 지금처럼 고속열차가 있는 시절도 아니었고, 결혼하고 바로 아이를 임신했기 때문에 나는 일주일에 한두 번 서울행 기차에 몸을 싣고 대학원 수업에만 겨우 참석하였다. 그러니 제대로 실력이 쌓일 수가 없었다. 그 사이에 지도교수가 교환 교수로 외국에 1년간 체류하기도 하였기 때문에 하릴없이 4년 이상의 시간이 흘러갔다. 그러다가는 박사 졸업은 하세월일 참이었다.

논문은 남이 써 주는 것이 아니고 수업만 듣는다고 해결될 성질의 것이 아니었다. 내가 주제를 잡고 그것을 붙들고 씨름하면서 나름의 생각을 엮어 내야 했다. 그런데 나에게는 풀어낼 무언가가 없었고, 문제의식도 없었으며, 상담에 대한 효능감도 낮은 상태였다. 지도교수가 잘 알고 있는 심리상담, 가족상담 쪽으로 주제를 잡으면 나의 얄팍한 지식의 바닥을 보일 것은 뻔한 사실이었다. 내가 석사과정에서 그렇게 많이 고생한 것도 어쩌면 그 때문일 수

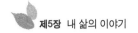

도 있다.

그때 나는 다른 궤도의 열차를 탈 용기를 내었다. 심리상담이 아
닌 전혀 다른 쪽에 있는 트랙에서 주제를 찾기로 마음먹었다. 내
부족함을 메워서 논문을 쓰기보다는 지도교수의 주전공이 아닌 분
야에서 주제를 찾는다는 건 회피이기도 했지만 다른 측면에서 이
해한다면 용기 있는 결단이었다. 보통은 논문을 쓸 때 지도교수가
잘 아는 영역에서 자신이 탐구할 주제를 찾는다. 난 무모하게도 다
른 쪽에서 내가 할 수 있는 주제를 찾고자 시도하였다. 이는 용기
이기도 했지만 내가 잘할 수 있는 분야는 심리상담이 아니라는 뼈
아픈 고백이기도 했다. 내 성격상 내담자의 문제 패턴을 잡아서 그
무의식적 기저를 밝히는 방식은 맞지 않았다. 공감보다는 직면이
내가 잘하는 상담 기술이었음을 잘 알고 있었기 때문에 그런 특성
이 어울리는 분야를 찾아낸 것이었다.

대학원에 다닐 때 진로상담을 제대로 한번 배워 본 적도 없었는
데 그 분야의 논문을 쓰기로 마음먹은 것도 우연이었다. 난 삶에서
만난 여러 걸림돌로 인해 진로장벽(career barrier)이란 개념에 꽂히
게 되었고, 결국 여자 대학생이 지각한 진로장벽 척도를 만들고 그
경향을 연구하는 것으로 박사학위를 받았다.

이 논문은 여성학 또는 사회학적 기반하에 여성의 진로 현실을
드러낸 듯한 인상을 주어서, 학위를 받은 이후 여성 관련 강연 등
에 많이 불려갔다. 전문가가 아닌 상태에서 전문가 취급을 받을 때
의 곤혹스러움을 아는가? 난 그 곤혹스러움을 탈피하기 위해 여성
학 관련 서적들을 읽어서 부족한 부분을 채우기 시작했는데, 이는
내가 관여할 수 있는 영역의 확장을 가져왔다고 할 수 있다. 이런

작은 파동이 모여서 나는 2013년에 전국여교수연합회의 사무국장을 역임하기도 하였다. 우연이 모이면 필연이 되고, 그건 운명으로 자리매김한다는 사실을 기억할 수밖에 없다.

■ 무모한 시도

대학원에 진학해서도 여전히 어려움을 겪었고 학문적인 정체성을 제대로 갖지 못하고 있었음은 여러 글에서 표현한 바 있다. 용기 있게 지도교수가 잘 모르는 분야의 주제를 잡은 후, 나는 다른 도전을 하게 된다. 그것이 도전이었는지 바보 같은 짓이었는지는 해석이 분분할 수 있다.

서울대 교육학과 게시판에서 한국학술진흥재단에서 실시하는 '신진연구인력 지원사업'에 대한 포스터를 보고서 나는 박사학위 계획서를 내고자 했다. 그 사업은 박사학위 논문 계획서를 토대로 그 연구의 발전 가능성을 심사한 후 논문 작성에 필요한 연구비를 지원해 주는 사업이었다. 내 논문에 자신이 있어서 지원할 마음을 먹었다기보다는 연구비가 필요했다. 당시에 여러 가지 사정으로 인해서 경제적인 압박감을 약간 느끼고 있었고, 또한 명분도 필요했다. 내 논문이 괜찮은 논문이라는 일종의 증거 자료가 필요했던 것이다.

그 사업의 경쟁률이 어느 정도이고 그동안 교육학 분야 또는 상담 분야에서 선정된 경우가 있었는지는 아예 셈에 넣지도 않았다. 단순히 계획서만 제출하는 것이 아니라 지도교수의 추천서도 동봉해야 했기에 지도교수님께 말씀드리는 순간 낭패감을 맛보았다. 이 분야에서 그 사업에 선정된 경우는 없다는 말과 함께 가능성은

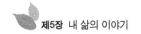

거의 제로에 가까우니 기대하지 말라는 말씀이었다. 그런 후에 '좋은 논문이 될 가능성이 높은 주제입니다.'라는 달랑 한 줄짜리 추천사를 적어 주셨다. 섭섭한 마음은 제쳐 두더라도 과연 내가 이걸 지원하려고 서류를 여러 장 낼 필요가 있을까라는 회의감이 엄습해 왔지만, 그럼에도 난 꾸역꾸역 계획서를 제출하였다. 바보 같은 짓이 되더라도 해 보는 편이 나을 것이라 생각한 것이다.

놀랍게도, 내 논문 주제가 선정되어 720만 원의 지원금을 받았다. 그 당시만 해도 큰 액수였고 영수증 처리도 필요없는 돈이었다. 큰돈을 받았다는 사실보다 더 중요한 것은 그때까지 상담 분야에서 이런 지원금을 받은 경우가 없었다는 사실이었다. 내가 새로운 길을 연 것이다. 아무도 가 보지 않았다고 해서 내가 가지 못할 이유는 없다. 확률적으로 성공 가능성이 낮다고 해서 시도하지 않는다면 아무런 변화도 일어나지 않는다.

이 사업에 선정된 것은 단순히 돈의 문제가 아니었다. 상담 경력이 부족한 내가 충남대 교수가 되는 데는 여러 가지 요인이 작용했는데, 내 학위 논문의 첫 장에 쓴 "본 논문은 1999년 한국 학술진흥재단의 신진연구인력 지원사업의 지원을 받았음."이라는 사사 표기의 덕도 크다고 생각한다. 그 사업에 선정되려는 시도는 바보 같은 짓이었을지 몰라도, 적어도 'Stay Foolish'의 경구에 비추어 본다면 현명한 시도였다.

(6) 우연은 필연이 되고

진로라는 개념을 한자어로 풀면 길로 나아간다는 의미이다. 그 길은 어떤 길을 뜻할까? 쭉 뻗은 대로를 의미할까, 아니면 오솔길을 의미할까? 대부분의 사람에게 진로의 의미는 넓은 길 그리고 직선의 곧은 길로 형상화될 것이다. 나도 마찬가지였다. 내가 가는 길은 쭉 뻗어 있는 큰길이며, 내가 열심히 하면 그 길로 내가 곧장 전진해 갈 수 있을 것으로 생각하였다. 하지만 내가 걸어온 길들을 되돌아보면 곧은 길로 걸어오지는 않았다. 스티브 잡스가 한 유명한 명언처럼, 나는 여러 사건을 점으로 찍어 가면서 나아갔다. 그리고 그 점들이 연결되어 길이 되었다. 나의 삶도 그러했다. 여러 개의 에피소드가 우연하게 내 삶으로 달려들어 왔고, 그 에피소드들을 처리하면서 내 삶의 방향타는 크게 회전하거나 때론 뒷걸음치기도 했다. 지금은 그걸 미리 알았다고 해도 준비할 수 있는 여력도, 시간도 없었을 것을 안다. 그럼에도 여전히 나는 준비된 삶을 꿈꾸고, 계획된 모습으로 이를 받아들이고 싶어 하는 역설적인 모순을 떠안고 있음을 어쩌랴. 진로상담을 강의하고 진로에 대해 고민하는 과정에서 내가 얻은 통찰 한 가지는 내 삶은 무수히 많은 우연으로 점철되어 있지만 그 우연은 결국 지금의 나를 만들어 낸 필연이었다는 사실이다. 일종의 간증처럼 느껴지지만 내게 닥친 불행한(?) 또는 예상치 못한 일들은 지금의 나를 구성하기 위한 재료로서 기능하였음을 자인하지 않을 수 없다. 그 우연 중 몇 개만 풀어 보기로 한다.

■ 아버지의 이른 죽음이 남긴 것

아버지는 영원히 곁에 계실 줄 알았다. 그건 착각이었다. 그렇게 이른 나이에 내 곁을 떠날 줄 감히 짐작할 수 없었다. 그건 엄마도 마찬가지였을 것이다. 큰 기둥처럼 우리를 지켜 주고 여러 풍파를 견디면서 승리해 왔던 아버지가 무너져 버린 것이다. 그것도 발병한 지 4개월 만에 초라한 모습으로 주저앉아 버린 것이다. 아버지의 주검 앞에서 나는 아버지의 짧은 인생을 아쉬워하기보다는 나의 미래가 걱정되어 목 놓아 울었다. 한 번도 아버지가 안 계신 나의 삶을 생각해 본 적이 없던 25세 여자아이는 자기 삶에 생긴 생채기가 서러워 엉엉 울고 있었다.

아버지의 죽음은 내게 많은 고민거리를 남겼다. 아직 결혼하지 않은 고학력자인 나, 비록 교직에 몸담고는 있었지만 휴직한 후 대학원에 진학했던 나는 인생의 큰 그림을 그려 본 적이 없었다. 좋은 남편(?)을 만나 멋진 인생을 살 거라는 꿈만 꾸었지, 그 꿈에 채색할 도구들은 갖추고 있지도 않았다. 경상도 분이었던 아버지는 딸이 공부 잘하는 것은 좋아했지만 남편 그늘에서 살아가기를 원하였고, 그건 엄마도 마찬가지였다. 독립성을 갖추지 못한 채 남편에게 순종하면서 25년 이상을 살아온 엄마의 삶은 비틀거렸다. 운전면허도 다시 따야 했으며, 계속해서 남편이 없는 여자의 삶을 비참하게 느끼면서 의지할 누군가를 찾으셨다. 그것이 자식들에게는 고통이었고, 나는 그것을 버거워했다.

내 안에도 엄마와 비슷한 특성들이 내재되어 있었다. 나보다 잘난 사람을 만나 기대고 싶고, 자주적으로 살기보다는 의존하며 사는 것이 더 나을 것 같은 착각이 이어졌다. 하지만 결혼은 쉽지 않았다. 내가 갖고 있는 강인한 특성들은 결혼까지 이르는 데 많은 장애를 만들어 냈다. "집에서 살림만 한다면……", "대학원 공부만 포기한다면……" 과 같은 이야기로 내가 돈을 벌거나 외부 활동을 하지 않으면 결혼할 수 있다고 꼬드기는 사람들에게 보인 나의 단호한 결단은 엄마와의 잦은 마찰을 가져왔다. 나는 포기할 수 없었다. 비록 목숨 걸고 공부해야겠다고 생각한 적은 없지만 내 선택이 아닌 타인의 강요에 의해 내가 할 수 있는 걸 그만둘 마음은 없었기 때문이었다. 또한 아버지라는 그늘 아래에서 성장하지 못한 엄마를 보면서 '여자도 일을 해야 한다.', '남자의 그늘은 결코 내가 숨을 수 있는 영원한 안식처가 아니다.'라는 생각이 커져 갔다.

만약 아버지가 그때 돌아가시지 않았더라면 내 모습은 달라졌을 것이다. 당당한 여성, 단단한 여성의 삶을 강조하는 지금의 나는 부모님의 교육에 대한 일종의 반작용(reaction)이다. 아버지는 남이 아닌 내가 선택하는 삶이 중요하다는 깨달음을 죽음으로 내게 남겨 주셨다. 만약 당신이 그렇게 일찍 세상을 뜰 줄 알았다면 아버지가 엄마의 나약함과 의존성을 그렇게 강화하며 살았을 것인가? 나는 아니라고 생각한다. 당신이 없을 때 담담하게 삶을 영위할 수 있는 능력을 키워 주려고 노력했을 거라 생각한다. 지금처럼 답답한 인생을 살기를 기대하지는 않았을 것이다. 엄마의 삶을 내 입장에서 폄하하고픈 마음은 없지만 같은 여자의 입장, 같은 인간의 관점에서 보면 너무 수동적이고 폐쇄적이어서 안타까울 때가 많다. 누군가를 위한 삶이 아닌 내가 만드는 삶을 살아가게 만든 분은 다름 아닌 아버지이고, 어머니였음을 밝힌다.

■ 이름값 하는 인생

나는 부모님이 결혼해서 처음 얻은 자식이었다. 아버지는 내 이름을 짓는 데 많이 고심했다고 한다. 며칠을 옥편을 펴 놓고 작명하느라 애썼던 아버지가 만든 이름은 은령이었다. 은 은(銀)과 옥

소리 령(玲)이 합쳐져서 만들어진 내 이름. 성명학과는 관계없이 아버지의 사랑이 담긴 내 이름 때문에 나는 살면서 여러 이름으로 불리게 되었다. 일단 내 이름은 세 글자 모두에 받침이 들어가 있기 때문에 발음이 어렵다. 순순히 불리기 힘든 내 이름으로 인해 내 삶도 뻑뻑하게 진행될 거라 예견한 역술인도 있있다고 했다. 언년이, 을령이, 은영이, 은경이 등 내 이름을 처음 들은 사람이 내 이름을 제대로 알아듣는 것을 본 적이 없었기 때문에 난 내 이름을 좋아하지 않았다. 아버지가 엄마를 사랑하는 마음에 쇠 금(金)의 부수를 찾아서 이름을 만들었다고 설명했어도 좋아하기 힘들었다. 옥구슬 굴러가는 소리처럼 예쁘게 살라는 아버지의 뜻이 담겨 있다고 해도, 그 이름에는 여성으로서의 연약함이 담겨 있다고 생각하였다. 그래서 내 이름이 가진 삐걱거림을 순화시키기 위해 鈴(방울 령)으로 바꾸어서 만든 도장을 새기기도 했다.

그 즈음부터였던 것 같다. 나는 내 이름의 령을 방울 령으로 이해하기 시작했다. 그 이후 나 자신을 소개할 때 은방울 또는 silver bell로 소개하고 이를 기억해 주기를 요청하게 되었다. 그러면서 나의 큰 목소리도 내 이름에 부응하기 위해 주어진 것으로 이해하였고, 교단에서 강의하게 된 것도 종소리를 알리듯 널리 지식을 전파하기 위한 운명으로 받아들이게 되었다. 더욱이 내 이름과 동일한 은방울꽃의 꽃말과 얽힌 사연을 들으면서는 그러한 내 신념이 더욱 굳어지게 되었다. 작은아들의 중학교 국어 교과서에서 우연하게 읽게 된 은방울꽃의 꽃말은 '반드시 행복해질 거야.'이다. 상담을 전공하고 행복해지는 길을 알려 주는 강의를 하는 나에게 이 꽃말은 마치 상담이 나의 운명이고 행복한 안내자의 삶이 나의 사명인 것처럼 느끼게 하였다. 5월의 백합이라고 불리는 이 꽃이 향수화 또는 향기화로 불리면서 행운을 전해 주는 꽃으로 서양에서는 부케에 많이 쓰인다는 사실은, 묘하게도 5월 바로 전날인 4월 30일에 태어난 내 생일과 오버랩되면서 내가 운명적으로 사람들에게 행운을 알려 주는 전도사가 된 것같이 느끼게 한다. 약간의 비약이 있겠지만, 나는 여전히 내 이름처럼 반드시 행복해져야 한다는 사명감을 갖고 있고, 다른 사람들의 행복감을 높여 주는 사명을 갖고 있다고 생각한다.

■ 경험은 경력이 되고

공부하는 것은 어렵지 않은 일이었다. 공부를 잘하지 못하는 사람들을 이해하는 것이 더 어려웠다. 대학원 재학 시절 박사과정을 밟던 김원중 선생님을 비롯한 일군의 연구원들이 당시 사랑의 전화의 사업 제안을 받아들여 진행한 '중학생을 위한 공부방법 배우기' 특강은 공전의 히트를 쳤고, 난 그때 국어를 담당한 강사였다. 이런 내 경력은 몇 년 후 서울대 학생들을 대상으로 한 〈신입생 적응 프로그램〉에서 활용되었다. 최고의 대학에 들어와서 결국 F를 받고 자퇴해야 했던 많은 서울대생을 위해서 신입생 때부터 공부방법과 대인관계 능력을 증진시키는 방법을 결합한 프로그램이 개발되었는데, 그건 상담의 영역이었다.

공부에도 방법이 있다는 사실을 모른 채 무작정 공부하고자 했던 학생들에게 차근차근 방법을 가르쳐 주고 동기를 북돋워 주며 용기 있게 변화를 시도하게끔 격려하는 프로그램은 많은 성과를 가져왔지만, 나는 이 프로그램을 거의 잊고 지냈다. 내 인생에 있었던 우연한 경험에 지나지 않은 이 일은 25년이 지난 시점에서 다시 부활하여 2015년도 대전시 교육청의 〈의기양양 프로그램〉으로 대변신을 하였다. 교육연수원이 사범대학으로 이관된 이후 초대 원장을 맡게 된 나는 기념사업처럼 교육청 공모사업에 지원을 하게 되었다. 원래 그런 사업들에 관심이 없었기 때문에 만약 보직을 하지 않았다면 이 사업을 알지도 못한 채 지나가고 말았을 것이다. 하지만 원장으로서 무언가 사범대에 도움이 되는 사업을 하고 싶었기 때문에 지원한 사업은 대단한 성과를 거두었고, 그 밑바탕에는 수십 년 전의 경험이 자리 잡고 있음을 깨닫게 되었다. 어떤 프로그램도 참가자 만족도가 100%에 이르는 경우는 없다고 하는데, 자기주도학습 프로그램의 만족도는 거의 99% 이상이다. 이는 괄목할 만한 성과이기 때문에 사업의 규모가 해마다 커지고 있다.

만약 내가 대학원 시절에 학습상담을 실제적으로 경험하지 않았더라면, 보직에 있다 한들 이 사업을 이렇게 자신 있게 운영할 수 있었을까? 그리고 이렇게 내실 있게 상호 간에 득이 되는 방식으로 관리할 수 있었을까? 아니다. 지금 내가 하는 모든 것은 훗날 무언가에 쓰임이 있다. 그것이 운명이고 숙명이다. 우연은 내게 한낱 지나가는 사건이 아닌 내 삶을 규정하는 필연으로 돌아온다. 다만 내가 그걸 깨닫지 못하는 것이 아이러니일 뿐이다.

■ 계획된 우연

29세 11월 중순의 나는 벼랑 끝에 내몰린 처지였다. 사표를 냈기 때문에 교직으로 돌아갈 수도 없고, 석사학위는 가졌지만 계약직으로 학생생활연구소 연구원이 된 지 3개월, 아직 남편이 될 사람을 정하지도 못했다. 한 달만 지나면 서른 살 노처녀가 될지도 모르는 암담한 상태였다. 마지막이라고 생각한 시점에 만난 남편과 나의 생일이 같다는 것은 계획된 일이었을까, 우연이었을까? 나보다 세 살 많은 남편은 생일을 음력으로 따졌고 나는 윤달에 태어난 관계로 매번 양력 생일을 맞이했기 때문에 같은 날에 태어난 것을 몰랐다. 결혼 이후 백화점에서 날아온 생일축하 카드를 보고서야 비로소 우리는 알게 되었다. 우리 만남은 우연이 아님을. 그것은 어쩌면 예정된 것이었는데 그걸 깨닫는 데 그 오랜 시간이 필요했음을. 앞서 얘기했듯이 뜻밖의 일이 아니라 뜻 안의 일이었음을 알아차리는 데는 시간이 필요하고, 그것을 받아들이는 사람들의 마음 그릇이 필요하다. 그것을 누군가는 운명으로 이름 지을 것이고, 누군가는 필연이라 이름 짓는다. 나는 그것을 우연으로 이름 짓고, 행복으로 읽는다.

사건(happening)과 우연(happenstance)이 행복(happiness)의 어원이 된 것처럼, 내가 겪은 수많은 사건과 우연적인 일은 내가 행복해지는 데 놓인 수많은 꽃이다. 그 꽃들에서 향기가 나고, 그 향기를 맡으며 나는 인생길을 걸어간다. 그 인생길에서 때로는 과감한 선택이 나를 부추기고 때로는 심각한 좌절이 나를 주저앉게 만들지만, 그럼에도 불구하고 중요한 것은 계속 걸어가는 것이다. 걸어가다 보면 다리에 힘도 생기고 멀리 보고 완급을 조절하는 지혜도 생기는 법이다. 생각 없이 걸어가도 된다. 하지만 생각(生角)하며 걸어야 하는 것이다. 좋은 각도에서 보면 삶에 많은 우연이 꽃처럼 피어 있음을 알 수 있다.

제6장

진로상담의 현재와
새로운 담론의 적용

제1장에서는 진로상담의 역사를 살펴본 후 고전적인 진로상담이 어떤 개념적 틀을 토대로 제시되었는지를 간단하게 검토하였다. 이후 급변하는 진로 현실에 근거하여 새로운 담론을 구성해 보려는 노력들, 즉 최근 이론의 주요 내용을 확인하였다. 그리고 제2장부터 제5장까지에는 진로결정 및 선택 과정이 결코 합리적일 수 없으며, 이성적인 판단에 근거하여 진행되지 않는다는 실증 자료들이 담겨 있다.

  이 장에서는 우리나라 진로 교육/상담의 과거와 현재를 점검하고, 진로문제를 공교육 안에서 해결하기 위한 노력의 일환으로 양성·배치된 진로진학상담교사들이 무엇을 고민하고, 어떻게 활동하고 있는지를 관련 연구들을 통해 살펴보았다. 그리고 획일적이고 직선적인 진로선택, 진로결정, 진로행동의 틀에서 벗어나지 못하고 있는 진로 담론의 외연을 확대해야 할 필요성을 보여 주기 위하여 진로선택에 있어서 우연의 역할을 다룬 실증 연구들을 검토하였다. 마지막으로, 보다 유연하고 융통성 있는 진로교육 및 진로상담을 하기 위해 필요한 프로그램의 내용과 활용할 수 있는 기법들을 개략적으로 소개함으로써 새로운 담론이 교실 현장에서 자리 잡을 수 있는 여지를 마련하고자 하였다.

진로교육의 과거와 현재

이 절에서는 우리나라 진로교육의 시작부터 전개, 확산 과정을 개략적으로 살펴보고 현재 진로교육이 어떻게 진행되는지를 살펴 본 후 드러난 문제점들을 알아보았다.

1) 진로교육의 태동

우리나라에서 진로교육이 중점적으로 시작된 것은 그리 오래된 일이 아니다. 학교 상담과 생활지도는 1945년 해방과 더불어서 태동되었지만 이때는 주로 심리측정 등을 토대로 하여 문제가 있거나 문제가 발생할 가능성이 있는 학생들을 발견하고, 이들을 지도하려는 목적이 주였다. 교사들을 대상으로 한 상담교육도 1950년대 중반부터 시작되었지만 전문적인 내용이나 방법에 기초한 것이 아니라 일종의 보직연수 과정에 준한다고 볼 수 있다. 이후 실시된 상담은 주로 Rogers의 비지시적 상담이론에 근거하여 진행되었으며, 표준화된 상담 절차나 기법을 갖고 있지는 않았다. 이에 반해 진학상담에서는 여전히 지시적인 상담 방법을 활용하고 있었다.

주로 교도 교사 또는 교도 주임이 학교 현장에서 상담을 하는 현상은 미국의 모델을 답습하는 것이었지만, 실제적으로 학생들을 가장 근접한 거리에서 만나야 하는 담임이나 교과 교사들을 대상으로 한 상담교육이나 생활지도 교육은 미비한 상태였다. 예비 교사 교육과정에 생활지도 및 상담이 필수과목으로 구성되지도 못하였기 때문에 실제로 상담을 배운 적이 없는 초임 교사들의 과제로 상담 및 생활지도가 등장하는 것은 당연한 결과라 할 수 있다(손은령, 2005). 이러한 예비교사 대상의 상담교육 부재라는 문제는 학교폭력의 문제가 심각해짐에 따라 '학교폭력의 예방과 대책'이라는 교과목이 2013년에 교직 필수이수 과목이 되면서 다소 변형된 방식으로 해결책을 마련하였다. 하지만 실제적인 상담교육이나 생활지도 방법에 대한 교수과정이 예비 교사들에게 제공되고 있는지는 의문이다.

다시 학교상담의 역사를 되돌아보면, 1972년 8월 교도주임 신설 방안이 국회를 통과하면서 학교 업무에서 교도부의 전문성이 법률적으로 공식화되었다. 그리고 1990년 시·도교육청 단위의 조례에 의해 15개 시·도교육청의 교육연구원에 교육상담부와 진로상담부가 신설되어 각종 프로그램의 제작과 보급이 실시되고 단위학교 상담실에 대한 지원책도 마련되었다.

2) 진로교육의 확산과 진로진학상담교사의 배출

교육 현장에서 진로가 중요해진 시기는 1990년대부터라 할 수 있지만 진로교육에 점차 관심을 갖고 이에 대해 연구하기 시작한 것은 1980년대 초부터였다. 이때 한국교육개발원이 대규모의 유니세프 자금을 지원받아 장기 연구 개발을 시작하면서 진로교육이 확산·보급되기 시작하였다. 초·중등학교의 진로교육 프로그램 및 자료를 개발하고, 전국에 확산·보급시키려 했던 교육개발원의 노력은 제6차, 제7차 교육과정에서 결실을 맺게 되었다. 교육과정에 진로교육이 반영되면서 점차 중요성이 확산되었고, 2009 개정 교육과정의 경우 진로교육을 핵심 축으로 수용하는 단계로 발전하게 되었다. 그 내용의 면면을 살펴보면 초등 실과, 중등 기술과 및 가정과 내용에 진로교육이 포함되었고, 초 · 중등학교의 각 교과에서 진로교육의 내용이 통합되어 지도되기 시작하였다. 제7차 교육과정에서는 '진로와 직업' 교과가 고등학교 교양선택의 하나로 편제되었다.

우리나라에 진로교육을 확산시킨 주체인 교육개발원이 그 기능을 강화함에 따라 직업기술연구본부를 분리 · 독립시킬 필요성이 증대하였고, 결과적으로 한국직업능력개발원이 신설되었다. 그리고 교육부의 위탁으로 1999년 '진로정보센터'가 직업능력개발원에 설치됨으로써 전문적으로 진로교육을 연구하기 시작하였다. 1992년 한국진로교육학회가 창립되고, 이 두 주체의 협력하에 진로교육이 2009 개정 교육과정의 중심축이 되었으며, 진로활동을 중심에 두는 '창의적 체험활동'을 신설 · 강화하고, '진로와 직업' 교과를 중학교에서도 교양선택 과목으로 신설하게 되었다.

2009 개정 교육과정에 따라 진로관련 과목이 개설되어야 하고 교과 교실제도가 도입되는 등 진로교육에 전문성을 갖춘 교사를 배치해야 할 필요성이 증대하였다. 또한 대입제도에 있어서 수시 전형의 확대와 함께 입학사정관제를 도입하게 됨으로써 이를 중고등학교 현장에서 올바르게 운영할 수 있는 교사에 대한 요구가 높아졌다. 단순히 대학진학을 지도하는 소극적인 의미에서 벗어나 적극적인 의미에서 생애 전반의 진로발달을 계획하고 이를 지도하고 지원해 주는 인력 풀이 필요하게 된 것이다. 중등학교 단계에서

부터 전문적 · 체계적으로 진로지도를 해 주고, 다양한 고입 및 대입 전형에 대한 이해를 토대로 진로지도를 해 줄 수 있는 교사를 양성하기에는 시간이 부족하다는 이유도 있었지만, 사실 속내는 과원 교사를 해결하려는 의도도 있었다. 이렇게 졸속적으로 만들어진 진로진학상담교사였기 때문에 학교 현장에서 이들의 전문성은 의심받게 되었고, 실제적으로 교사들조차 자신들이 무엇을 목적으로 어떻게 해야 하는지 그 정체성에 상당한 혼란이 있는 상태였다. 이러한 문제들은 여전히 해결되지 못하였다고 볼 수 있다. 이에 대해서는 이후 진로진학교사의 역할 갈등 문제를 다룰 때 점검해 보기로 하겠다.

2009 개정 교육과정의 적용 첫해인 2011학년도부터 진로진학상담교사를 배치하기 위해서 각 교육청별로 위탁 연수를 통해 교사 연수를 집중적으로 실시하게 되었고(2011년 1월부터), 2011년 3월부터 이 제도는 전격적으로 시행되게 되었다. 정부는 진로진학상담교사를 공립 고등학교부터 우선적으로 배치하기 시작하였으며, 지속적으로 그 수를 늘려 현재는 중 · 고등학교에 최소 1인 이상이 배치되고 있다. 더욱이 박근혜 정부는 자유학기제를 전체 중학교에서 실시하기로 법제화하여 2016년도부터 중학교에서는 최소 한 개 학기 이상 진로탐색을 위한 자유학기제가 실시되고 있다.

3) 진로교육의 좌표 점검 필요성

진로교육이 우리나라 교육의 기본 주제로 떠오른 것은 1997년 IMF 경제위기 이후 지속된 진로 현실의 불안정한 양태에 기인한다. 저성장, 고실업, 불안정한 고용으로 특징지어지는 고용 현장의 상황과 입시 위주의 교육을 통해 양상된 수많은 고학력 청년층에 대한 대책이 요구되었기 때문이다. 과거처럼 학력이 취업시장에서 중요한 능력으로 평가받을 수 없게 된 것이다. 실제적으로 직업 기초 능력을 갖추지 못한 특징 없는 인재들을 더 이상 양산할 수만은 없다는 반성은 전문적인 진로교육을 통해 준비된(계획된) 인재 양성이 가능하다는 일종의 신화를 만들게 되었고, 이는 고스란히 현재의 교육과정과 교육정책에 반영되고 있다.

그렇다면 과연 현재의 진로교육과 진로정책은 제대로 된 트랙에 놓여 있는가를 점검할 필요가 있다. 진로교육에 대한 개념이 거의 전무했던 40년 동안(1990년 이전)의 무지에서 벗어나, 정책을 통해 진로교육에 대한 관심을 교과로, 교육과정으로 실천하기 시작한 25년 동안(2015년까지)의 노력이 과연 결실을 맺을 수 있을 것인지 지금 시점에서 확인하는 것은 상당히 중요하다. 정부가 지속적으로 단선화된 진로교육의 노선을 유지하려 하기 때문이다. 최근 정부는 NCS(국가직무능력표준)를 기준점으로 삼아 산업체의 요구에 부응하는 기술 인력의 양산이 대학교육의 가장 중요한 목표인 것처럼 대학 및 중·고등학교 현장에 요구하고 있다. 대학교육의 목표를 단순히 직업인 양성에 맞추는 것은 상당히 위험한 발상이다. 더욱이 특정 직업에서 요구하는 직무 기술들을 병렬한 표준에 맞추어 개인의 능력을 개발하려는 시도는 기계적이라 할 수 있다. 이런 표준에 근거하여 교육·훈련된 사람들은 결과적으로 변화하는 시대의 흐름에 적응하는 유연하고 융통성 있는 사고를 갖춘 창의적인 인재가 되기 어렵다는 사실을 알아차리지 못한 채 직진하는 정부의 순진한 움직임에 제동을 걸기 위해서는 진로 현실에 대한 또 다른 증거물이 다수 수집되어서 제시될 필요가 있다. 이것이 이 책의 집필 목적이기도 하다.

 ## 진로진학상담교사의 삶(역할 갈등과 애환)

2011년부터 학교 현장에 진로진학상담교사들이 배치되기 시작하였고, 이들과 일반 교사들을 대상으로 한 각종 연수 등도 거의 매년 방학 때마다 집중적으로 이루어지고 있다. 급작스럽게 만들어진 제도에 따른 학교 현장에서의 혼란과 교사의 개인적 정체성 갈등에 대해서는 이미 언급한 바가 있지만, 실제로 이들을 대상으로 한 연구들은 많지 않다. 다만 이미 어느 정도 정착되고 있는 전문 상담교사들의 역할 정체성 및 기능에 대한 연구들을 토대로 비슷한 어려움을 겪었을 것으로 짐작할 수 있을 뿐이다. 따라서 실제 문헌들을 통해 진로진학상담교사들이 어떠한 현실에 부닥치고 있는지를 알아보는 것도 중요한 의미가 있다. 다시 말해, 진로진학상담교사 대상의 연구들을 살펴봄으로써 진로교육의 현재와 진로교육이 나아갈 방향을 가늠해 볼 수 있을 것이다. 이를 위해 다음의 문제를 연구 주제로 설정하였다. 첫째, 진로진학상담교사를 대상으로 한 연구들의 주요 내용(주제)은 무엇인가? 둘째, 진로진학상담교사 대상 연구의 동향과 특징은 무엇인가?

1) 연구 방법

(1) 연구 논문 선정 절차

연구 논문 선정은 키워드 검색을 이용하였다. '키워드'는 연구의 핵심적 내용뿐 아니라 연구자들이 자기 연구의 기본적인 관점, 취지, 태도를 가장 잘 드러내기 때문에 검색어를 통한 연구물 선정은 진로진학상담교사를 대상으로 한 연구 동향 분석에 있어서 연구 대상을 선정할 수 있는 효율적 방법이다. 학술연구 정보서비스(RISS)의 정보 검색창에 '진로진학상담교사'라는 검색어를 입력하고 검색한 결과, 총 64편의 학술지 논문이 검색되었다. '진로 교사', '진학교사', '진학상담', '진로상담' 등 관련 검색어를 입력한 결과 수많은 논문이 검색되었지만, 실제 진로진학상담교사 제도가 도입된 이후의 연구들을 살펴보려는 것이었기 때문에 검색어를 하나로 한정하였다.

학술지 외에 많은 학위 논문도 나타났으나, 방법론적 타당성을 확보하기 위하여 학술지에 게재된 논문으로 대상을 제한하였다. 이 제도가 실행된 것이 2011년도부터였기 때문에 그 이전의 연구들도 제외하였다. 이러한 선별 과정을 통해 1차적으로 남은 37편의 논문 중 실제 초·중·고등학교에서 진로진학상담을 담당하는 교사들을 대상으로 한 연구들만 탐색한 결과, 총 17편의 논문이 검색되었다.

(2) 연구 대상

연구 논문 총 17편의 저자, 연도, 제목, 학술지 및 연구 방법의 목록은 〈표 6-1〉과 같다. 연도별로 살펴보면 2011년 2편, 2012년 4편, 2013년 1편, 2014년 4편, 2015년 6편으로, 2013년을 제외하고는 꾸준하게 연도별로 평균 4편 정도의 논문이 게재된 것으로 나타났다. 한국진로교육학회에서 발간하는 『진로교육연구』에 11편의 논문이 게재되었고, 나머지 학회지에 6편이 게재되었다.

| 표 6-1 | 연구 대상 논문 목록

저자	연도	제목	학술지	연구방법
고재성	2011	진로진학상담교사 현황 및 연수 실태 분석(a)*	진로교육연구	설문조사
박용호	2011	진로진학상담교사의 역량(b)	진로교육연구	설문조사
김나라 외 2인	2012	진로진학상담교사가 인식한 학교 진로교육 실태와 요구(c)	진로교육연구	설문조사
오정숙	2012	진로진학상담교사의 진로교육 교수학습방법에 대한 인식 분석(d)	진로교육연구	설문조사
김나라 외 2인	2012	진로진학상담교사에 대한 학생과 학부모의 인식 및 요구분석(e)	진로교육연구	설문조사
장창곡 외 2인	2012	일반계고등학생 진로진학상담 모형 개발을 위한 델파이 연구(f)	한국심리학회지: 학교	델파이 후 설문조사
이건남 외 3인	2013	진로진학상담교사의 배치에 대한 초등학교 교사의 인식(g)	실과교육연구	설문조사
홍지영 외 2인	2014	진로진학상담교사의 인식, 경험, 대안과 요구사항에 대한 질적 연구(h)	진로교육연구	초점집단면접
오정숙	2014	진로진학상담교사의 역할과 직무에 대한 인식(i)	진로교육연구	설문조사

장원섭 외 4인	2014	특성화고등학교 진로진학상담교사의 직무갈등에 관한 질적 연구 (j)	진로교육 연구	질적 연구
류영철	2014	진로진학상담교사의 역량모형 개발(k)	진로교육 연구	델파이 후 설문조사
장창곡	2015	대입진학지도교사의 직무스트레스와 감정노동의 군집유형에 따른 심리적 소진의 차이(l)	진로교육 연구	설문 조사
이승진, 송해덕	2015	고등학교 진로진학상담교사 DACUM 직무분석(m)	중앙대 한국교육 문제연구	설문 조사
유정이 외 2인	2015	고등학교 진로진학상담교사가 지각한 역할수행의 어려움(n)	학습자중심 교과교육 연구	초점집단 면접
한현우, 이병준	2015	인문계 고등학교 진로진학상담교사의 직업생애사에 대한 연구 (o)	학습자중심 교과교육 연구	질적 연구
김옥선, 권정언	2015	AHP를 이용한 교육기부자, 진로진학상담교사, 학생의 직업체험 성과요인에 대한 중요도 분석(p)	진로교육 연구	설문 조사를 통한 쌍대 비교
천성문	2015	자문기술향상 프로그램이 진로진학상담교사의 컨설팅기술과 대인관계에 미치는 효과(q)	교육치료 연구	실험 연구

* 연구물 표기를 위해 영문 이니셜을 사용함.

(3) 분류 방법

연구문제 1 '진로진학상담교사를 대상으로 한 연구들의 주요내용(주제)은 무엇인가?'에 대한 답을 찾기 위해 연구자들이 제시한 주제어의 공통점을 추출하는 방식을 활용하였다. 주제어의 빈도를 토대로 내용 분류를 하였고, 연구 방법 측면에서도 분류를 하였다. 그리고 연구문제 2 '진로진학상담교사 대상 연구의 동향과 특징은 무엇인가?'에 대한 답을 얻기 위해 결과를 분류한 후 의미를 찾아보고 내용상의 특징들을 토대로 시사점을 도출하였다.

2) 연구 결과

(1) 주제어와 연구 방법을 중심으로 본 연구 동향

진로진학상담교사를 대상으로 한 연구 논문들의 주제어를 목록화한 내용은 〈표 6-2〉와 같다.

| 표 6-2 | 논문 주제어

주제어
진로, 진로 · 진학상담, 진로진학상담교사, 진로진학상담교사 연수
진로진학상담교사, 역량 요구분석, 역량 우선순위, 진로개발
진로진학상담교사, 학교진로교육 실태 및 요구, 학교 진로교육 활성화 방안
진로교육방법, 교수학습방법, 진로교수능력, 교원교육, 진로진학상담교사
진로진학상담교사, 학생, 학부모, 인식 및 요구 분석
진로상담, 진학상담, 진로진학상담교사, 델파이 분석
진로진학상담교사, 초등학교 교사, 배치-양성-역할
진로진학상담교사의 인식, 경험, 대안 및 요구사항, 질적 분석
교사직무, 중요도, 실행도, 중요도-실행도 분석, 교원교육, 진로진학상담교사
특성화고등학교, 진로진학상담교사, 진로교육, 직무갈등

진로교육, 진로진학상담교사, 역량모형
대입진학지도교사, 직무스트레스, 심리적 소진, 감정노동, 군집분석, 회귀분석, 진학상담, 진로진학상담
진로교육, 진로진학상담교사, DACUUM 직무분석, 핵심업무
진로진학상담교사, 고등학교, 역할수행의 어려움, FGI
진로, 진로교육, 진로진학상담교사, 직업생애사, 직업전문성
직업체험 성과요인, 계층분석적 의사결정(AHP), 교육기부자, 진로진학상담교사, 중요도
자문기술향상 프로그램, 진로진학상담교사, 컨설팅기술, 대인관계

이 표의 목록을 살펴보면 진로·진학상담[1](5회), 진로진학상담교사[2](15회), 진로[3](3회), 진로교육[4](5회)을 제외하면 공통된 주제가 거의 나타나지 않음을 알 수 있다. 이는 두 가지 이유로 해석될수 있다. 아직 진로진학상담교사들을 대상으로 한 연구들이 특정한 주제로 수렴되지 못하고 있음을 보여 준다. 이에 더하여 진로진학상담교사 제도의 정착과정에서 검토되거나 분석되어야 할 주제들이 다양하지만, 실제로 그 연구를 실행할 인력이 부족해서 우선적으로 시급한 내용을 중심으로 검토가 이루어지고 있음을 이유로 들 수 있다.

논문들이 게재된 학회지에서도 편중 현상은 드러나고 있다. 17편의 논문 중 11편의 논문이 『진로교육연구』에 실려 있고, 2편은 『학

---

1) 진로상담, 진학상담을 모두 포함함.
2) 대입 진학지도교사를 포함함.
3) 진로 개발을 포함함.
4) 진로교육 방법을 포함함.

습자중심 교과교육』에 그리고 나머지 논문은 『실과교육연구』,『교육치료연구』,『한국심리학회지: 학교』,『중앙대 한국교육문제연구』에 각각 한 편씩 게재된 것으로 나타났다. 연구 논문들이 다양한 학회지에 게재되는 것이 바람직한가에 대해서는 이견의 여지가 있겠지만, 사회적 반향성 및 문제의 중요성 측면에서 볼 때 가급적 다양한 학회지에서 관련 주제들이 검토되고 학술적인 방향에서 그리고 정책적인 방향에서 다루어질 필요가 있다고 생각한다.

이러한 편중 현상은 연구 방법의 선택에서도 나타나고 있다. 17편의 논문 중 12편의 논문에서 설문조사 방법을 활용하였으나 점차적으로 다양한 연구 방법이 시도되고 있다. 나머지 5편의 연구에서는 질적 연구 방법 2편, 초점집단 인터뷰 방법 2편이 있었으며 특이하게 실험 연구도 1편 있었다. 제도의 초기라는 점을 고려할 때 설문조사의 필요성은 충분하다고 할 수 있지만, 또 다른 측면에서 볼 때 제도의 안정적인 정착과 현장에의 활용성을 고려할 수 있는 방법론을 선택해 보려는 노력이 적은 것은 아닌지 연구자들은 자문해 볼 필요가 있다.

(2) 연구 내용을 중심으로 본 연구 동향

연구 내용에 따라 분류한 결과는 〈표 6-3〉에 제시되어 있다. 이 표를 보면 연구들은 크게 다음 다섯 개의 내용 영역으로 구분할 수 있다. 교사 연수 및 기법 훈련, 교사 직무 및 역량, 모형 개발 및 교수-학습 방법, 교직 경험 및 역할 갈등, 교사 및 제도에 대한 인식이다. 내용 구분에 있어 가급적 중복 배치를 지양하였지만, 경우에 따라서는 동일한 논문이 두 영역에 배치된 경우도 있었다. 인위적인 배치보다는 전체적인 경향성 파악을 우선하기 위한 불가피한 조치였다. 그리고 체험 프로그램의 성과 연구는 저자의 판단에 따라 교수·학습 방법 영역으로 분류하였다.

　내용별로 살펴보면, '교직 경험 및 역할 갈등'에 대한 논문이 가장 많았다. 총 6편의 논문이 이에 해당하는데, 그 내용을 보면 진로진학상담교사들이 학교 현장에서 자신들의 역할과 직무에 대해 어떻게 인식하고 있는지를 살펴보려 하거나(오정숙, 2014; 홍지영, 유정이, 김진희, 2014), 학교 급별에 따라 직무 갈등과 역할 갈등이 어떻게 나타나고 있는지를 탐색하려는 시도가 나타나고 있다(장원섭, 강예지, 이혜나, 이민영, 최선형, 2014; 유정이, 홍지영, 김진희, 2015). 이 밖에도 진로진학상담교사 자신의 직업 생애사를 드러내거나(한현우, 이병준, 2015) 직무에 따른 소진 현상을 다룬(장창곡, 박미란,

| 표 6-3 | 연구 내용별 논문 분포

연구 내용	관련 제목	편수	비고
교사 연수 및 기법 훈련	a, q*	2편	q는 중복
교사 직무 및 역량	b, k̲, m	3편	k는 중복
모형 개발 및 교수-학습 방법	d, f, k̲, p, q	5편	k는 중복 q는 중복 p는 체험 프로그램의 성과
교직 경험 및 역할 갈등	h/i/j/l/n, o	6편	
교사 및 제도에 대한 인식	c, e, g	3편	

*중복 분류된 논문은 밑줄을 그어 표기하였음.

이지연, 2015) 논문도 있었다.

한현우와 이병준(2015)의 연구를 보면 교과 교사로서의 삶을 영위하다가 진로진학상담교사로 전직하는 과정에서 교육관이 변화하고 지속적인 공부를 통해 정체감을 형성해 가지만, 실제 현장에서 받는 역할 기대와 현실 간의 갈등을 투쟁을 통해서 또는 혼자 아픔을 감내하면서 책임감을 갖고 학교 진로교육에 임하는 모습들이 드러나고 있다. 이러한 문제는 비단 개인 차원에서 해결될 수 있는 성질의 것이 아니기 때문에 교사들 간의 연대를 활성화할 수 있는 연수와 네트워킹의 기회를 제공해 주는 적극적인 장치들이 마련되어야 하며, 이를 통해 우리나라 진로교육 전체의 질적 변화가 가능해질 수 있음을 시사하고 있다. 홍지영 등(2014)도 비슷한 제안을 하고 있다. 이들은 중학교 진로진학상담교사들을 대상으로 인식, 경험, 대안 및 요구사항에 대한 질적 연구를 하였는데, 학교 현장에서 보람과 어려움을 동시에 느끼고 있는 교사들을 대상으로 슈퍼비전 프로그램을 제공해야 할 필요성, 진로진학상담교사의 역할 정체성 확립과 전문성 제고를 위한 교육과정 개발 등을 대안으로 제시하고 있다. 유정이 등(2015)의 연구를 보면 고등학교 진로진학상담교사들은 정체성 혼란, 중학교 과정과의 연계 및 차별화 미흡, 진로교육과 진학지도의 병행에 대한 부담, 학생들의 동기 부족과 학부모의 요구, 전문적 역량의 부족, 교육과정 및 정책의 불안정성이라는 6개 영역의 문제들을 경험하고 있었다. 단순히 개인적 차원에서의 노력으로 이러한 문제들을 해결하기는 어렵기 때문에 제도적 · 정책적 그리고 집단적 연대과정 등을 통해 차근차근 풀어 나갈 필요가 있다.

새로운 제도의 도입은 일종의 실험이라 할 수 있다. 그 제도가 성공적으로 안착하기 위해서는 제도의 최전방에서 이를 실천하는 교사 자신이 그 제도를 어떻게 이해하고 있는지, 그리고 자신들의 역할과 기능을 어떤 시각에서 인식하고 있는지, 즉 역할 정체성의 확립 여부가 성패를 좌우하는 관건이 된다. 소수이긴 하지만 진로진학상담교사의 삶과 역할 갈등을 다룬 연구들이 나타난다는 것은 그들의 삶이 팍팍함을 보여 주며, 역할 정체성을 확립하려는 시도가 끊임없이 이어져야 함을 반증한다고도 할 수 있다. 진로가 개인의 일생에 걸친 직업적 선택의 경로라 할 때, 그들 자신의 생애사에 대한 반추, 현재 하고 있는 업무에 대한 인식과 대안에 대한 고민, 갈등의 원인에 대한 해석과 해결하려는 노력의 경주, 심리적 소진 현상의 이해와 방지책 마련 등이 이들 연구에 담겨 있다고 할 수 있다.

'모형 개발 및 교수-학습 방법' 영역에는 진로진학상담자들이 활용할 수 있는 상담모형과 역량모형을 개발하는 연구들과 진로체험활동, 자문기술 향상 프로그램, 교수-학습 방법에 대한 연구 5편이 포함되었다. 일반고의 진로진학상담 모형을 개발하려는 연구(장창곡, 이지연, 장진이, 2012), 진로진학상담교사의 역량 모형을 개발하는 연구(류영철, 2014), 교수-학습 방법에 대한 인식 분석 연구(오정숙, 2012), 직업 체험 성과 분석 연구(김옥선, 권정언, 2015), 자문기술 향상 프로그램의 효과 차이 분석 연구(천성문, 2015)가 이 영역에 속한다.

장창곡 등(2012)의 연구에서는 일반계 고등학생의 진로진학상담 모형을 개발하기 위하여 전문가 집단을 대상으로 델파이 방법을 활용하였다. 그 결과 5개 단계가 설정되었다. 접수 단계, 진로상담 단계, 진학가능성 상담 단계, 학습전략 상담 단계, 추수상담 단계의 각 단계별로 포함되어야 할 주요 요소는 다음과 같다. 접수 단계에서는 라포 형성과 상담에 대한 기대를 확인하는 것이 필요하며, 진로상담 단계에서는 성격 유형, 직업 흥미 분석, 적성에 대한 이해, 가치관에 따른 진로선택, 긍정적 자아개념 형성, 합리적 의사결정 능력 배양, 각종 검사 결과 해석, 직업 전망, 대학 및 학과 특성 파악, 직업들의 특성 이해, 전 생애에 걸친 진로 방향 설계가 포함된다. 진학가능성 상담 단계는 세 번째 단계로서, 대입의 전형요소 이해, 입학사정관 전형과 대입의 전반적인 흐름 이해, 현재 모의고사와 내신 성적으로 지원 가능한 대학 및 학과, 목표 대학의 모집 요강 이해, 자기소개서 작성 요령, 수시모집의 수능 최저학력 기준 충족 가능성이 속한다. 학습전략 상담 단계는 기존의 진로상담의 단계에서 거의 다루어지지 않던 내용을 담고 있는데, 자기주도학습의 중요성을 강조하고 있다. 여기에는 학습 의욕 고취, 성취 가능한 목표를 토대로 한 학습 동기, 학습 습관 및 태도 확인, 학습 계획표 작성이 포함된다. 마지막은 추수상담 단계로서, 목표 점수 미도달 시의 원인 분석 및 격려, 학습 계획표의 실천 상황 확인이 속한다.

추출된 모형의 실행도와 중요도 차이를 검증한 결과, 학습전략 상담의 여러 영역에서 가장 큰 차이가 나타났다. 이는 진로상담이 학습상담과 병행되어야 실효를 거둘 수 있다는 점을 보여 주며, 진로와 학습이 불가분의 관계임을 반증하는 것이다. 따라서 진로진학상담교사 양성 및 보수 교육에 있어서 진로에 대한 인식과 지식

제공에만 치중하기보다 학습전략 상담의 주요 기법을 이해하고 이를 실천하는 방법을 훈련해야 함을 시사한다.

한편, 진로진학상담교사에게 요구되는 역량모형을 개발한 류영철(2014)의 연구에서는 3개의 역량 범주(이론지식, 직무수행, 태도 자질)와 12개의 역량요소(상담역량, 검사역량, 지도역량, 프로그램 기획역량, 프로그램 운영역량, 행정업무 처리역량, 네트워크 역량, 강의역량, 정보처리 역량, 개인관리 역량, 평생학습 역량, 커뮤니케이션 역량)가 도출되었다. 각 역량별 필요 수준과 수행 수준의 차이도 검토하였는데, 상담역량(공감역량)이 가장 필요한 역량요소였다. 이러한 결과는 진로진학상담 현장에서 교사들이 제대로 된 교수 방법과 상담 방법을 활용하고 있는지에 대한 의구심을 불러일으킨다. 다시 말해, 진로에 대한 지식과 공감을 토대로 한 실천 간의 간극이 존재하며 그러한 차이로 인해 학생들이 고통받을 수 있음을 보여 준다. 학생들은 준비된 상담교사를 원하며, 자신들을 통해 교사의 상담 능력이 개발되어 가기를 결코 원하지 않는다.

교수학습 방법상의 문제들은 연구자들의 관심으로 나타나며, 이는 나머지 3편의 연구에서도 잘 드러나 있다. 예를 들어, 오정숙(2012)의 연구를 보면 진로진학상담교사들이 통합교과 지도를 위해 선호하는 교수학습 방법은 강의, 협동학습, 사례 연구, 토의, 토론의 순이었고, 창의적 체험활동을 위해 선호하는 교수학습 방법은 견학, 현장 실습, 콜로키아, 협동학습, 면담 및 잡쉐도잉(job shadowing)이었다. 이런 선호도와는 달리 효능감 순위를 보면 강의, 상담, 컴퓨터 보조학습, 사례 연구의 순으로 나타나, 선호하는 교수-학습 방법을 활용하는 데 필요한 자기효능감은 높지 않았다.

선호도와 효능감의 차이가 벌어지게 되면 내용에 가장 적합한 교수-학습 방법을 실천하는 데 있어서 어려움을 경험할 가능성이 높아진다. 다시 말해, '생각 따로, 실천 따로'의 현상이 벌어지게 되어, 학생들의 진로진학상담의 효과성 또는 효율성이 낮아지는 결과를 초래할 수 있다. 따라서 후속적인 프로그램 개발과정에서는 이 점을 충분히 고려하여 연구 내용과 교육과정을 구성할 필요가 있다.

'교사 및 제도에 대한 인식' 영역에는 학교 진로교육 실태와 요구에 대한 진로진학상담교사의 인식, 진로진학상담교사에 대한 학생과 학부모의 인식, 진로진학상담교사의 배치에 대한 초등학교 교사들의 인식 연구 3편이 포함되었다(김나라, 방재헌, 정진철, 2012a, 2102b; 이건남, 이종범, 정진철, 고재성, 2013). 기본적으로 현재 그 직위를 유지하고 있는 사람들의 관점에서, 그 직업의 대상이 되는 당사자의 입장에서, 마지막으로 배치에서 제외된 학교 관련자들의 입장에서 현 제도를 어떻게 생각하고 있는지를 확인하려는 연구들이었다.

진로진학상담교사에 대한 학생과 학부모의 높은 기대 및 필요성 인식(김나라 외, 2012b)과는 달리, 김나라 등(2012a)의 연구를 보면 진로진학상담교사들이 각급 학교에 배치되었지만 실제 예산이 제대로 책정되지 않아서 많은 어려움을 겪고 있었으며, '진로와 직업'을 선택교과로 채택한 경우도 과반이 되질 않았다. 이로 인하여 업무를 제대로 수행할 수 있을지에 대한 불안감이 높았으며, 경험 및 전문성 부족으로 인한 걱정의 정도도 높았다. 또한 역할에 대한 정체감 혼돈과 전문성 부족 때문에 대상 학생들에게 피해가 갈 것을 우려하고 있었다. 개인적 어려움과 더불어 학교 장면에서 수행 업무의 과다, 관리자의 진로교육에 대한 인식 부재로 인한 부담, 상담/교육 시설 및 예산 부족 등의 고충도 동시에 겪고 있었다. 연구에서는 이러한 어려움을 줄이기 위한 개별 학교 및 교육청, 교과부 차원에서의 구체적인 요구사항들도 검토되었다.

이상의 결과들은 국가적인 어젠다로 진로교육이 대두하였지만 실제적인 측면에서의 준비가 미비하였음을 보여 주며, 준비 부족을 교사 개개인의 노력으로 메워 보게 하는 일종의 권력적 억압이 있음을 시사한다. 따라서 지금 시점에서는 학생 및 교사들이 가진 낭패감과 부채감, 열등감 등의 문제를 어떻게 해결할 수 있을지 고민해야 하며, 그에 대한 대응 방안을 마련하고 그들을 지원해야 하는 후속 과제들을 풀어야 할 것이다.

'교사 직무 및 역량' 영역에는 진로진학상담교사의 역량에 대한 연구(박용호, 2011)와 진로진학상담교사의 역량 모형 개발 연구(류영철, 2014), 고등학교 진로진학상담교사 DACUM 직무분석 연구(이승진, 송해덕, 2015)의 3편이 포함된다. 이들 연구는 기본적으로 진로진학상담교사들이 갖추어야 할 직무들에 대한 검토를 토대로 직무 또는 역량을 추출한 후 그 중요도, 실행도, 요구도 등에 대한 인식 정도와 우선순위를 파악하고자 하였다.

박용호(2015)는 총 15개의 진로 역량을 제시하고 성별, 설립 형태별, 교직 경력별, 연령별 우선순위의 차이를 비교하였다. 제시된 역량에는 전문가 행동, 노동시장 이해, 진로 개발 측정, 다양성 이해, 윤리적 태도, 진로이론 이해 및 활용, 고용 가능성 개발, 프로그램 개발/실행/관리, 홍보 및 대외관계 형성, 테크놀로지 이해 및

활용, 대인관계, 정보 관리 및 활용, 요구 분석, 학습 촉진, 진로상
담이 포함된다. 가장 우선순위가 높았던 역량은 전문가 행동, 노
동시장 이해, 진로 개발 측정, 프로그램 개발/실행/관리, 정보 관
리 및 활용이었다. 결과적으로 진로진학상담교사들은 자신들을
전문가로 인식하고 있으며, 기본적으로는 노동시장에 대한 진로
정보를 잘 활용하여 프로그램을 개발 · 관리하고자 하는 요구도가
높았다. DACUM 방식을 활용한 직무 분석(이승진, 송해덕, 2015)에
서도 14개의 책무와 109개의 과업 우선순위가 도출되었다. 요구
도 및 직무 분석 등은 실제 교사 훈련이나 역량 개발에 직접적으
로 활용될 수 있다는 강점을 지니므로, 그 결과를 연수 또는 보수
프로그램 교과과정에 적극 반영할 필요가 있다.

'교사 연수 및 기법 훈련 프로그램' 영역에는 진로진학상담교사 현
황 및 연수 실태를 분석한 연구(고재성, 2011)와 자문기술 향상 프
로그램의 효과를 검토한 연구(천성문, 2015)의 2편이 포함된다. 고
재성(2011)은 각급 학교에 배치되기 위하여 부전공 연수를 받는 교
사들을 대상으로 연수 프로그램에 대한 적절성과 연수 효과, 요구
사항 등에 대한 설문조사를 하였다. 그 결과, 진로개발 촉진자, 진
로문제 중재자로서의 역할이 자신들의 역할에 해당한다고 응답한
비율이 높았으며, 연수 프로그램을 통해 진로진학상담교사의 역
할에 대한 인식이 변화되었다는 응답률이 상당히 높게 나타났다
(81.8%). 후속적인 직무 연수의 필요성과 함께 참여 계획에 대한
비율도 높았다. 연수 또는 기법 훈련을 받은 교사와 그렇지 못한
교사 간에 통계적으로도 의미있는 차이를 보여 주는 연구(천성문,
2015)에서 드러나듯이, 적절한 형태의 직무 연수 및 보수교육 프로

그램을 지속적으로 제공함으로써 학교 현장에서 진로교육 및 진로상담이 정착될 수 있도록 적극 지원할 필요가 있다.

 3 **우연 연구 고찰**

현재의 진로교육은 가급적 미래를 예측하고 그에 따라 현재 진로를 결정하고 준비해야 한다는 사실을 강조하고 있다. 하지만 미래를 예측하는 것은 거의 불가능하다는 것이 정답이다. 예측할 수 없는 다양한 일이 주변에서 발생하고, 그 영향을 통해 조금씩 또는 아주 많이 진로경로가 달라지는 것을 청년, 명사, 40, 50대 남녀 직업인 그리고 저자의 삶에서 확인할 수 있었다. 예측할 수 없는 일들이 진로선택의 과정과 진로경로에 영향을 준다면 진로이론들은 이를 포괄적으로 설명해야 하며, 진로상담 현장에서는 이를 실제로 다루어야 한다.

하지만 기존의 진로이론들은 계획과 선택 그리고 결과로 이어지는 합리성에 초점을 두고 만들어졌기 때문에 우연과 같이 예측하기 어려운 변인들을 담을 여지가 거의 없었다. 불안정성, 비연속성을 가정으로 한 대안이론이 제안되기 이전에는 주로 닫힌 체제를 기반으로 한 전통이론들이 진로상담에서 주된 관점이었기 때문에 다른 시각들은 묻히거나 소수자들을 위한 논리로 치부되는 형편이었다. 하지만 이렇게 계획성과 합리성을 강조하다 보면 자칫 개인이 유연하게 변화에 동참하고 적응할 수 있는 능력을 약화시킬 수도 있다. 이 시대에는 개인으로 하여금 변화에 민감하게 반응하고 불확실성과 모호함을 견디면서 새롭고 적응적인 반응 양식을 개발할 수 있도록 도와주는 것이 진로상담자의 과제가 되어야 한다. 이러한 문제의식에 따라 이 절에서는 진로선택에 있어서 우연의 역할과 기능에 대한 실증적인 검토와 그 시사점을 살펴봄으로써 진로교육에서 지향하는 인간상을 점검하고 방향성을 다시 한 번 살펴보고자 한다.

1) 실증 연구의 결과

진로선택 과정에서 우연적 사건이 어떻게 영향을 미치는지를 실증적으로 연구한 논문들은 많지 않다(Betsworth & Hansen, 1996; Bright, Pryor, & Harpahm, 2005; Budescu & Bruderman, 1995; Hart, Rayner, & Christensen, 1971; Salomone & Slaney, 1981; Scott & Hatalla, 1990; William et al., 1998). 이 중 Williams 등(1998)의 논문을 주목할 필요가 있다. 이들은 유명한 여성 상담심리학자 13명을 대상으로 진로선택 과정에서 우연의 영향을 얼마나 그리고 어떤 식으로 받았는지를 인터뷰하였다. 연구에 참여한 상담심리학자들은 우연적인 사건을 최소 3개 이상씩 언급하였고, 상당히 중요하게 영향을 주었던 사건을 하나 이상 거론하였다. 우연적인 사건들로 말미암아 자신의 직업경로가 바뀌었고 또 다른 기회가 생겼다고도 대답하였다. 이들의 연구 결과는 성공한 사람은 우연의 영향을 과소평가하고 자신의 능력과 기술의 영향을 과대평가한다(Budescu & Bruderman, 1995)는 기존의 예측과 상반되는 것이다. 이는 진로상담자들이 내담자들에게 계획에 따른 준비된 자세뿐만 아니라 예측 불가능한 것들에 대한 수용을 토대로 적극적인 대처 방법을 가르쳐야 한다는 사실을 시사한다. 이들의 연구는 진로결정 과정에 영향을 주는 비합리적 요인에 대해 재조명한 여러 학자의 이론 전개에도 많은 자극을 주었다[예: 우연이론(Mitchell, Levin, Krumboltz, 1999)]. 비슷한 맥락에서 내외 통제성에 따라 우연의 영향력을 검토한 Bright, Pryor와 Harpham(2005)의 연구 결과도 반복 검증될 필요가 있다. 이들은 우연의 영향을 통제하는 중재변인으로 내외 통제성을 연구하였는데, 외적 통제 경향을 지닌 사람들이 우연의 영향을 더 많이 보고하고 있었다.

국내에서는 1998년 송병국이 성인 노동자의 직업선택 과정에 우연적 요인이 미친 영향을 분석한 논문이 최초라 할 수 있다. 본 연구에서 송병국은 합리적인 계획과 우연적 요소나 사건의 조합에 의해 개인의 직업선택 과정이 이루어진다고 제시하면서, 설문을 통해 성인 노동자 285명의 59%가 직업선택 과정에서 '우연적 요인'의 영향을 인식하였다고 보고하였다. 이때 제시된 우연적 요인은 기업의 노사분규, 홍수, 태풍 등 천재지변, 갑작스러운 실업자의 증가, 우연하게 얻은 구직 정보, 군대 경험, 우연하게 얻은 학교나 훈련에 대한 정보, 예기치 못한 사건 등이었다. 하지만 선택한 직업에서의 성공 조건에 대해서는 응답자의 약 80%가 '능력'과 '성실성'이라고 반응하여 차이를 보여 주었다.

하지만 이후 관련 논문은 20여 년간 발표되지 않았으며, 2009년 손은령이 진로선택 과정에서 우연의 역할에 대한 문헌을 고찰한 이후 관련 연구들이 후속적으로 나타나고 있다. 손은령은 전통이론과는 다른 관점의 학자들이 기존에 강조해 왔던 합리성 외에 직관, 감정 그리고 사회 정의를 진로상담이론에 수용하려고 노력하고 있음을 제시한 후 우연에 대한 자신의 관점을 피력한 바 있다. 그녀는 계획하지 않은 사건(unplanned events), 기대하지 않았던 사건(unexpected events), 예상하지 않았던 사건(unforseen events), 우연(happenstance)과 같은 용어들은 우연적 사건의 긍정적 측면, 부정적 측면을 모두 포함한 중립적인 시각을 담고 있으나, 행운(serendipity), 기회(chance)와 같은 용어들은 개인이 우연적인 사건에 어떻게 반응하였으며, 그 결과가 어떤 식으로 나타났는지를 중시하는 용어라고 분류하였다. 손은령(2009)은 우연적 사건의 발생에 관심을 두는 관점을 내용 중심의 관점으로 보고, 개인의 적극적인 행위를 강조하는 관점은 과정 중심의 관점으로 이해하였다. 이에 더하여 상담자들은 가치 중립적으로 우연을 다루기보다는 과정 중심적인 관점에서 우연을 이해하고 이를 기회로 활용할 수 있도록 내담자를 조력해야 한다고 강조하였다. 다시 말해, 우연의 종류에 초점을 두기보다는 개인이 그에 대해 어떻게 반응하였는가와 어떤 적극적인 행동을 취하였는가에 관심을 가져야 하며, 통제할 수 없는 사건에 대한 통제 가능성을 상담과정에서 담아내야 한다는 역설적인 논리를 제시하고 있다.

그 이후 약 9편의 연구가 2010년을 전후로 하여 국내에서 나타나기 시작하였다. 그 연구들을 연도별로 간단하게 살펴보면 다음과 같다. 최보영 등(2011)은 진로결정에 있어서의 긍정적 우연 지각과 부정적 우연 지각의 진로 스트레스, 진로미결정 및 진로결정 자기효능감과의 관계를 살펴보았다. 그 결과, 우연에 대한 부정적 지각만 진로미결정과 진로결정 자기효능감에 영향을 주었다. 또한 우연에 대한 긍정적 지각과 부정적 지각은 정적 상관관계를 보였다. 이에 더하여 진로 형성에 우연이 긍정적 영향을 줄 수 있다는 사실을 보여 주는 동영상 교육의 효과를 검증하고자 하였지만 진로 관련 변인들에 유의한 영향을 주지 못하는 것으로 밝혀졌다.

손은령(2012)은 40대 여성 진로상담 전문가 10명을 면접하고 합의적 질적 분석 방법을 사용하여 직업 성취과정에서 경험한 우연의 발생, 우연의 내용 및 영향, 우연에 대한 의미화를 조사하였다. 이를 통해 연구 대상자들은 일반적으로 우연이 진로경로에 영향을 주었다고 얘기하고 있었으며, 현재 직장에 오게 된 중요한 계기로 생각하는 경우가 많았다. 우연의 내용에는 직업환경의 변화, 주변 사람들의 도움 또는 추천, 예기치 못한 사건의 발생, 정보의 우연한 획득 등이 전형적으로 나타났다. 우연에 대한 의미화는 긍정적 의미화와 중립적 의미화라는 두 범주로 구분되었는데, 자신의 직업 성취과정에서 경험한 우연에 대해 준비하고 시도한 자에게 오는 기회로 여기거나 그동안 쌓아 왔던 네트워크의 결과물 또는 전화위복이라 여겨 그 혜택에 감사한다는 것이 전형적인 긍정적 의미화 내용이었고, 우연을 일종의 운명 혹은 신의 뜻으로 여기거나 그 영향력을 상당 부분 수용해야 한다는 것이 중립적 의미화 내용이었다.

이동혁, 황윤미, 정지희(2012)는 Krumboltz가 제시한 우연 기술 중 세 가지에 해당하는 낙관성, 유연성, 불확실성에 대한 인내심이 진로성숙도에 미치는 영향에 대해 살펴보았다. 서울, 경기, 충청 지역 대학생 269명을 대상으로 한 연구에서 낙관성과 불확실성에 대한 인내는 모두 진로성숙도를 유의하게 설명하고 있었지만 기존의 연구 결과와는 다르게 유연성은 진로성숙도와 유의한 관계가 없었다. 매개 효과 검증에서도 진로정체감과 진로장벽에 대한 인식이 낙관성과 불확실성에 대한 인내와 진로성숙도의 관계를 유의하게 매개하였지만 유연성과 진로성숙도의 관계에 대한 매개 효과는 없는 것으로 나타났다.

박현영과 유금란(2012)은 대학생 275명을 대상으로 진로결정에 있어서 우연적 사건의 역할을 알아보는 연구를 실시하였다. 그 결과, 연구 대상자의 69.8%가 진로를 결정할 때 우연적 사건의 영향을 받았다고 보고하였으며, '개인적 혹은 사회적 대인관계'가 가장 많이 거론되는 우연 사건의 내용이었다. 진로결정에 있어서 계획에 의한 집단과 우연에 의한 집단 간에 진로적응성과 합리적 유형, 진로결정 수준에서 유의한 차이가 나타났다. 또한 우연적 사건의 영향력은 진로적응성, 합리적 유형, 진로결정 수준과 부적 상관을, 직관적 유형과는 정적 상관을 보였다. 진로결정에 영향을 미치는 과정에서 우연 사건은 진로적응성을 완전 매개하는 것으로 나타났다.

이상희와 신상수(2012)는 개념도 방법을 적용하여 대학생들이 지각하는 진로선택에서의 우연 요인을 밝히고자 하였다. 연구에 참여한 대학생 29명은 총 67개의 진술문을 도출하였고, 이는 7개의 우연적 요인으로 정리되었다. 그 내용으로는 예상치 못한 상황 발생에 의한 진로 변경, 외적 상황에 의해 결정된 진로, 중요한 타인으로 인해 발생된 부정적 사건, 특정 활동을 통한 적성 발견, 우연한 기회를 통한 진로선택, 타인에게 얻은 우연한 정보, 타인이 제공한 구체적 도움이었다. 각 군집을 분류하고 있는 두 차원을 확인한 결과, 계획한 진로를 변경해야 했던 부정적 경험-새로운 진로를 발견하게 된 긍정적 경험 차원과 상황이나 사건의 발생-진로에 영향을 주는 사람의 차원으로 나타났다. 본 연구는 손은령(2009)의 분류에 의하면 과정 중심이라기보다는 우연의 내용에 초점을 맞춘 연구에 해당한다.

또한 이상희, 박서연, 김신우(2013)는 진로선택에서 우연을 기회로 만든 3명의 직장인을 대상으로 한 내러티브 탐구를 통해 그들의 경험을 이해하고자 하였다. 세 직장인의 진로에서 우연을 기회로 만든 경험에 대한 텍스트 분석을 한 결과 이전 진로의 경험, 진로선택에서의 우연 사건 경험, 우연 사건을 기회로 만든 특성, 진로에서 기회가 된 우연 경험을 통한 통찰, 미래 진로에 대한 기대와 계획이 핵심 주제로 드러났다.

이상희와 박진희(2013)는 우연의 내용이 아닌 우연 기술을 중심으로 연구하였다. 이들은 대학생의 정체감 스타일과 우연 기술 간의 관계를 대학생 474명을 대상으로 연구하였다. 그 결과, 정보지향, 규범지향, 혼미/회피지향의 진로정체감 스타일 간에 우연 기술에서 차이가 나타났다. 우연 기술은 정보지향적 스타일이 가장 높게 나타났고, 다음으로 규범지향적 스타일, 혼미/회피지향적 스타일의 순서였다. 우연 기술의 하위요인별로 상세하게 살펴보면 정보지향적 스타일과 규범지향적 스타일이 혼미/회피지향적 스타일보다 낙관성, 위험 감수, 인내심에서는 유의하게 높은 점수를 보였다. 호기심은 정보지향적 스타일이 가장 높고, 다음으로 규범지향적 스타일, 혼미/회피지향적 스타일로 나타났다. 하지만 유연성에서는 정체감 스타일에 따른 유의한 차이가 나타나지 않았다.

　　조남근과 정미예(2013)는 충청 지역의 대학생 280명을 대상으로 우연 대처 기술이 진로정체감, 부정적 취업 태도 및 진로탐색 행동에 미치는 영향을 살펴보았다. 그 결과, 우연 대처 기술이 부정적 취업 태도와 진로탐색 행동을 유의하게 설명하였다. 즉, 우연 대처 능력이 높을수록 긍정적인 취업 태도를 보이고 진로탐색 행동을 많이 하는 것으로 나타났다. 하지만 우연 대처 기술과 진로정체감 간에는 유의한 관계가 없었다. 이에 더하여 진로정체감이 우연 대처 기술과 부정적 취업 태도 및 진로탐색 행동 간의 관계에서 어떤 역할을 하는지도 살펴보았다. 그 결과, 진로정체감은 우연 대처 기술과 부정적 취업 태도 및 진로탐색 행동의 관계에 대해서는 매개 효과가 없었지만 부정적 취업 태도에는 직접적인 영향을 주는 것으로 나타났다.

　　신순옥, 박서연, 이상희(2015)는 진로에서 전환 국면을 가진 코칭 및 상담 분야 종사자 10명을 대상으로 진로결정 과정에서의 우연 경험을 탐색하였다. 합의적 질적 연구 방법으로 연구한 결과, 연구 대상자들은 전환적 진로결정 과정에서 우연적 요소가 영향을 주었다고 이야기하였으며, 그를 통해 현재의 진로가 결정된 것으로 지각하였다. 또한 그들은 진로전환 과정에서 우연을 기회로 만든 개인적 특성들을 공통적으로 갖고 있었으며, 자신들의 진로전환 과정에서 겪은 여러 어려움을 긍정적인 마음가짐과 환경적 지지, 개인적 노력으로 해결하였다고 답하였다.

2) 우연 연구의 함의

이상의 결과를 토대로 우연 연구의 함의를 찾아보면 다음과 같다. 첫째, 진로 선택과 발달 과정에서 우연의 영향이 매우 크다는 사실이 드러났다. 이렇게 우연이 진로경로에 영향을 준다면, 개인과 진로상담자는 우연의 영향에 대해 숙고한 후 그 활용 방법을 숙고할 필요가 있으며, 우연에 대한 자신들의 가치관과 자세도 점검해 볼 필요가 있다. 진로결정이라는 최종적인 결과물에 집착하거나 미결정이나 우유부단에 대해 부정적으로 평가하는 자세는 사람을 위축시킨다. 끊임없이 변화하는 세상에 존재하는 우리에게 결정이란 마침표가 아니라 잠시간의 쉼표일 뿐이며, 또 다른 변화를 시작해야 한다는 출발점을 예고한다. 어떤 시점에서의 결정이나 미결정은 단지 과정적인 의미만을 지니게 된다. 때때로 착각은 우리로 하여금 예측 가능하지 않은 미래에 대해 희망을 품게도 하고, 우리를 동기화시키기도 한다. 따라서 착각이나 환상조차도 진로 영역에서는 좋은 대처도구로 해석될 수 있음을 명심하고(Gelatt, 1989), 스스로 격려해 나가면서 진로를 개발해 가려는 자세를 갖출 필요가 있다. 상담자들도 내담자의 주관성을 개발하고, 도전을 격려해야 하며, 내담자들의 고정된 확신을 변화시킬 수 있도록 도움을 주어야 한다. 새로운 상담의 틀은 반성, 융통성 그리고 이성적/직관적 사고의 병행을 필요로 하기 때문에 상담자가 해야 할 일은 내담자로 하여금 긍정적 불확실성을 갖게 해 주는 것일 수도 있다(Gelatt, 1989). 상담자는 내담자들이 변화와 모호성을 다룰 수 있도록 도와주어야 하고, 불확실성과 비일관성을 수용하고 진로선택에 있어서

비이성적이고 직관적인 측면을 이해할 수 있도록 도와야 한다.

둘째, 우연은 내용적인 측면보다는 개인이 어떻게 이를 의미화하는가 그리고 어떻게 대처하는가가 중요하다는 사실을 보여 준다. 이러한 사실은 진로선택 과정에서 우연의 역할에 대해 능동적인 인간관을 전제로 해야 한다는 손은령(2009)의 주장을 상기시킨다. 그녀는 영어와 한국어의 어원들을 종합하여 다음과 같이 주장하고 있다.

> 어원을 분석하거나 우리말의 어휘를 놓고 보았을 때도 내용 중심의 관점보다는 과정 중심의 관점이 더 유의미할 수 있다. 영어로 기회를 번역하였을 때는 우연(happenstance)이란 용어가 더 적합하겠지만, 우리말로 이해했을 때는 기회(opportunity)의 의미가 더 강하게 다가온다. 즉, 긍정화(positive reframing)의 효과가 나타나는 것이다. 개인이 우연적인 사건에 어떤 행위를 가함으로써 긍정적인 결과가 나타나는 결과 용어로 변형된다. 과정 용어인 우연에 개인의 능동적이고 적극적인 노력이 가해져서 기회라는 결과 용어로 변화되는 것이다. 이러한 의미상의 변화는 다분히 상담과 비슷한 인지과정을 요구한다. 개인이 우연이라고 해석한 여러 사건이 상담자와 상호작용하는 과정에서 우연이 아닌 필연 또는 기회였음을 인식하게 되기 때문이다(손은령, 2009, pp. 387-388).

따라서 이 책의 의도에 반영되어 있듯이 진로상담자와 진로선택자(내담자) 모두 계획성 안에 우연이 들어설 여지를 만들어 주어야

삶의 균형이 맞추어질 수 있다는 보다 융통성 있는 시각을 가져야
한다. 인생, 진로, 생애 모두 비슷한 말이라는 점을 고려해 보면 우
리 모두가 단거리 경주가 아닌 장거리 레이스 주자인 것이다. 처음
맘먹은 대로 레이스가 펼쳐질 수도 없으며 그 끝이 언제가 될 지도
모르는 상황에서는 체력 안배와 함께 마음 안배가 더 중요할 수 있
다는 점을 명심해야 한다.

   우연에 대한 진로 연구자들의 주장과 실증적 자료들은 진로교육
이 지나치게 계획성 및 합리성에 근거한 준비에 치중해서는 안 된
다는 사실을 다시 한 번 확인시켜 준다. 탐색−전망 진단−준비로
이어지는 단선적인 진로교육의 틀은 우연적인 기회의 출현을 품고
갈 여지를 거의 남겨 두지 않는다. 직업 세계에도 생로병사가 있
다. 오르막이 있으면 내리막이 있지만 언제 오르막을 만날지, 내리
막이 어느 시점에서 시작되는지를 가늠할 수 있는 사람은 없다. 우
리가 만나는 모든 산은 거의 최초의 산이며, 그 산들에 대한 도전
을 통해 경험을 축적한다고 해서 또 다른 산들이 동일한 모양새로
우리에게 등반을 허용하는 것은 아니다. 이런 점을 인식하였기 때
문에 직업심리학, 산업심리학 분야에서는 프로티언 커리어나 무경
계 진로와 같은 새로운 개념들이 도입되기 시작하였다. 선형적인
진로만을 고려한다면 내리막은 좌절이며 고통이지만, 주관적인 성
공, 심리적 만족에 초점을 둔다면 이는 또 다른 세계로 가는 문을
여는 작업이며 미지의 세계에 대한 호기심을 요구하는 활동이 될
수 있다. 내 자신의 가능성을 시험해 보고 이를 능력을 확대해 볼
수 있는 좋은 기회로 받아들여 그 과정에서 자신의 성장을 지켜볼
때 성숙한 태도가 발달하게 된다. 직업 간의 경계가 명확할 수 없

다는 것은 여가와 놀이, 직업이 하나로 어우러지거나 시간적인 경계에 의해 넘나들 수 있는 낮게 쳐진 담장의 의미로 변화해서 다가온다. 우연 연구들은 이러한 열린 태도를 통해 삶의 우연성을 즐겁게 받아들이고, 이를 충격이 아닌 도전으로 받아들일 수 있다는 점을 보여 주고 있다.

셋째, 삶의 여러 시점에서 우연이 등장할 가능성을 열어 놓고 살아야 함을 보여 준다. 따라서 우리는 삶에 대한 성찰을 통해 학습하고 발전해 가는 방법을 배워야 한다. 직업선택 및 진로결정과 적응과정에서 수많은 우연적 사건을 접하게 된다면 이에 대해 대비하고 대처할 필요가 있다. 상담자들도 우연적인 사건들에서 무언가 배울 거리 또는 이득이 될 만한 것을 얻어 내는 방법을 가르쳐야 하며(Krumboltz, 1998; Mitchell et al., 1999), 더 나아가 적극적으로 우연을 만들어 내도록 가르칠 필요도 있다. 일종의 모순처럼 들리지만, 예상하지 못한 일들은 우리가 통제할 수 있는 범위 밖에서 발생하지만 과거 경험에 대한 탐색과 반추를 통해서 우리가 그 혜택을 얻어낼 수 있다는 사실을 잊어서는 안 된다. 이러한 변화과정을 촉진시키기 위해 상담자들은 다양한 방법을 개발하고 그 활용 방법을 고려해야 한다. 예를 들어, 〈나비효과〉, 〈당신이 잠든 사이에〉와 같은 영화를 보고 토론하거나(Pryor & Bright, 2005), 기회 카드(Borg, Bright, & Pryor, 2006) 등을 활용할 수도 있다. 이와 함께 우연을 기회로 만들었던 다양한 예화를 발굴하기 위해서는 다양한 질문 방법이나 상담 기법을 개발할 필요가 있다(Mitchell et al., 1999; Pryor & Bright, 2005). 개인의 기억은 질문의 형태에 따라 상당히 변형되며, 기억은 고정적인 것이 아니라 재구성되는 특징을 지닌다. 따라서 Memon(1999)이 제안한 인지적 면접(cognitive interview) 같은 방법을 활용하여 미처 기억해 내지 못한 우연 또는 기회의 영향을 떠올릴 수도 있다. 상담자는 Pryor, Amundson과 Bright(2008)의 제안처럼 '운만을 탓하였으나 본인이 적극적으로 노력했다면 결과가 달라졌을 법한 사건들이 있는가?'라고 질문함으로써 내담자가 기존에 갖고 있던 수동성에서 벗어나 보다 능동적인 자세로 우연에 대응할 수 있도록 격려해야 한다.

 진로 프로그램

학교 현장에 진로진학상담교사들이 배치된 지 어언 7년이 되었다. 그동안 그들은 학교 안팎의 요구에 부응하기 위해 여러 가지 노력을 해 왔고, 그 과정에서 많은 고충이 있었다. 이는 여러 가지 이유에 기인하겠지만 기본적으로는 전통적인 관점에서 만들어진 진로교육의 틀 안에서 진로상담과 진로 프로그램을 실시하기 때문으로 보인다. 기존에 제시된 여러 진로상담 프로그램은 이렇게 닫힌 체제를 가정하고 목표 선택과 계획적인 준비 그리고 실행 과정을 강조하고 있다. 이러한 특성은 〈표 6-4〉에 제시된 프로그램에서도 여실히 드러나고 있다. 이들 프로그램은 흥미와 적성을 알고 직업 세계를 탐색하면 자신에게 적합한 직업을 찾을 수 있다는 논리를 바탕으로 구성되어 있다.

| 표 6-4 | 중학생용 진로상담 프로그램 예시

영역	회기	제목	활동내용
들어가기	1	진로와 별칭 짓기	• '나의 약속' 작성하기 • 나의 소개서 작성하기
흥미와 적성	2	내가 잘하는 일	• 나의 흥미와 적성 알기 • 내가 잘하는 일 알기
	3	내가 보는 너	• '내가 보는 너' 작성하기 • 친구 자랑하기
	4	나의 적성과 흥미	• 적성과 흥미에 맞는 일 찾기 • 나의 직업 찾기
진로 의사결정	5	의사결정 방법	• 의사결정 방법 알기 • 의사결정 연습 • 나의 의사결정하기
직업세계 탐색	6	직업세계 탐방	• 직업카드를 이용한 스피드 게임 • 아버지와 인터뷰하기
	7	교과와 직업	• 좋아하는 교과와 직업 연결 하기 • 교과와 관련된 직업의 종류
	8	아는 직업과 모르는 직업	• 숨은 직업 이름 찾기 • 내가 아는 직업 찾기 • 내가 모르는 직업 찾기
	9	미래사회의 직업	• 미래사회의 직업 알기 • 생활명세서 작성
마무리하기	10	미래의 나의 명함	• 미래의 나의 명함 만들기

출처: 천성문(2004)에서 발췌.

하지만 불확실한 경제 현실과 직업시장은 목표를 바라보고 일직선으로 직진하는 것이 중요한 것이 아님을 보여 주고 있다. 이제는 어떤 직업을 결정하는 것이 중요하다기보다는 삶에 대한 그리고 직업에 대한 태도와 관점이 더 중요한 시기인 것이다. 복잡한 진로 현실 속에서 자신에게 의미 있는 것과 중요한 것을 파악한 후 스스로를 격려하며 진로 경로를 밟아 가야 한다. 손은령(2009)은 그동안의 진로상담이 어떻게 먹고 살 것인가의 영역에 지나치게 치중되어 왔다면 이제는 '살이(living)' 이전의 '살림(encouragement)' 문제에 보다 초점을 맞추어야 한다고 주장한다.

> 우리네 삶이 결국 '살림살이'의 문제라고 한다면 '살이'보다 더 중요한 것은 '기 살림'인 것을 그동안 잊고 지내 왔다. (중략) 내담자들을 어떻게 '살릴' 것인지, 또 '살이'의 문제에만 집착하고 있는 내담자들에게 어떻게 '살림'의 영역이 보다 더 중요할 수 있음을 각성시킬 수 있을지 그 방법론적 논의가 필요한 시점이다.…… 내담자의 삶 속에 나타난 그리고 나타날 수 있는 우연에 주목하고 이를 적극 활용할 능력을 신장할 수 있는 프로그램들을 고려해야 한다. …… 우연이 기회가 될 것인가, 아니면 그냥 스쳐 지나가는 단순한 해프닝으로 끝나게 될 것인가는 우리가 이를 어떻게 이해하고 적극적으로 활용하는가에 달려 있다. 내 '뜻밖'에서 내 뜻과는 관계없이 발생하였던 우연적 사건이 결국은 내 '뜻 안'의 기회로 귀결될 수 있는 것이다. 내 뜻밖에서 통제할 수 없는 형태로 벌어진 사건들이 나의 노력과 열성을 통해서 결국 내가 원하던 성과로 구체화될 수 있다면, 그 변화의 주체는 나여야 하고 나일 수밖에 없다. 구성주의적인 시각에서 본다면 똑같은 사태가 전혀 다른 결과로 해석될 수 있으며, 전혀 다른 형태로 활용될 가능성은 항

상 열려 있다. 나의 가능성의 범위를 확장함으로써 바깥에서 발생된다고 생각되는 일들이 안으로 들어올 수 있게 되는 것이다(손은령, 2009, p. 392).

교사는 이러한 모든 일을 도와주어야 하지만 과연 그럴 준비가 되어 있는지 자문해 볼 일이다. 앞서 우리는 우연 연구의 함의를 통해 진로상담자들이 현장에서 구성주의적 관점에서 우연의 역할을 인식하고, 그 긍정적인 기능들을 확장할 수 있도록 도와주어야 한다는 점을 제시한 바 있다. 그렇다면 이 때 활용될 수 있는 프로그램에는 어떠한 것들이 있는가? 그에 대한 답을 찾아보려는 것이 이 절의 목적이다. 이 절에서는 학교 현장뿐 아니라 진로상담 과정에서 내담자들과 함께 해 볼 수 있는 여러 가지 상담 프로그램 및 자료를 담아 보려 하였다. 이 중 어떤 것은 아주 간단한 내용을 담고 있고, 어떤 것은 이론을 근거로 하고 있지만 상담자가 창의적으로 수정 · 변환해야 한다. 저자가 수업 장면이나 상담 장면에서 실제 시도해 본 것도 있고, 연구물에서 찾아서 그대로 번역(?)하였기 때문에 실용성 측면에서 검토되지 않은 것들도 있다. 자료의 경중을 따지기보다는 다다익선의 관점에서 많은 재료를 수록하는 데 의미를 두었기 때문에 가급적 날것인 채로 제시하였고, 가공과 조미의 여지를 많이 남겨 둔 것은 일선 교사나 상담자들의 역량이 저자보다 무한함을 믿기 때문이다.

1) 상담 기법[5]

진로 선택 및 실행 과정에서 우연의 역할을 고려하고 이를 활용할 수 있도록 돕는 기법에는 여러 가지가 포함된다. 이러한 기법들은 우리 삶의 불안정성과 함께 변화 가능성을 수용하고 위험 감수의 필요성을 인지한 후 작은 시도라도 실행하는 것이 삶을 변화시키는 주요한 동인이 된다는 것을 깨닫게 하려는 목적을 갖고 있다. 여러 진로이론 중 진로무질서이론, 계획된 우연이론, 구성주의적 진로이론의 기법들을 눈여겨볼 필요가 있다. 진로무질서이론에서는 현실 체크리스트, 인지적 인터뷰, 행운준비도 지표, 매체와 게임 등의 기법을, 계획된 우연이론에서는 과제접근 기술과 진로 관련 비합리적 신념, 구성주의적 진로이론에서는 진로양식 면접과 커리어 오그램 등을 활용할 수 있다. 각 기법들에 대해 간단히 설명하면 다음과 같다.

(1) 현실 체크리스트(Pryor & Bright, 2005)

20개 문항의 질문지에 체크하는 과정에서 미래에 대한 우리의 제한된 지식과 통제력, 변화의 비선형적 특성, 우연적 사건의 영향, 현재 정보가 갖는 제한점, 목표설정의 강점과 약점, 의사결정에 있어서 직관의 가치, 현실을 왜곡하는 우리의 능력, 위험 감수의 필요성을 깨닫게 될 것이다. 문항의 내용은 다음과 같다.

---

5) 이하 상담 기법의 내용은 임은미 등(2017)의 『진로진학상담 기법의 이론과 실제』의 내용 중 일부를 발췌 · 요약하였음.

- 결코 생각지도 못했던 성과를 만들어 낸 결정을 내린 적이 있는가?
- 두려움 때문에 중요한 무언가를 하지 못했던 적이 있는가?
- 원해서 얻기는 하였지만 다른 것을 더 선호했던 적이 있나?
- 한 가지 방식으로 어떤 상황을 보았는데 다른 사람들은 완전히 다른 방식으로 보고 있던 적이 있나?
- 인생에 큰 영향을 준 예상치 못한 사건이 있었나?
- 결정을 할 때 최선이 아닌 차선 혹은 대안을 선택할 때가 있었나?
- 어떤 걸 알지 못했기 때문에 이득이 된 적이 있나?
- 당신 삶을 변화시킨 위기나 전환 경험이 있었나?
- 적기적소(right time, right place)에 있다고 느꼈던 경험이 있나?
- 당신의 본능이나 직관에 따라 행동을 하는가?
- 의사결정했을 때 믿었던 정보가 결국 부정확한 것이었던 경험이 있었나?
- 자신이나 타인에게 진실을 왜곡했던 적이 있나?
- 명확하거나 정확한 목표를 정했는데 원래보다 더 나은 목표를 발견했던 적이 있나?
- 이성적이지 않은 근거를 기반으로 하여 주요한 결정을 내린 적이 있나?
- 완전히 잘 알지 못하는 것에 대해 말해지는 것을 들은 적이 있나?
- 상황을 탐색하거나 결정내리는 방식에 있어서 생각하기 전에 행동하는 편인가?

- '자기충족적 예언'을 경험한 적이 있나?
- 결코 가능할 거라 생각하지 못했던 일이 발생했던 적이 있나?
- 작은 실수였지만 후에 큰 문제가 되었던 적이 있나?
- 소망적인 사고가 이득이 됨을 발견한 적이 있나?

이 중 12개 이상의 문항에 '그렇다'고 체크할 경우 불확실한 진로 현실을 수용하고 있으며, 감내할 능력도 갖추고 있다고 본다.

(2) 인지적 인터뷰

진로결정 과정에서 누가, 어떤 사건이 영향을 주었는지 파악할 수 있도록 도와주는 방법을 인지적 인터뷰(cognitive interview)라 한다. "눈을 감고 **가 되기로 결심했던 때를 생각해 봐라.", "몇 살이었고 누구랑 있었으며, 무엇을 하고 있었니?", "무엇을 하고 있었지?", "거기서 어떤 친구들을 만났니?", "어떤 선생님이 너를 칭찬해 주었고, 가장 좋아한 과목은 무엇이었으며, 너의 진로에 대해 어떻게 느꼈지?", "주변 사람들은 그 결정을 어떻게 받아들였니?" 등의 질문을 함으로써 진로결정의 의미를 재구성할 수 있도록 돕게 된다.

(3) 행운준비도 지표

우연에 의해 만들어진 결과와 기회를 인식하고 활용하며 적응하는 능력을 행운준비도라 한다. 이 지표는 융통성, 낙관주의, 위험 감수, 호기심, 인내, 전략, 효능감, 행운이라는 8개 차원을 재는 52문항으로 구성되어 있다(Bright & Pryor, 2007). 저작권 문제로 개별

문항을 제시하지는 못하지만 수업 현장에서는 고득점자들이 보이는 다음의 특성을 검토하거나 토론해 보는 것이 유용할 것이다.

- 융통성: 변화할 준비가 되었으며 변화 필요성에 반응적임/행동이나 사고를 변경하는 데 어려움이 없음/자신을 적응적, 용감, 모험적으로 묘사
- 낙관주의: 자유롭게 결정을 내릴 수 있는 통제력이 충분히 있다고 믿음/문제보다는 기회를 봄/자신을 희망적, 새로운 경험에 개방적으로 묘사함
- 위험 감수: 실패 가능성은 인정하지만 위축되지는 않음/위협에 굴하지 않음/자신을 적응적, 개방적, 모험적으로 묘사
- 호기심: 새로운 지식을 추구하고 개척하며 연구하거나 타인에게서 배우는 것을 경험함/자신을 모험적이고, 개방적이며, 인내심이 있고, 탐구심이 많다고 묘사
- 인내: 지루함, 좌절, 목표달성에 대한 실망감을 견딜 수 있음/자신을 자신감 있고, 인내심이 있고, 희망적이며, 집요하다고 묘사
- 전략: 목표를 성취할 기회를 높이기 위해 적극적으로 기회와 가능성을 찾음/행운이 영향을 줄 수도 있다고 믿음/자신을 대담하고, 모험적이며, 적응적으로 묘사
- 효능감: 기회와 능력에 초점을 둠/자신을 자신감 있고, 변화를 좋아하며, 희망적이고, 새로운 것을 배우고 시도하는 것을 좋아한다고 묘사
- 행운: 행운을 믿거나 기대함

(4) 매체와 게임

영화와 드라마 등을 보면 어떤 시점에서 벌어진 사건 때문에 인생에 커다란 변화가 만들어지곤 한다. 예를 들어, 〈당신이 잠든 사이에〉, 〈슬라이딩 도어즈〉(Pollack, Braithwaite, Horberg, & Howitt, 1997) 또는 〈나비 효과〉(Bender et al., 2004) 같은 영화를 활용하여 진로 의사결정의 특징을 예시로 보여 줄 수 있다(Krausz, 2002).

이와 함께 게임도 활용할 수 있다. 기회 카드(chance card)게임은 '때때로 …… 상황에서 마술이 일어난다면 ……'이란 문장이 적힌 기회 카드를 뽑은 후 의견을 나누는데, 이를 통해 내담자들은 자신이 예상하지 못하였던 여러 사건을 받아들이고 대처하는 방법을 생각해 볼 수 있게 된다.

'만약에(what if)' 게임은 특정한 진로선택지를 이미 갖고 있는 학생들에게 다른 계획을 생각해 보도록 격려하는 방법이다(Bright et al., 2005). 학생들에게 진로에 영향을 줄 수 있었던 우연적 사건들을 제시하라고 요청한다. 그리고 학생 각자에게 개인적 진로목표를 쓰게 한 후 우연적 사건을 '만약에 _____한다면'에 적게 한다. 그리고 "이 사건의 결과로서 사건들이 어떻게 변할 수 있을까? 이런 변화가 발생한다면 다른 진로목표가 성취될 수 있을까? 그런 대안적인 목표가 어떻게 추구되고 실행될 수 있을까?"와 같은 질문을 던지고 그에 답하게 한다.

마인드맵(mind map)을 활용할 수도 있다. 우연적 사건의 결과에 대한 마인드맵을 그리게 하고 그에 대한 생각을 검토하는 것이다. 이 방법은 계획하지 않은 사건들에 대해 생각해 보도록 돕고, 어떻게 반응할 필요가 있는지를 알아보게 하여 사고의 폭을 넓히는 데 도움이 된다.

(5) 과제접근 기술

우연을 계획할 수는 없지만 이를 자신에게 유리하게 활용하는 방법을 개발할 수도 있다(Krumboltz, 2009). 과제접근 기술은 어떤 사건이 일어나기 전에 다양한 활동을 경험해 보고 이를 통해 자신의 신념, 지식, 정서, 행동 방식 등을 점검해 본 후 일이 벌어진 상황에서 유리하게 활용할 수 있는 방법을 찾아보는 기법이다. 일이 벌어진 이후에는 자신에게 도움이 되는 적절한 행동을 실천할 수 있도록 돕는 데도 활용할 수 있다. Krumboltz는 호기심, 인내, 융통성, 낙관성, 위험 감수 자세로 우연을 자신의 것으로 만들 수 있다는 적극성을 함양하자고 제안하고 있다.

(6) 진로 관련 비합리적 신념 질문

진로와 관련된 비합리적 신념을 찾는 방법으로는 Nevo(1987)가 제시한 목록을 살펴보는 것이 유용하다. 그 목록은 다음과 같다.

- 나에게 맞는 직업은 세상에 한 가지밖에 없다.
- 완벽한 직업선택을 할 때까지 나는 만족할 수 없을 것이다.
- 누군가가 나에게 알맞은 직업을 찾아 줄 수 있다.
- 지능검사는 내가 얼마나 가치 있는지를 말해 줄 것이다.
- 나는 내 직업 분야에서 크게 성공하든가 전문가가 되어야만 한다.
- 열심히 노력한다면 어떤 것도 알 수 있다. 혹은 내 재능에 맞지

않는 것은 어떤 것도 할 수 없다.

• 내 직업은 내 삶에서 중요한 사람들을 만족시켜야만 한다.

• 직업을 갖게 되면 내 모든 문제가 해결될 것이다.

• 그 직업이 나에게 잘 맞는다는 것을 직관적으로 느낄 수 있어
   야 한다.

• 처음에 직업선택을 잘하면 모든 것이 해결된다.

이 목록에 포함된 신념들은 내담자의 진로 선택과 행동을 가로
막는 걸림돌이다. 따라서 질문을 활용하여 생각을 변화시키기 위
해 노력할 필요가 있으며, 이때 인지적 상담 기법을 활용하면 도움
이 된다.

(7) 진로양식 면접

구성주의적 진로발달이론에서는 내담자의 진로 이야기를 끌어
내는 방법으로 구조화된 진로양식 면접을 제안하고 있다(Savickas,
1989). 이 양식에 근거한 면접을 통해 내담자는 자기 삶 기저에 놓
여 있는 여러 의미를 깨달을 수 있으며 생애 주제들이 명확해질 수
있다. 질문의 영역과 내용은 다음과 같다(Taber, Hartung, Priddick,
& Rehfuss, 2011).

• 준비도: 이 시간을 **씨의 진로를 만들어 나가는 데 있어 어떻
   게 활용할 수 있을까요?

• 역할 모델: 자라면서 가장 존경했던 사람은 누구인가요? 어떤
   사람의 삶을 본보기로 삼고 싶은가요? 세 사람의 역할 모델을

얘기해 보세요. 이 사람들의 어떤 면을 존경하나요? 이 사람들을 각각 얼마나 좋아하나요? **씨와 이 사람들은 어떻게 다른가요?

- 잡지/TV: 정기적으로 구독하는 잡지가 있나요? 그 잡지의 어떤 점이 좋은가요? 정말 좋아하는 TV 프로그램은 무엇인가요? 그 이유는?

- 책/영화: 좋아하는 책이나 영화에 대해 얘기해 주세요.

- 여가와 취미: 여가 시간을 어떻게 보내고 싶은가요? 취미는 무엇인가요? 취미생활의 어떤 점이 좋은가요?

- 명언: 좋아하는 명언이나 좌우명이 있나요? 기억하고 있는 명언이 있으면 얘기해 주세요.

- 교과목: 중학교 때와 고등학교 때 좋아하는 과목이 무엇이었나요? 그 이유는? 싫어했던 과목은? 그 이유는?

- 생애 초기 기억: 가장 어릴 적 기억은 어떤 것인가요? 3~6세 시기에 기억에 남는 일 세 가지를 듣고 싶습니다.

(8) 커리어 오그램

커리어 오그램(Career-O-gram)은 Bowen(1978)이 개발한 가계도의 진로 버전이라 할 수 있다. 이는 인간발달에 중요한 요인을 범주화하여 묶은 후, 연결고리가 존재하는 곳을 표시하고 그것을 선으로 그리는 것이다. 이때 사용할 수 있는 질문은 다음과 같다 (Thorngren & Feit, 2001).

- 당신의 첫 진로목표는 무엇인가?

- 이 목표가 생겼을 때 몇 살이었나?
- 이 진로에서 어떤 측면이 당신 마음에 가장 와 닿는가? 혹은 그렇지 않은가?
- 이 진로로 들어가기 위해서 무엇을 해야겠다 생각했는가?
- 이 선택이 자신의 문화 속에서 다른 사람들의 선택과 비슷한가?
- 선택한 진로가 남자 혹은 여자로서 적합하다고 생각하는가?
- 진로선택을 할 때 자신이 얼마나 통제력이 있다고 느끼는가?
- 처음 선택이 바뀐다면 어떤 요소가 그 변화와 현재 지위에 영향을 주겠는가?
- 자신의 삶에서 영향을 주는 대인관계는 어떤 관계인가(관계였나)?
- 이런 관계가 자신의 선택에 어떻게 영향을 미쳤는가(미치는가)?
- 자신이 진로를 선택할 때 역사적으로 무슨 일이 있었나?
- 진로선택에 대해 가족 간에 어떤 규칙이 있는가?

2) 집단 프로그램(행운맞이 프로그램)

마지막으로, 앞서 제시한 기법들과 집단상담 현장에서 쉽게 활용할 수 있는 기법들을 모아 8차시로 진행할 수 있는 진로집단 프로그램을 구성하였다. 이 프로그램은 이전에 제시한 기법들 외에 교실 현장에서 개인의 강점을 활용하고 삶의 여러 사건을 긍정적으로 이해할 수 있는 기회를 제공할 수 있는 기법들로 구성한 것이다. 참여자들은 자기이해를 토대로 하여 우연적 사건들이 자신에게 어떤 영향을 미칠 수 있는지를 확인해 보는 동시에 이에 대한 통제력을 쥐고 있음을 느낄 수 있을 것이다. 프로그램을 통해 참여자들은 자신이 행운아이며, 행운을 만들 능동적 실행자라는 사실

| 표 6-5 | 집단 프로그램 개요

영역	차시	제목	활동(활용 기법)
진로 좌표찾기	1	진로 별칭 짓기	진로와 관련된 별칭 짓기, 참여 동기 나누기
	2	내 삶의 Up & Down	삶의 굴곡 진단하기(진로생애곡선*, 나무 위의 아이,* 구조화된 진로양식, 커리어 오그램)
진로 현실 깨닫기	3	진로 현실 알기	내가 살아왔던 현실 깨닫기(현실 체크리스트)
	4	족쇄 풀기	내가 가진 비합리성 직면하기 (비합리적 신념 질문지)
우연의 영향력 확인하기	5	만약에? 그랬다면	내 선택의 결과에 대해 상상하기 (과제접근 기술, 행운준비도, '만약에' 게임)
	6	삶의 숨은 그림 찾기	내 삶에 나타났던 우연적 사건들 찾아내기(인지적 인터뷰, 영화 보기)
진로 주도권 획득하기	7	내 안의 보물 찾기	내가 가진 강점 찾아보기(강점 카드)*
	8	장점으로 세례하기	소감 나누기('나는 배웠다' 시)*

* 부록에 제시

을 깨달을 수 있기를 바라며 그 명칭을 '행운맞이 집단 프로그램'으로 정하였다. 행해야 운이 오며 그 운은 내가 맞아들일 준비가 되었을 때 더 크게, 더 자주 발생한다는 점을 체험하는 것이 프로그램의 최종 목표이다.

전체 프로그램의 차시별 제목과 활동을 정리한 내용은 〈표 6-5〉에 제시되어 있으며, 집단의 차시별 목표, 준비물, 활동 내용을 자세히 정리한 세부 내용은 〈표 6-6〉과 같다. 참여자들의 상황과 시점에 맞추어 적절하게 수정·보완하여 적용할 것을 권한다.

| 표 6-6 | 집단 프로그램 세부 내용

1차시	활동제목	진로 별칭 짓기
	활동목표	프로그램 소개, 자신의 진로 희망을 표현하게 하여 참여 동기를 고양시키기
	준비물	명찰, 필기구, 종이 등
	활동내용	긍정적인 내용으로 진로 별칭 짓기, 프로그램 참여 동기 나누기
2차시	활동제목	내 삶의 Up & Down
	활동목표	종단적으로 자신의 삶의 부침을 그려 봄으로써 불안정한 인생을 이해하기, 그림 속의 아이 중 과거, 현재, 미래의 모습을 찾아봄으로써 자신의 삶의 좌표를 확인하기
	준비물	진로생애곡선 그림표, 나무 위의 아이*, 필기구, 종이
	활동내용	삶의 연대기 중 중요한 사건을 중심으로 Up & Down을 체크해 보고, 불안정한 삶이었지만 그 속에서 얻은 교훈들을 확인해 보기
3차시	활동제목	진로 현실 알기

3차시	활동목표	현실 체크리스트의 질문들을 통해 진로 현실 깨닫기
	준비물	현실 체크리스트, 필기구, 종이
	활동내용	현실 체크리스트의 질문에 답하는 과정을 통해 현재의 정보가 갖는 제한성과 우연적 사건의 영향을 깨닫기
4차시	활동제목	족쇄 풀기
	활동목표	내가 갖고 있는 비합리적 신념 타파하기
	준비물	비합리적 신념 리스트, 필기구, 종이
	활동내용	10개의 비합리적 신념 리스트 중 자신에 해당하는 내용을 체크한 후 그 신념의 비현실성을 토론해 보기
5차시	활동제목	만약에? 그랬다면
	활동목표	내 삶의 가변성 인식하기
	준비물	만약에 게임카드, 필기구, 종이
	활동내용	내 선택의 결과에 대해 상상하기, '만약에' 게임을 통해 선택의 결과가 다양하게 나타날 수 있음을 깨닫기
6차시	활동제목	삶의 숨은 그림 찾기
	활동목표	순간의 선택이 커다란 변화를 가져옴을 인식하기
	준비물	영화 〈당신이 잠든 사이에〉, 필기구, 종이
	활동내용	영화를 본 후 우연의 영향에 대해 소감을 나누면서, 자신의 삶에 들어왔던 우연을 들추어내기
7차시	활동제목	내 안의 보물 찾기
	활동목표	24개의 강점 덕목 중 내가 가진 강점을 확인하여 진로 역량 강화하기
	준비물	강점 카드*, 필기구, 종이
	활동내용	다양한 장면에서 강점이 드러날 수 있음을 확인하고 자신의 강점을 발굴해 내기

8차시	활동제목	장점으로 세례하기
	활동목표	우연의 긍정적 영향 확대하기, 자신의 장점 들추어내기
	준비물	'나는 배웠다' 시*, 필기구, 종이
	활동내용	'나는 배웠다' 시를 패러디하여 집단 프로그램에서 배운 내용을 정리하기, 각자의 장점을 기록하여 장점으로 세례하기, 소감 나누기

* 부록에 제시

부록

부록 1. 진로생애곡선

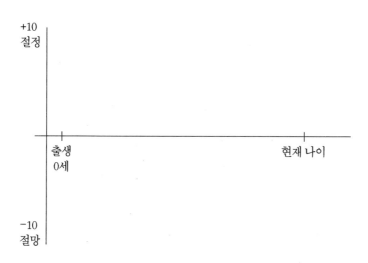

활용 방법

1. 출생부터 현재까지의 삶에서 좋았던 일, 힘들었던 일이 있었던 시기를 점으로 찍는다.(중요한 시점들에 느꼈던 감정의 정도를 평가하여 높낮이를 정한다).
2. 좌표상의 점들을 이어 본다.
3. 그때 어떤 일들이 있었고, 그 경험이 지금의 삶에 어떤 영향을 주었는지를 얘기하게 한다.

부록 2. 나무 위의 아이

출처: 김계현 외(2009).

활용 방법

1. 나무 위의 아이 중 자신의 과거, 현재의 모습을 담고 있다고
생각하는 아이를 선택한다.

2. 그 아이를 선택한 이유를 이야기한다.

3. 미래에는 어떤 아이의 모습으로 살고 싶은지와 그 이유를 발
표한다.

4. 다른 사람의 발표를 듣고 느낀 점을 나눈다.

부록 3. 강점 카드

강점 카드

창의성	지혜	용감성	겸손	공정성	낙관성
호기심	사랑	진실성	신중성	시민의식	심미안
개방성	이타성	끈기	용서	리더십	유머감각
학구열	정서지능	활력	자기조절	감사	영성

24가지 강점 덕목

1. 지혜 및 지성	
더 나은 삶을 위해서 지식을 습득하고 활용하는 것과 관련된 강점	
창의성	어떤 일을 하면서 새롭고 생산적인 방식으로 생각하는 능력
호기심	일어나고 있는 모든 경험과 현상에 대해서 흥미를 느끼는 능력
개방성	사물이나 현상을 다양한 측면에서 철저하게 생각하고 검토하는 능력
학구열	새로운 기술, 주제, 지식을 배우고 숙달하려는 동기와 능력
지혜	사물이나 현상을 전체적인 관점에서 생각하고 다른 사람에게 현명한 조언을 제공해 주는 능력
2. 인애	
다른 사람을 보살피고 친밀해지는 것과 관련된 대인관계적 강점	
사랑	다른 사람과의 친밀한 관계를 소중하게 여기고 실천하는 능력

이타성	다른 사람을 위해서 호의를 보이고 선한 행동을 하려는 동기와 실천력
정서 지능	자신과 다른 사람의 동기와 감정을 잘 파악할 뿐만 아니라 다양한 사회적 상황에서 어떻게 행동하는 것이 적절한지를 잘 아는 능력

3. 용기

내면적 · 외부적 난관에 직면하더라도 추구하는 목표를 성취하려는 의지와 관련된 강점

용감성	위협, 도전, 난관, 고통으로부터 위축되지 않고 이를 극복하는 능력
진실성	진실을 말하고 자신을 진실한 방식으로 제시하는 능력
끈기	시작한 일을 마무리하여 완성하는 능력
활력	활기와 에너지를 가지고 삶과 일을 접근하는 태도

4. 절제

지나침으로부터 우리를 보호해 주는 긍정적 특질들로서 극단적인 독단에 빠지지 않는 중용적인 강점

겸손	자신이 이루어 낸 성취에 대해서 불필요하게 과장된 허세를 부리지 않는 태도
신중성	선택을 조심스럽게 함으로써 불필요한 위험을 다루지 않으며 나중에 후회할 일을 말하거나 행하지 않는 능력
용서	나쁜 일을 한 사람들을 용서하는 능력
자기 조절	자신의 다양한 감정, 욕구, 행동을 적절하게 잘 조절하는 능력

5. 정의

건강한 공동체 생활과 관련된 사회적 강점

공정성	편향된 개인적 감정의 개입 없이 모든 사람을 동등하게 대하고 모두에게 공평한 기회를 주는 태도
시민 의식	자신이 속한 집단의 이익을 추구하고자 하는 책임의식으로서 사회나 조직 속에서 자신에게 주어진 임무와 역할을 인식하고 부응하려는 태도

리더십	집단활동을 조직화하고 그러한 활동이 진행되는 것을 파악하여 관리하는 능력
6. 초월	
현상과 행위에 대해 의미를 부여하고 커다란 세계인 우주와의 연결성을 추구하는 초월적 또는 영적 강점	
감사	좋은 일을 알아차리고 그에 대해 감사하는 태도
낙관성	최선을 예상하고 그것을 성취하기 위해 노력하는 태도
심미안	다양한 삶의 영역에서 나타나는 아름다움, 수월성, 뛰어난 수행을 인식하고 평가하는 능력
유머 감각	웃고 장난치는 일을 좋아하며 다른 사람에게 웃음을 선사하는 능력
영성	인생의 궁극적 목적과 의미에 대한 일관성 있는 신념을 가지고 살아가는 태도

출처: 권석만(2012)에서 발췌.

강점 카드 활용 방법 ①

1. 강점 카드 24장을 만든 후 각 팀별로 카드를 배부한다.
2. 팀원들이 각 카드를 잘 살펴본 후 자신에게 해당한다고 생각하는 강점 카드를 세 장씩 선택한다.
3. 자신이 생각하는 카드의 의미를 제시한 후 팀에게 그와 관련된 에피소드를 발표하도록 한다.
4. 팀원들은 그 내용을 듣고, 궁금한 것을 얘기하거나 카드의 내용과 다를 경우 이를 다른 카드로 교체하도록 권고한다.
5. 팀원의 얘기를 들은 후 자신의 느낌을 나누고, 팀원들도 느낌을 나눈다.

부록

강점 카드 활용 방법 ②

1. 강점 카드를 섞은 후 자신이 가장 부족하다고 생각하는 2개의 카드를 선택하게 하고, 자신이 생각하는 의미와 관련된 에피소드를 표현하게 한다.
2. 팀원들은 그 내용을 듣고, 궁금한 것을 얘기하거나 카드의 내용과 다를 경우 이를 다른 카드로 교체하도록 권고한다. 그리고 부정적이라고 생각하는 에피소드에 대한 다른 결과(긍정적인 의미를 발견하는 것)를 고려해 보도록 권고한다.
3. 팀원의 얘기를 들은 후 자신의 느낌을 나누고, 팀원들도 느낌을 나눈다.

※ 주의 사항

기본적으로 STAR 기법을 고려하여 얘기할 수 있도록 한다 STAR 기법이란 그 당시 어떤 상황이었는지(Situation), 그때 어떤 일들을 하였는지(Task), 그 일을 통해 어떤 성과를 이루었는지(Achievement)를 얘기하도록 하고, 그 일을 통해 자신에게 남은 것이 무엇이고 어떤 교훈을 얻었는지(Results)를 찾아보는 기법이다.

강점 카드 활용 방법 ③

1. 24개 강점의 소유 정도를 프로파일로 체크하도록 한다.
2. 0~5, 5~10으로 구분하여 각 성품의 높낮이를 그려 보게 한 후 자신의 느낌과 생각을 나누도록 한다.

부록 4. 나는 배웠다*

나는 배웠다

샤를르 드 푸코

나는 배웠다
다른 사람으로 하여금
나를 사랑하게 만들 수 없다는 것을

내가 할 수 있는 일은
사랑 받을 만한 사람이 되는 것 뿐임을
사랑은 사랑하는 사람의 선택에 달린 일임을

나는 배웠다
내가 아무리 마음을 쏟아
다른 사람을 돌보아도 그들은 때로
보답도 반응도 하지 않는다는 것을

신뢰를 쌓는 데는 여러 해가 걸려도
무너지는 것은 한순간임을

삶은 무엇을 손에 쥐고 있는가가 아니라

---

* 트라피스트 수도회 출신으로 예수의 작은 형제회를 설립한 샤를르 드 푸코의
작품으로 알려져 있지만 많은 이가 자신의 시라고 주장하고 있다.

누가 곁에 있는가에 달려 있음을 나는 배웠다
우리의 매력이라는 것은 15분을 넘지 못하고
그다음은
서로를 알아 가는 것이 더 중요함을

다른 사람의 최대치에 나를 비교하기보다는
나 자신의 최대치에
나를 비교해야 함을 나는 배웠다

삶은 무슨 사건이
일어나는가에 달린 것이 아니라
일어난 사건에
어떻게 대처하는가에 달린 것임을

또 나는 배웠다
무엇을 아무리 얇게 베어 낸다 해도
거기에는 언제나 양면이 있다는 것을

그리고 내가 원하는 사람이 되는 데는
오랜 시간이 걸린다는 것을

사랑하는 사람에게는 언제나
사랑의 말을 남겨 놓아야 함을 나는 배웠다

어느 순간이 우리의 마지막 시간이 될지
아는 사람은 아무도 없으므로

두 사람이 서로 다툰다고 해서
서로 사랑하지 않는 게 아님을 나는 배웠다
그리고
두 사람이 서로 다투지 않는다고 해서
서로 사랑하는 게 아니라는 것도
두 사람이 한 가지 사물을 바라보면서도
보는 것은 완전히 다를 수 있음을

나는 배웠다
나에게도 분노할 권리는 있으나
타인에 대해
몰인정하고 잔인하게 대할 권리는 없음을

내가 바라는 방식대로
나를 사랑해 주지 않는다 해서
내 전부를 다해
사랑하지 않아도 좋다는 것이 아님을

그리고 나는 배웠다
아무리 내 마음이 아프다 하더라도
이 세상은 내 슬픔 때문에

운행을 중단하지 않는다는 것을
타인의 마음에 상처를 주지 않는 것과
내가 믿는 것을 위해 내 입장을 분명히 하는 것
이 두 가지를 엄격하게 구분하는 일이
얼마나 어려운가를

나는 배웠다
사랑하는 것과 사랑받는 것을

활용 방법

1. 시를 읽고 마음에 드는 구절에 밑줄을 그은 후 그 이유를 얘기하고, 경험을 나눈다.

2. 시 프로그램이 끝난 후 시의 내용을 적절하게 개사하여 발표한다(팀별 작업 필요). 이때 시의 전부를 개사할 필요는 없으며, 적절한 분량을 정해서 개사한 후 발표하고 경험을 나눈다.

참고문헌

고용노동부(2011). 2010년 성별고용평등지표.

고재성(2011). 진로진학상담교사 현황 및 연수실태 분석. 진로교육연구, 24(2), 197-217.

고현범(2011). 직업과 자아실현. 생명연구, 19, 51-81.

곽삼근, 조혜선, 윤혜경(2005). 생애 주기별 성역할 발달 및 갈등. 한국여성학, 21(2), 147-179.

곽윤숙(2006). 대졸 여성의 직업세계 이행: 저해요인과 지원체제 방안. 진로교육연구, 19(2), 1-16.

권석만(2012). 인간의 긍정적 성품. 서울: 학지사.

금재호(1998). 이직의 원인과 형태에 관한 연구. 기업규모별 분석 노동경제논집, 21(1), 163-194.

금재호, 김대중, 김명준(2010). 전직지원 상담을 위한 전직준비도 검사 개발 및 타당화 연구. 한국심리학회: 산업 및 조직, 23(4), 689-710.

김계현, 김동일, 김봉환, 김창대, 김혜숙, 남상인, 천성문(2009). 학교상담과 생활지도(2판). 서울: 학지사.

김나라, 방재현, 정진철(2012a). 진로진학상담교사가 인식한 학교 진로교육 실태와 요구. 진로교육연구, 25(2), 183-201.

김나라, 방재현, 정진철(2012b). 진로진학상담교사에 대한 학생과 학부모의 인식 및 요구 분석. 실과교육연구, 18(4), 249-268.

김명언(1997). 조직 감량의 희생자, 생존자 그리고 집행자. 한국심리학회 춘계 심포지엄.

김봉환, 강은희, 강혜영, 공윤정, 김영빈, 김희수, 선혜연, 손은령, 송재홍, 유현실, 이재경, 임은미, 황매향(2013). 진로상담. 서울: 학지사.

김봉환, 이제경, 유현실, 황매향, 공윤정, 손진희, 강혜영, 김지현, 유정이, 임은미, 손은령(2013). 진로상담이론: 한국 내담자에 대한 적용. 서울: 학지사.

김봉환, 정철영, 김봉석(2000). 학교진로상담. 서울: 학지사.

김성식(2008). 대학생들이 학업중단 및 학교이동에 대한 탐색적 분석: 대학선택요인과 대학생활 만족도의 영향. 한국교육, 35(1), 227-249.

김양희, 유성경(2009). 학업 우수 여자청소년들의 진로장벽과 진로포부의 종단분석. 한국심리학회지: 여성, 14(3), 447-465.

김연정(2012). 기업 중견비서의 이직 경험 및 전환학습 과정에 관한 현상학적 연구. 서울대학교 대학원 박사학위논문.

김영실, 임성문(2011). 남성중심적 직업을 희망하는 여자대학생들의 직업 결정과정: 근거이론 접근. 한국심리학회지: 여성, 16(3), 303-329.

김영천, 허창수(2004). 생애사 텍스트로서의 교육과정연구, 교육과정연구, 22(4), 49-81.

김옥선, 권정언(2015). AHP를 이용한 교육기부자, 진로진학상담교사, 학생의 직업체험 성과요인에 대한 중요도 분석. 진로교육연구, 28(3), 1-19.

김윤희(2004). 직업전환검사의 타당화 연구. 한국기술교육대학교 대학원 석사학위논문.

김충기(2000). 진로교육과 진로상담. 서울: 동문사.

김흥국(2000). 경력개발 이론의 평가와 연구방향. 인적자원개발, 2(2), 1-41.

김희수, 김옥희(2009). 여성의 직업 만족 변인 연구. 진로교육연구, 22(3). 85-99.

류영철(2014). 진로진학상담교사의 역량모형 개발. 한국교육, 41(4), 25-51.

박용호(2011). 진로진학상담교사의 역량-교육적 요구분석을 중심으로. 진로교육연구, 24(1), 117-136.

박용호(2015). 역량개발기회와 리더-구성원 교환관계가 고용가능성에 미치는 영향. 한국콘텐츠학회논문지, 15(10), 413-424.

박재홍(1999). 기성세대의 생애사와 세대차이 인지에 관한 연구: 질적 접근. 한국사회학회, 33(2), 257-296.

박현영, 유금란(2012). 진로결정에 있어서 우연적 사건의 역할-진로적응성을 매개효과로. 카톨릭 대학교 사회과학연구, 28, 57-80.

손유미(2001). 실직자 직업전환과정 연구. 서울대학교 대학원 박사학위논문.

손은령(2001). 여자대학생이 지각한 진로장벽 요인에 관한 연구. 서울대학교 대학원 박사학위 논문.

손은령(2005). 예비교사를 위한 상담교육과정의 개발과 적용. 충남대학교 학생생활연구, 31, 53-72.

손은령(2009). 진로선택과정에서 우연 혹은 기회의 역할 고찰, 상담학연구, 10(1), 385-397.

손은령(2012). 직업 성취과정에 미치는 우연 혹은 기회의 영향-40대 여성 진로상담전문가를 중심으로. 상담학연구, 13(2), 437-453.

손은령(2017). 진로 무질서 이론. 임은이 외 공저, 진로진학상담 기법의 이론과 실제(pp. 405-442). 서울: 사회평론.

손은령, 손진희(2012). 여성 진로상담 전문가들의 직업성취 영향 요인 및 의미화. 아시아여성연구, 51(2), 143-180.

송병국(1998). 직업진로지도를 위한 산학관 연계의 제도적 지원 방안. 진로교육연구, 9(1), 95-122.

신순옥, 박서연, 이상희(2015). 진로 결정 과정에서 우연 경험 연구. 복지상담교육연구, 4(1), 1-27.

양안나(2010). 장기복무 제대군인의 직업전환과정 연구. 서울대학교 대학원 박사학위논문.

양영자(2013). 내러티브-생애사 인터뷰 분석의 실제. 한국사회복지학, 65(1), 271-298.

오정숙 (2012). 진로진학상담교사의 진로교육 교수학습방법에 대한 인식 분석. 진로교육연구, 25(2), 159-182.

오정숙(2014). 진로진학상담교사의 역할과 직무에 대한 인식. 진로교육연구, 27(2), 41-64.

유수연(2012). 유수연의 독설. 서울: 위즈덤하우스.

유정이, 홍지영, 김진희(2015). 고등학교 진로진학상담교사가 지각한 역할수행의 어려움. 학습자중심교과교육연구, 15(2), 1-30.

이건남, 이종범, 정진철, 고재성(2013). 진로진학상담교사의 배치에 대한 초등학교 교사의 인식. 실과교육연구, 19(4), 339-354.

이동혁, 황윤미, 정지희 2012). Krumboltz의 우연학습이론을 배경으로 한 과제접근기술, 진로정체감, 진로장벽, 진로성숙도간의 관계. 상담학연구, 12(5), 1873-1891.

이상희, 박서연, 김신우(2013). 진로선택에서 우연을 기회로 만든 직장인의 경험에 대한 내러티브 탐구. 인간이해, 34(1), 111-133.

이상희, 박진희(2013). 대학생의 정체감 스타일에 관한 연구. 인간발달연구, 20(4), 23-40.

이상희, 신상수(2012). 진로선택에서의 우연요인에 대한 대학생의 개념도 분석. 인간이해, 33(1), 1-20.

이세정(2000). 학부제 입학생의 전공선택 및 결정과정 분석. 연세대학교 대학원 박사학위논문.

이승진, 송해덕(2015). 고등학교 진로진학상담교사 DACUM 직무분석. 한국교육문제연구, 33(2), 61-84.

이지혜(1999). 성인학습에 대한 성인 발달론적 접근의 비판적 고찰. 평생교육연구, 5(1).

임은미, 강혜영, 고홍월, 공윤정, 구자경, 김봉환, 손은령, 손진희, 이제경, 정진선, 황매향(2017). 진로진학상담 기법의 이론과 실제. 서울: 사회평론.

임은미, 이수진, 송미숙(2011). 대학생을 위한 전공전환 준비도 검사의 타당성 탐색. 진로교육연구, 24(1), 85-102.

임희영(2011a). 그들의 청춘을 질투하기엔 넌 아직 젊다: 꿈을 향해 나아가는 15인의 남자 인터뷰. 서울: 케이앤피북스.

임희영(2011b). 그들의 청춘을 질투하기엔 넌 아직 젊다: 꿈을 향해 나아가는 15인의 여자 인터뷰. 서울: 케이앤북스.

장계영, 김봉환(2009). 진로전환검사 타당화 연구. 상담학연구, 10(1), 399-415.

장원섭, 강예지, 이혜나, 이민영, 최신형(2014). 특성화고등학교 진로진학 상담교사의 직무갈등에 관한 질적 연구. 진로교육연구, 27(2), 65-84.

장창곡, 박미란, 이지연(2015). 대입진학지도교사의 직무스트레스와 감정 노동의 군집유형에 따른 심리적 소진의 차이. 진로교육연구, 28(3), 21-43.

장창곡, 이지연, 장진이(2012). 일반계 고등학생 진로진학상담 모형 개발 을 위한 델파이 연구. 한국심리학회지: 학교, 9(2), 251-273.

전현영(2013). 8인 8색 진로전환이야기. 충남대학교 대학원 박사학위논문.

정철영(1999). 진로지도. 한국직업능력개발원 편, 직업교육훈련 대사전. 서 울: 한국직업능력개발원.

조남근, 정미예(2013). 대학생의 우연 대처기술이 진로정체감, 부정적 취 업태도 및 진로탐색행동에 미치는 영향. 청소년학연구, 20(12), 337-357.

천성문(2004). 중고등학생을 위한 집단상담 프로그램. 서울: 학지사.

천성문(2015). 자문기술향상 프로그램이 진로진학상담교사의 컨설팅기술 과 대인관계에 미치는 효과. 교육치료연구, 7(1), 1-16.

최보영, 김보람, 김아름, 장선희, 정선화, 이상민(2011). 우연의 영향력에 대한 지각의 차이가 진로스트레스, 진로미결정 및 진로결정자기효 능감에 미치는 영향. 상담학연구, 12(5). 1873-1891.

최윤정(2011). 대졸기혼직장 여성이 지각한 사회적 지지와 다중역할 현실 성에 따른 집단 분류와 일-가족 갈등의 차이. 한국심리학회지: 여성, 16(2), 219-241.

최윤정, 김계현 (2010). 대졸 기혼 직장여성의 개인특성, 환경적지지 및 일-가족 다중 역할 갈등 완화 간의 관계. 한국심리학회지: 상담 및 심 리치료, 22(4), 1049-1073.

최재현(1985). 일상생활의 이론과 노동자의 의식세계-서독 거주 한국인 노동자에 대한 질적 조사연구의 예. 한국사회학, 19(1), 1111-1129.

통계청(2007). 국내통계-교육. ttp://kosis.kr/abroad/abroad_01List.jsp.

통계청(2011). 여성 경제활동 인구조사.

편경희(2006). 직업적 자아실현의 관점에서 본 통합적 도덕교육. 평생학습 사회, 2(1).

하정(2007). 학업우수 여자고등학생의 직업결정과정-근거이론 접근. 이화
　　여자대학교 대학원 박사학위논문.

한국고용정보원(2007). 대졸자 직업이동 경로조사.

한국교육개발원(2011). 교육통계연보.

한현우, 이병준(2015). 인문계 고등학교 진로진학상담교사의 직업생애사
　　에 대한 연구. 학습자중심교과교육연구, 15(6), 575-593.

홍지영, 유정이, 김진희(2014). 진로진학상담교사의 인식, 경험, 대안과 요
　　구사항에 대한 질적 연구. 진로교육연구, 27(1), 127-149.

American Counseling Association (ACA). (1995a). *ACA history: 1995.*
　　Alexandria, VA: Author.

American Counseling Association (ACA). (1995b). *Code of ethics and
　　standards of practice* (rev. ed.). Alexandria, VA: Author.

Amundson, N. E., Harris-Bowlsbey, J., & Niles, S. G. (2005). Essential
　　elements of career counseling: Process and Techniques. New
　　Jersey: Pearson Education, Inc.

Anderson, M. L., Goodman, J., Schlossberg, N. K. (2012). *Counseling
　　Adults in Transtion: Linking Schlossberg's Theory with Practice
　　in A Diverse World*(4th ed.). NY: Springer Publishing Company,
　　LLC.

Arthur, M. B., & Rousseau, D. M. (1996). *The boundaryless career*. New
　　York, NY: Oxford University Press.

Attridge, W. C. (2000). Ethical considerations for internet counseling.
　　Retrieved from ERIC database (ED 448369).

Baker, S. B., & Gerler, E. R., Jr. (2008). *School counseling for the
　　twenty-first century* (5th ed.). Upper Saddle River, NJ: Pearson.

Bandura, A. (1986). *Social foundation of thought and action: A social
　　cognitive theory*. Englewood Cliffs, NJ: Prentice-Hall.

Baumgardner, S. R. (1977). Vocational planning: the great swindle. *The
　　Personnel and Guidance Journal, 56,* 17-22.

Bejian, D. V., & Salomone, P. R. (1995). Understanding Midlife Renewal: Implications for Counseling. *The Career Development Quarterly, 44,* 52-63.

Betsworth, D. G., & Hansen, J-L., C. (1996), The categorization of serendipitous career development events. *Journal of Career Assessment, 4*(1), 91-98.

Betz, N. E. (1992). Career assessment: A review of critical issues. In S. D. Brown & R. W. Lent (Eds.), *Handbook of counseling psychology* (pp.453-484). New York: John Wiley.

Borg, T., Bright, J., & Pryor, R. G. L. (2006). The butterfly model of careers: Illustrating how planning and chance can be integrated in the careers of secondary school students. *Australian Journal of Career Development, 15,* 54-59.

Bornat, J., Henry, L., & Raghuram, P. (2011). The making of careers, the making of discipline: Luck and chance in migrant careers in geriatric medicine. *Journal of Vocational Behavior, 78*(3), 342-350.

Bowen, M., (1978). *Family systems theory and practice.* NY and London: Jason Aronson.

Brewer, J. M. (1932). *Education as guidance.* New York, NY: Macmillan.

Bright, J. E. H., & Pryor, R. G. L. (2005). The chaos theory of careers: A user's guide. *The Career Development Quarterly, 53*(4), 291-305.

Bright, J. E. H., Pryor, R. G. L., & Harpham. L. (2005). The role of chance events in career decision making. *Journal of Vocational Behavior, 66*(3), 561-576. *78,* 342-350.

Briscoe, J. P., & Hall, D. T. (2006). The interplay of boundaryless and protean careers: Combinations and implications. *Journal of Vocational Behavior, 69*(1), 4-18.

Brown, S. D., & Lent, R. W. (1996). A social cognitive framework for career choice counseling. *The Career Development Quarterly, 44*(4), 354-366.

Budescu, D. V., & Bruderman, M. (1995). The relationship between the illusion of control and the desirability bias. *Journal of Behavioral Decision Making, 8*(2), 109-125.

Bujold, C. (2002). Constructing career through narrative. *Journal of Vocational Behavior, 64,* 470-484.

Council for the Accreditation of Counseling and Related Educational Programs (CACREP). (2014). About CACREP. Retrieved from http://www.cacrep.org /index.cfm/about-cacrep

Creswell, J. W. (2012). *Qualitative inquiry and research design: Choosing among five approaches.* Los Angeles: Sage publications.

DeFilippi, R. J., & Arthur, M. B. (1996). Boundaryless contexts and careers: A competency-based perspective. In M. B. Arthur & D. M. Rousseau (Eds.), *The boundaryless career: A new employment principle for a new organizational era* (pp. 116-131). New York, NY: Oxford University Press.

Diaz de Chumaceiro, C. L. (2004). Seredipity and pseudoserendipity in career paths of successful women: Orchestra conductors. *Creativity Research Journal, 16,* 345-356.

Del Corso, J., & Rehfuss, M. C. (2011). The role of narrative in career construction theory. *Journal of Vocational Behavior, 79*(2), 334-339.

Dirkx, J., Mezirow, J., Cranton, P. (2006). Musing and reflections on the meaning, context, and process of transformative learning: A dialogue between John M. Dirkx and Jack Mezirow. *Journal of transformative Education, 49*(2), 123-139.

Elster, J. (1986). Self-realization in work and politics: The Marxist conception of the good life. *Social Philosophy and Policy, 3*(2), 97-126.

Erford, B. T. (2015). Becoming a professional school counselor: Current perspectives, historical roots, and future challenges. In B. T. Erford (Ed.), *Transforming the school counseling profession* (4th ed., pp. 1–28). Boston, MA: Pearson.

Gelatt, H. B. (1989). Positive uncertainty: A new decision-making framework for counseling. *Journal of Counseling Psychology, 36*(2), 252–256.

Glassner, B. (1994). *Career crash: America's new crisis.* New York: Simon & Schuster.

Goodson, I. F. (1992). Studying teachers' lives: An emergent field of inquiry. In I. F. Goodson (Ed.), *Studying teachers' lives* (pp. 1–17). London: Routledge.

Goodson, I. F., & Sikes, P. J. (2001). *Life history research in educational settings: Learning from lives.* Buckingham, Philadephia Open University Press.

Gysbers, N. C., & Henderson, P. (2012). *Developing and managing your school guidance and counseling program* (5th ed.). Alexandria, VA: American Counseling Association.

Gysbers, N. C., Heppner, M. J., & Johnston, J. A. (2009). *Career counseling: Contexts, processes, and techniques* (3rd ed.). Alexandria, VA: American Counseling Association.

Hackett, G., & Betz, N. E. (1981). A self-efficacy approach to the career development of women. *Journal of Vocational Behavior, 18*(3), 326–339.

Hackett, G., & Betz, N. E. (1981). An exploration of the mathematics self-efficay/mathematics performances correspondence. *Journal of Research in mathematics Education, 20*(3), 261–273.

Hall, D. T. (2004). The protean career: A quarter-century journey. *Journal of Vocational Behavior, 65*(1), 1–13.

Hart, D. H., Rayner, K., & Charistensen, E. R. (1971). Planning, preparation, and chance in occupational entry. *Journal of Vocational Behavior, 1*(3), 279–285.

Harvey, C., & Herrild, B. (2005). *Comfortable chaos.* North Vancouver, BC: Self-Counsel Press.

Heppner, M. J. (1998). The Career Transtion Iventory: Measuring Internal Resources in Adulthood. *Journal of Career Assessment, 6*(2), 135-145.

Heppner, M. J., Fuller, B. E., & Multon, K. D. (1998). Adult in Involuntary Career Transition: An Analysis of the Relationship Between the Psychological and Career Domains. *Journal of Career Assessment, 6*(3), 329-346.

Herr, E. L., Cramer, S. H., & Niles, S. G. (2004). *Career guidance and counseling through the life span: Systematic approaches* (6th ed.). Boston, MA: Pearson/Allyn & Bacon.

Herr, E. L., Cramer, S. H., & Niles, S. G. (1996). *Career Guidance and Counseling through the Life Span: Systemetic approach* (6th ed.). NY: Haper Collins, INC.

Hershenson, D. B. (2009). Historical perspectives in career development theory. In I. Marini & M. A. Stebnicki (Eds.), *The professional counselor's desk reference* (pp. 411-420). New York, NY: Springer Publishing Company.

Hess, N., Jepsen, D. M., & Dries, N. (2012). Career and employer change in the age of the 'boundaryless' career. *Journaal of Vocational Behavior, 81*, 280-288.

Hill, C. E., Knox, S., Williams, E. N., Hess, S. A., & Ladany, N. (2005). Consensual qualitative research: An update. *Journal of Counseling Psychology, 52*(2), 196-205.

Hill, C. E., Thompson, B. J., & Williams, E. W. (1997). A guide to conducting consensual qualitative research. *The counseling Psychologist, 25*(4), 517-572.

Hirschi, A., (2010). The role of chance events in the school-to-work transition: The influence of demographic, personality and career development variables. *Journal of Vocational Behavior, 77*, 39-49.

Holland, J. L. (1973). Making vocational choices: *A theory of career.*

Englewood Cliffs, NJ: Prentice Hall.

Holland, J. L. (1997). *Making vocational choices: A theory of vocational personalities and work environments.* Psychological Assessment Resources.

Holland, J. L., & Gottfredson, G. D. (1976). Using a topology of persons and environments to explain careers: Some extensions and clarifications. *Counseling Psychologist, 6,* 20-29.

Huberman, A. M., & Miles, M. B. (1994). Data management and analysis methods. In N. K. Denzin & Y. S. Lincoln (Eds.), *Handbook of qualitative research*(pp. 428-444). Thousand Oaks, CA: Sage.

Holland, J. L. (1997). *Making vocational choices: A theory of vocational personalities and work environments.* Psychological Assessment Resources.

Hutchison, B., & Niles, S. G. (2009). Career development theories. In I. Marini & M. A. Stebnicki (Eds.), *The professional counselor's desk reference* (pp. 467-476). New York, NY: Springer Publishing Company.

Johnson, K. F. (2013). Preparing ex-offenders for work: Applying the self-determination theory to social cognitive career counseling. *Journal of Employment Counseling, 50*(2), 83-93.

Jones, L. K. (1994). Frank Parsons' contribution to career counseling. *Journal of Career Development, 20*(4), 287-294.

Koen, J., Klehe, U. C., Van Vianen, A. E. M. (2012). Training career adaptability to facilitate a sucessful school-to-work transition. *Journal of Vocational Behavior, 81,* 395-408.

Kormanik, M. B. (2005). White males in transition: describing the experience of a stalled career. Unpublished doctoral dissertation, The George Washington University, WA.

Krausz, P. (2002). *The way careers and work are represented in the cinema.* Paper presemted at Career Services rapuras conferences. Pushing boundaries: The heightened role of career planning in knowledge societies, Wellington, New Zealand.

Krumboltz, J. D. (1994). The Career Beliefs Inventory. *Journal of Counseling & Development, 7*, 424-428.

Krumboltz, J. D. (1996). A learning theory of career counseling. In M. I. Savickas & W. B. Walsh (Eds.), *Handbook of career counseling theory and practices*(pp. 55-80). Palo Alto, CA: Consulting Psychologists Press.

Krumboltz, J. D. (1998). Serendipity is not serendipitous. *Journal of Counseling Psychology, 45*, 390-392.

Krumboltz, J. D. (2009). The happenstance learning theory. *Career Assess, 17*, 135-154.

Krumboltz, J. D., Mitchell, A. M., & Jones, G. B. (Eds.). (1979). *Social learning and career decision making.* Cranstion, RI: Carroll Press.

Lent, R. W. (2005). *A Social Cognitive View of Career Development and Counseling.*

Lent, R. W., Brown, S. D., & Hackett, G. (1996). Career development from a social cognitive perspective. In D. Brown, L. Brooks, & Associates (Eds.), *Career choice and development* (3rd ed., pp. 373-421). San Francisco: Jossey-Bass.

Lent, R. W., Brown, S. D., & Hackett, G. (2002). Social cognitive career theory. In D. Brown et al., *Career choice and development* (4th ed., pp. 255-311). San Francisco, CA: Jossey-Bass.

Miles, D. C. (2002). How successful executives respond: A phenomenological study of unplanned career transition. Unpublished doctoral dissertation, The George Washington University, WA.

Mitchell, K. E., Levin, A. S., & Krumboltz, J. D. (1999). Planned happenstance: Constructing unexpected career opportunities. *Journal of Counseling & Development, 77*(2), 115-124.

Mitchell, L. K. (1990). Social learning approach to career decision making: Krumboltz's theory. *Career choice and development:*

Applying contemporary theories to practice, 2(1), 145-196.

Mitchell, L. K., & Krumboltz, J. D. (1996). Krumboltz's learning theory of career choice and counseling, In D. Brown and associates, *Career choice and development* (3rd ed., pp. 233-380). San Francisco, CA: Jossey Bass.

Motulsky, S. L. (2005). Snails, Gazelles, and Elephants: A Qualitative Examination of Identity and Relational Process of Midlife Women in Career Transition. Unpublished doctoral dissertation, The Harvard University, Boston.

Murphy K. A., Blustein, D. L., Bohlig, A. J., & Platt, M. G. (2010). The College-to-Career Transition: An Exploration of Emerging Adulthood. *Journal of Counseling and Development, 88*(2), 174-181.

National Board for Certified Counselors (NBCC). (2014a). Understanding national certification and state licensure. Retrieved from http://www.nbcc.org/Certification/CertificationorLicensure

National Board for Certified Counselors (NBCC). (2014b). About NBCC. Retrieved from http://www.nbcc.org /Footer/AboutNBCC

Nevo, O. (1987). Irrational Expectations in Career Counseling and Their Confronting Arguments. *Career Development Quarterly, 35,* 239-250.

Newman, B. K. (1995). Career Change for Those Over 40: Critical Issues and Insights. *The Career Development Quarterly, 44*(1), 64-66.

Niles, S. G., & Harris-Bowlsbey, J. (2013). *Career development interventions in the 21st century* (4th ed.). New York, NY: Pearson.

Noonan, B. M., Gallor, S. M., Hensler-McGinnis, N. F., Fassinger, R. E., Wang, S., & Goodman, J. (2004). Challenge and success: A Qualitative study of the career development of highly achieving women with physical and sensory disabilities. *Journal of Counseling Psychology, 51*(1), 68-80.

Peterson, G. W., Sampson, J. P., Jr., & Reardon, R. C. (1991). *Career development and services: A cognitive approach*. Thomson Brooks/Cole Publishing Co.

Pryor, R. G. L., & Bright, J. E. (2003). Order and chaos: A twenty-first century formulation of careers. *Australian Journal of Psychology, 55*(2), 121-128.

Pryor, R. G. L., & Bright, J. E. (2007). Applying chaos theory to careers: Attraction and attractors. *Journal of Vocational Behavior, 71*(3), 375-400.

Pryor, R. G. L., & Bright, J. E. H. (2007). Applying chaos theory to careers: Attraction and attractors. *Journal of Vocational Behavior, 71*(3), 375-400.

Pryor, R. G. L., Admundson, N. E., & Bright, J. E. H. (2008). Probabilities and possibilities: The Strategic counseling implications of chaos theory of careers. *The Career Development Quarterly, 56,* 309-318.

Richadson, M. S. (1993). Work in people's lives: A location for counseling psychologists. *Journal of Counseling Psychology, 40,* 425-433.

Rojewski, J. W. (1999). The role of chance in the career development of individuals with learning disabilities. *Learning Disability Quarterly, 22.* 267-278.

Rosenthal, G. (1995). Erlebte und erzählte Lebensgeschichte: Gestalt und Struktur biographischer Selbstbeschreibungen. Frankfurt: Campus Verlag.

Salomone, P. R., & Slaney, R. B. (1981). The influence of chance and contingency factors on career patterns on college-educated women, *Journal of Vocational Behavior, 19*(1), 25-35.

Sampson, J. P., & Peterson, G. W. (1996). *Career thoughts inventory*. Psychological Assessment Resources.

Savickas, M. L. (1989). Annual review: practice and research in career counseling and development *Career Development Quarterly, 38*, 100-134.

Savickas, M. L. (2005). The theory and practice of career construction. *Career Development and Counseling: Putting theory and research to work, 1*, 42-70.

Savickas, M. L., Nota, L., Jerome, R., Jean-Pierre, D., Maria, E.D., Jean, D., Sal vatore, S., Raoul, V. E., & Annelies, E. M. van Vianen(2009). Life designing: A paradigm for career construction in the 21st century. *Journal of Vocational Behavior, 75*, 239-250.

Schlossberg, N. K., Goodman, J., & Anderson, M. L. (2012). *Counseling Adults in Transition: Linking Schlossberg's Theory with Practice in a Diverse World*. Springer Publishing Company.

Schmidt, J. J. (2013). *Counseling in schools: Comprehensive programs of responsive services for all students* (6th ed.). Boston, MA: Pearson.

Schultheiss, D. E. P. (2007). The emergence of a relational cultural paradigm for vocational psychology. *International Journal for Educational and Vocational Guidance, 7*, 191-201.

Schwartz, A. (1982). Meaningful work. *Ethics, 92*(4), 634-646.

Scott, J., & Hatallo, J. (1990). The influence of chance and contingency factors on Career Patterns of College-Educated Women, *Career Development Quarterly, 39*(1), 18-30.

Sharf, R. S. (2013). *Applying career development theory to counseling* (6th ed.). Belmont, CA: Brooks/Cole.

Skovholt, T. M. (1990). Career themes in counseling and psychotherapy with men. In D. Moore & F. Leafgren (Eds.), *Problem Solving Strategies and Interventions for Men in Conflict*. (pp. 39-53). Alexandria, VA, England: American Association for Counseling.

Sullivan, S. E. (1999). The changing nature of careers: A review and research agenda. *Journal of Management, 25*(3), 457-484.

Sullivan, S. E., & Arthur, M. B. (2006). The evolution of the boundaryless career concept: Examining physical and psychological mobility. *Journal of Vocational Behavior, 69*(1), 19-29.

Super, D. E. (1953). A theory of vocational development. *American Psychologist, 8*(2), 185-190.

Super, D. E. (1957). *The psychology of careers.* New York, NY: Harper & Row.

Super, D. E. (1980). A life-span, life-space approach to career development. *Journal of vocational behavior, 16*(3), 282-298.

Super, D. E. (1990). A life-span, life-space approach to career development. In D. Brown, L. Brooks, & Associates (Eds.), *Career choice and development: Applying contemporary theories to practice* (2nd ed.). San Francisco, CA: Jossey-Bass.

Super, D. E., & Knasel, E. G. (1981). Career development in adulthood: Some theoretical problems and a possivle solution. *British Journal of Guidance and Counseling, 9,* 194-201.

Super, D. E., Savickas, M. L., & Super, C. M. (1996). Life-span, life-space approach to careers. In D. Brown, L. Brooks, & Associates (Eds.), *Career choice and development* (3rd ed., pp. 121-178). San Francisco, CA: Jossey-Bass.

Taber, B. J., Hartung, P. J., Briddick, H., Briddick, W. C., & Rehfuss, M. C. (2011). Career style interview: A contextualized approach to career counseling. *The Career Development Quarterly, 59*(3), 274-287.

Thorngren, J. M., & Feit, S. S. (2001). The Career-O-Gram: A Postmodern Career Intervention. *The Career Development Quarterly, 49*(4), 291-303.

Wanberg, C. R., & Muchinsky, P. M. (1992). A typology of career decision status: Validity extension of the vocational decision status model. *Journal of Counseling Psychology, 39*(1), 71.

Williams, E. N., Soeprapto, E., Like, K., Touradji, P., Hess, S., & Hill, C. E. (1998). Perceptions of serendipity: Career paths of prominent academic women in counseling psychology. *Journal of Counseling Psychology, 45*(4), 379-389.

Wolcott, H. F. (1994). *Transforming qualitative data: Description, analysis, and interpretation.* Thousand Oaks, CA: Sage.

Young, R. A., Valach, L., & Collins, A. (1996). A contextual explanation of career. In D. Brown, L. Brooks & Associates (Eds.), *Career choice and development* (3rd ed., pp. 477-512). San Francisco: Jossey-Bass.

세계일보(2012. 4. 17.). 직장인 10명 중 8명, 올해 이직하겠다(http://fn.segye.com)

〈MBC 황금어장〉 박칼린 편. www.imbc.com
박칼린 영상. http://www.youtube.com/watch?v=3nh75_RWTRE
채널예스. http://ch.yes24.com/Article/View/19760
케이노트 특강편 http://www.youtube.com/watch?v=EdoSUomfsuo
유수연 영상. http://program.interest.me/tvn/starclass
김정운 영상. http://www.youtube.com/watch?v=hKK_A3jW4oI&feature=player_detailpage
　　http://www.youtube.com/watch?v=-M_fC8HROPw&feature=player_detailpage
조용갑 영상. http://www.youtube.com/watch?feature=player_detailpage&v =OTXthG7XY9A

저자 소개

손은령(Son Eun Young)

충남대학교 교육학과 교수이며, 상담전문가이다. 서울대학교 사범대학 교육
학과를 졸업한 후 동 대학원에서 교육상담 전공으로 석사, 박사 학위를 취득하
였다. 한국 생애개발상담학회 부회장이며, 진로교육학회와 인간발달학회 이
사이자 한국직업능력개발원 정책자문위원이다.

중학교 교사로 처음 직장생활을 하였으나 우연하게 상담을 전공하고 교수가
되었다. 사람들이 상담의 기본 원리와 기법을 배우면 문제가 발생하기 전에 서
로 격려하는 분위기에서 성장할 수 있다고 믿으며, '모든 사람의 상담자화'를
상담자로서의 비전으로 삼았다. 그리고 '교육은 교사, 학생, 학부모가 **함**께 노
력해야 **성**장하고 **성**취할수 있다'(함성교육)는 신념을 현장에서 실천하고자 노
력하고 있다. 『진로진학상담교육론』(공저, 사회평론, 2017), 『진로진학상담기
법의 이론과 실제』(공저, 사회평론, 2017), 『진로상담』(공저, 학지사, 2013),
『상담학개론』(공저, 학지사, 2011), 『진로상담이론』(공저, 학지사, 2010) 등 다
수의 저서를 다른 학자들과 함께 집필하였으며, 이 책은 한국연구재단의 지원
을 받아 집필한 저자의 첫 번째 단독 저서이다.

중학교 『진로와 직업』 교과서(비상)의 대표집필자인 저자는 진로교육과 진로
상담이 '무엇이 될 것인가'를 고민하는 장이 아니라 '어떻게 살 것인가'와 '어떤
사람이 되어야 할 것인가'를 지향해야 한다고 믿고 있다. 이를 위해서는 살아
가는 과정 속에서 나타난 여러 가지 우연 속에 담긴 숨은 뜻을 잘 깨닫고 자신
의 삶을 주체적으로 만들어야 한다고 생각한다. 우연과 계획의 조우에 의해서
만들어지는 자신의 진로에 놓여 있던 수많은 기회를 축복으로 느끼고 감사하
게 받아들이기를 바라는 마음에 이 책을 기획하고 구성하였다.

우연과 계획의 조우
-진로상담의 새로운 담론-

Encounter of Happenstance and Planning:
New Discourse of Career Counseling

2017년 9월 5일 1판 1쇄 발행
2022년 4월 20일 1판 5쇄 발행

지은이 • 손 은 령
펴낸이 • 김 진 환
펴낸곳 • ㈜ **학지사**

04031 서울특별시 마포구 양화로 15길 20 마인드월드빌딩 5층
대표전화 • 02) 330-5114   팩스 • 02) 324-2345
등록번호 • 제313-2006-000265호
홈페이지 • http://www.hakjisa.co.kr
페이스북 • https://www.facebook.com/hakjisabook

ISBN 978-89-997-1334-7 93370

정가 15,000원

이 도서의 국립중앙도서관 출판시도서목록(CIP)은 서지정보유통지원시스템
홈페이지(http://seoji.nl.go.kr)와 국가자료공동목록시스템(http://www.nl.go.kr/kolisnet)
에서 이용하실 수 있습니다.
(CIP제어번호: CIP2017020097)

출판 · 교육 · 미디어기업 **학지사**

간호보건의학출판 **학지사메디컬** www.hakjisamd.co.kr
심리검사연구소 **인싸이트** www.inpsyt.co.kr
학술논문서비스 **뉴논문** www.newnonmun.com
원격교육연수원 **카운피아** www.counpia.com